W9-BFU-855

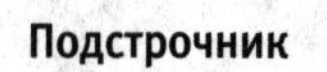
Подстрочник

Подстрочник

Жизнь Лилианны Лунгиной,

рассказанная ею

в фильме Олега Дормана

издательство **астрель**

УДК 821.161.1-312.6
ББК 84(2Рос=Рус)6
Д68

Издательство выражает благодарность *Наталье Кисловой* за помощь при подготовке книги.

Художественное оформление и макет Андрея Бондаренко

На обложке: кадр из фильма Олега Дормана "Подстрочник"

Издание осуществлено при техническом содействии издательства АСТ

Дорман, О.

Д68 Подстрочник. Жизнь Лилианны Лунгиной, рассказанная ею в фильме Олега Дормана / Олег Дорман. — М.: Астрель : CORPUS, 2010. — 383 [1] с.

ISBN 978-5-271-24764-4 (ООО "Издательство Астрель")

Лилианна Лунгина — прославленный мастер литературного перевода. Благодаря ей русские читатели узнали "Малыша и Карлсона" и "Пеппи Длинныйчулок" Астрид Линдгрен, романы Гамсуна, Стриндберга, Бёлля, Сименона, Виана, Ажара. В детстве она жила во Франции, Палестине, Германии, а в начале тридцатых годов тринадцатилетней девочкой вернулась на родину, в СССР.
Жизнь этой удивительной женщины глубоко выразила двадцатый век. В ее захватывающем устном романе соединились хроника драматической эпохи и исповедальный рассказ о жизни души. М.Цветаева, В.Некрасов, Д.Самойлов, А.Твардовский, А.Солженицын, В.Шаламов, Е.Евтушенко, Н.Хрущев, А.Синявский, И.Бродский, А.Линдгрен — вот лишь некоторые, самые известные герои ее повествования, далекие и близкие спутники ее жизни, которую она согласилась рассказать перед камерой в документальном фильме Олега Дормана.

УДК 821.161.1-312.6
ББК 84(2Рос=Рус)6

ISBN 978-5-271-24764-4 (ООО "Издательство Астрель")

Леонид Парфенов
Увидеть раз и навсегда

“Подстрочник” не нуждается в подстрочнике. В предисловии, толкованиях и примечаниях. Но он — “устная книга”, расшифровка рассказа на телекамеру для одноименного фильма. Вот про это обстоятельство, может, и стоит сказать особо, ведь читатель книги имеет возможность увидеть-услышать первоисточник в интернете.

Думаю, монологи Лилианны Лунгиной — самый удивительный синхрон (так именуют речь, синхронизированную с “картинкой”) в истории отечественного телевидения. Параллели, сразу приходящие на ум: Ираклий Андроников и Юрий Лотман. Но одного снимали с его эстрадными номерами, а другого — с лекциями. У них устная речь, которая была письменной, да и став устной, шлифовалась предыдущими произнесениями. Лилианна Лунгина все говорит впервые. Просто задавая себе тему: сейчас я расскажу про себя в Берлине, а сейчас — про школу, а сейчас — как познакомилась с будущим мужем.

Но эти неподготовленные тексты, во-первых, произнесены с тем “техническим” качеством — без слов-паразитов, без “э-э-э”, без повторов, длиннот, пробуксовок и резюме типа “я что этим хочу сказать?”, — которое само по себе нынче абсолютно исключительно.

Во-вторых, эти мысли вслух рождаются сейчас, в момент произнесения, и задают ритм речи, который, завораживая, держит, не отпуская. Когда, объясняя про помощь диссидентам, Лунгина, чуть помедлив, говорит “вот точное я слово нашла: это именно унижение — не сметь протянуть руку”, — она выводит на наших глазах словесную формулу как жизненный урок. В богатство и точность ее русского, конечно, “вложились” второй, третий, четвертый родные языки — немецкий, французский, шведский. Ведь и “Карлсона” Лунгина не просто перевела, а создала по-русски, придумав ему все эти "красивый, в меру упитанный мужчина в самом расцвете сил" и прочее. Десятилетия в поисках соответствий и синонимов шлифовали словесную оснастку. А бесстрашная точность душевной памяти к ней даже не прибавилась — они перемножены.

Семидесятисемилетняя женщина знает, что в три года она почувствовала себя отдельным существом. Всю жизнь бережет фразу, выражающую папин характер: "...как хорошо бы, чтобы он запел". Ясно помнит парижский праздник для детей, который открыл ей социальное неравенство. Навсегда решает, что нельзя жить в Тель-Авиве, раз бабушка не смеет провожать ее на пароход в субботу. Свежи незабываемые эпизоды — это одно. Усвоенный полвека и более назад опыт Лилианна Лунгина способна, не подправляя задним числом, выразить сейчас, но видя событие тогдашними глазами. Вот посмотрит чуть поверх объектива, рассказав про первый конвой у пересыльной тюрьмы, и добавит: "...хотя тебе двадцать один год, больше не хочется жить". Она знает за собой обыкновение искать среди подружек сыновей дочку — раз своей Бог не дал. Понимает, как сталинское "Жить стало лучше, жить стало веселее" разрешило в СССР частную жизнь. Для нее официозный критик — "растленный литературовед". После полувека замужества она, уже вдова, определит чужие счастливые браки серьезными, а свой — счастливым веселым. Пока не услышишь — не поверишь, будто такой русский язык еще жив.

На обычный телепродюсерский взгляд, решение канала "Россия" — показывать монолог Лунгиной четыре вечера подряд — акция рискованная. Мол, вы ж понимаете, как отнесутся ширнармассы к поучениям старой еврейки. Хотя, по-моему, даже самая забубенная жертва национальных стереотипов через две минуты такой речи перестает замечать прононс и картавость. Как не думают же про Лотмана — еврей, а про Андроникова — грузин. Но Лилианна Зиновьевна много говорит про свое еврейство — с момента его вынужденного осознания, со второй половины 40-х. А до того обращают на себя внимание списки фамилий учеников в школе и студентов в ИФЛИ. Последние поэты-романтики советского строя, они ушли добровольцами на фронт, — Кауфман, Коган, Багрицкий. Выживет только Кауфман и после войны должен будет стать Самойловым. Сама Лунгина, сызмальства европеизированная, советским человеком не стала даже в юности. Зато весь ее круг друзей прошел путь от еврейской горячности в русском большевизме к еврейской горячности в русском диссидентстве. Разные меры большевизма и диссидентства, но путь этот — из важнейших в общественной жизни страны в XX веке. Даже если кто и сочтет явно некоренные внешность и выговор эфирно уязвимыми, это все сказать за всех — включая дворянина Виктора Некрасова — могла только она. Подтвердив истину, что нет уже евреев — есть русское городское население.

Семену и Лилианне Лунгиным, конечно, повезло. “Лица творческих профессий” — почти единственные в СССР хозяева своей судьбы. Киносценарии и переводы, по тогдашним меркам, оплачивались очень хорошо. Борьба с космополитизмом продолжалась 6 лет, а не 60, как колхозы в деревне домработницы Моти. А растленных тварей власть рекрутировала себе на службу отовсюду, не только из интеллигентов. И если существовала советская элита, то творческая и научная. Только у них оставалось известное “самостояние”, некоторая служебная и материальная независимость. В мире сплошных назначенцев по анкетным данным там по-прежнему много значили дар Божий и работа. И наследие лучших деятелей — единственный безусловный вклад послевоенных десятилетий в национальную цивилизацию: не советская культура, а русская культура советского периода.

Хранительница традиций, Лунгина выглядит на экране будто дореволюционной бабушкой. Это же счастье — быть у такой внуком: у нее чемодан со старыми куклами на антресолях, она переводит сказки и дружит со сказочниками, читает уйму смешных стишков наизусть и раскатисто отвечает по-французски, когда вдруг длинно, по-международному, зазвонит телефон. Фильм и книга вышли через двенадцать лет после смерти героини. Но прожив с ней длину ее рассказа, живешь дальше, зная эту бабушку лично.

Олег Дорман
Предисловие

Эта книга представляет собой запись устного рассказа Лилианны Зиновьевны Лунгиной о своей жизни, сделанную по многосерийному документальному фильму “Подстрочник”. Я внес самую незначительную правку, обычную при публикации стенограмм, и добавил те части рассказа, которые не смогли по разным причинам войти в фильм, так что книга стала больше почти на треть.

Лилианна Лунгина (1920–1998) — прославленная литературная переводчица, в ее переводах русские читатели узнали “Малыша и Карлсона” и “Пеппи Длинныйчулок”, романы Гамсуна, Стриндберга, Фриша, Бёлля, Энде, Колетт, Дюма, Сименона, Виана, Гари. Она переводила пьесы Шиллера, Гауптмана, Ибсена, сказки Гофмана и Андерсена.

В самом начале девяностых годов во Франции вышла книга воспоминаний Лилианны Лунгиной “Les saisons de Moscou” (“Московские сезоны”): она стала бестселлером и, по опросу, традиционно проводимому журналом “Elle”, была названа французскими читателями лучшей документальной книгой года. Однако выпускать свою книгу в России Лунгина решительно не захотела. Она считала, что для соотечественников следует написать ее иначе, заново, с первой до последней строки. Со своими, объясняла она, можно и нужно говорить о том, чего не поймут посторонние.

И однажды согласилась предпринять этот труд перед телекамерой. Думаю, французская книга стала просто черновиком ее многодневного рассказа. В феврале девяносто седьмого года на протяжении недели мы с оператором Вадимом Ивановичем Юсовым и небольшой съемочной группой каждое утро приезжали в дом Лунгиных на Новинском бульваре, чтобы услышать и снять устный роман, который должен был потом превратиться в фильм “Подстрочник”.

Долгая жизнь Лилианны Лунгиной прошла через разные страны и удивительно глубоко и ясно выразила двадцатый век. Век, который подтвердил, что нет жизни всех — есть жизнь одного человека. Что только один в поле и воин; что он сам и поле. Что человек — не игрушка обстоятельств, не жертва жизни, а неиссякаемый и потому неуязвимый источник добра.

Мало кому на свете достается счастье встретить таких людей, какими были Лилианна Зиновьевна и ее муж, знаменитый драматург Семен Львович Лунгин. А ведь, вероятно, другие люди — самое важное в нашей жизни. По другим людям мы судим о жизни, о том, чем способен быть человек, какой может быть любовь, верность, храбрость и правда ли то, что пишут в книжках.

Мне посчастливилось знать и любить их. Для меня честь представить эту книгу вам.

Слова благодарности

Хочу выразить признательность за неоценимую помощь в работе над книгой:

семье Лунгиных, Людмиле Голубкиной, Борису и Марине Золотухиным, Наталье Мавлевич, Инне Туманян, Роману Рудницкому, Марку Аронову, Феликсу Дектору, Ирине Мартыновой, Арине Истратовой, Ксении Старосельской, Анатолию Черняеву, Льву Безыменскому, семье Линдгрен, Жан-Пьеру Вернану, Кристин Лютц, Ляле, Нате и Зине Минор, Анне Гришиной, Нине Рубашовой, Георгию Кнабе, Беатрисе Олькиной, Наталье Мусиенко, Татьяне Соловьевой, Варе и Кириллу Арбузовым, Исаю Кузнецову, Инне Барсовой, Алле Черновой, Юлиане Ильзен, Ноэми Гребневой, Евгению Аграновичу, Елене Ржевской, Галине Медведевой, Александру Кауфману, Александру и Галине Брагинским, Дмитрию Гутову, Ирине Сиротинской, Флоре Литвиновой, Галине и Владимиру Новохатко, Алле и Игорю Золотовым, Борису Левинсону, Наталье Цой, Юлии Ароновой, Дмитрию Шеварову, Юлию Лурье, Андрею Хржановскому, Маргарите Шабуровой, Марии Бубновой, Дмитрию и Максиму Голландам, Фрее фон Саун, Геннадию Фадееву, Светлане Новиковой, Рэне Яловецкой, Анне и Ивану Кузиным.

Посольству Франции в России и лично Кристин Вержеад, Игорю Сокологорскому и Дарье Аполлоновой;

посольству Германии в России и лично Забине Хофманн;
посольству Швеции в России и лично Марианне Хультберг, Кристине Иоханнесон, Марии Веденяпиной;
лицею Виктора Дюрюи в Париже;
мэрии Сен-Жан-де-Люза.

Полтавскому краеведческому музею и лично Людмиле Николаенко;
Краеведческому музею Набережных Челнов и лично Зульфире и Мансуру Сафиным, а также Леониду Горбунову;
Мосгорархиву и лично Лидии Наумовой;
Международному обществу “Мемориал” и лично Алене Козловой и Александру Даниэлю;
Музею и общественному центру имени А.Сахарова и лично Татьяне Громовой и Петеру Рэддвэю;
Дому-музею Марины Цветаевой и лично Надежде Катаевой-Лыткиной, Наталье Громовой и Эсфирь Красовской;
московской школе № 204 имени М.Горького и лично Галине Клименко;
издательству “Азбука” и лично Денису Веселову;
Российской государственной библиотеке и лично Ивану Сербину;
газете “Известия” и лично Людмиле Комлевой и Борису Пастернаку;
друзьям и ученикам Лилианны и Семена Лунгиных;
Варе Горностаевой, Сергею Пархоменко, Григорию Чхартишвили, Леониду Парфенову, Олегу Добродееву, Сергею Шумакову, без энтузиазма и помощи которых фильм “Подстрочник” не был бы показан в эфире,
а также Людмиле и Инне Бирчанским и Екатерине Дорман.

Олег Дорман

Подстрочник

Меня зовут Лиля Лунгина. С пяти до десяти лет, когда я жила в Германии, меня звали Ли́ли Ма́ркович. Потом с десяти до четырнадцати лет во Франции меня звали Лили́ Маркови́ч. А когда я играла в мамином кукольном театре, меня звали Лили́ Имали́. Имали — это мамин псевдоним, древнееврейское слово, которое значит "моя мама". Вот столько у меня было разных имен. И столько же было разных школ. Я училась, подсчитала как-то, в двенадцати школах. Но вот за эту долгую жизнь — мне шестнадцатого июня (девяносто седьмого года. — *О.Д.*) будет семьдесят семь лет, даже подумать страшно, никогда не думала, что можно дожить до такого возраста, — я так и не научилась называть себя по имени-отчеству. Это, наверное, черта нашего поколения, мы как-то очень долго ощущали себя юными, и всё по именам, всё на "ты".

Но тем не менее семьдесят семь лет — это очень много, и пора подводить итоги. И не предварительные итоги, как назвал мой муж Сима[1] последнюю часть своей книж-

1 Семен Львович Лунгин (1920–1996), драматург. Автор сценариев "Мичман Панин", "Тучи на Борском", "Добро пожаловать, или Посторонним вход воспрещен", "Внимание, черепаха!", "Телеграмма", "Жил певчий дрозд", "Агония" (все — в соавторстве с И.Нусиновым), "Мальчик и лось", "Розыгрыш", "Трое в

ки "Виденное наяву", а уже окончательные итоги. Но, с другой стороны, какие итоги можно подвести какой-то деятельности, какому-то призванию? Какие итоги можно подвести жизни? Я думаю, итоги жизни — это есть сама жизнь. Вся сумма прожитых счастливых, и трудных, и несчастных, и ярких, и блеклых мгновений, вся совокупность минут, часов, дней, сама, так сказать, эссенция жизни — это и есть итоги жизни, ничего другого итогом жизни быть не может. Поэтому мне сейчас хочется вспоминать. И тянет смотреть старые фотографии.

Очень хорошо помню минуту, когда впервые поняла, что я есть я, то есть что я отделена от прочего мира.

У меня есть фотография, где я сижу у папы на коленях, — вот на ней как раз и запечатлен этот момент. Я очень любила папу, он меня очень баловал, и до этой минуты я ощущала слитность с ним и со всем миром, а тут вдруг как бы противопоставила себя и папе, и всему, что было вокруг. Думаю, это было осознание себя как индивидуальности, как личности. До этой минуты я росла, как была, так сказать, запрограммирована генной программой, тем, что в меня было вложено от рождения. А вот с этой минуты, как только я осознала себя противостоящей этому миру, он стал воздействовать на меня. И то, что во мне было заложено, постепенно начало подвергаться изменениям, обработке, шлифовке — воздействиям внешнего мира, той большой жизни, которая была вокруг меня. Иначе говоря, мой опыт, то, что я переживала, те ситуации, в которые я попадала, тот выбор, который я делала, те отношения, в которые я вступала с людьми, — во всем этом все

лодке, не считая собаки", "Я — актриса", "Дом с привидениями" и др. Автор пьес "Моя фирма", "Гусиное перо", "Семья Бахметьевых", "История одного покушения", "Пеппи Длинныйчулок" (все — в соавторстве с И.Нусиновым). *(Здесь и далее — прим. О. Дормана.)*

более и более ощутимо присутствовал мир, который бушевал вокруг меня. Поэтому я подумала, что, рассказывая свою жизнь, рассказываю не о себе, не столько о себе... Потому что мне казалось диким предложение — с чего это я буду вдруг говорить о себе? Я не считаю себя, например, умнее других... и вообще не понимаю, почему должна говорить о себе. Но вот о себе как о некоем организме, который вобрал в себя, абсорбировал элементы внешней жизни, сложной, очень противоречивой жизни этого мира вокруг, — может быть, стоит попытаться. Ведь тогда получается опыт той, большой жизни, пропущенной через себя, то есть что-то объективное. И как объективное — может быть, что-то ценное.

Мне вообще думается, что сейчас, к концу века, когда идет такой страшный разброд умов и когда наша страна тоже не совсем понятно куда катится, — есть ощущение, что она катится в какую-то бездну, все убыстряя темп, — может быть, действительно важно и ценно сохранить как можно больше осколков жизни, которую мы прожили, — двадцатого века и даже, через родителей, девятнадцатого. Может быть, чем больше людей будет свидетельствовать об этом опыте, тем больше удастся из него сохранить, и в конце концов получится сложить из этих осколков более-менее целостную картину какой-то все-таки гуманной жизни, жизни с человеческим лицом, как теперь любят говорить. И это что-то даст, как-нибудь поможет двадцать первому веку. Я, конечно, имею в виду всю совокупность таких свидетельств, и моя здесь не капля, а сотая доля капли. Но вот возникло желание участвовать в этой капле хоть как-нибудь. И в таком виде я могу предпринять попытку немножко рассказать о себе, о том, что я прожила и как прожила.

Если говорят (во всяком случае, я так думаю), что художественное произведение, книга, фильм, должны нести какой-то “мессаж”, какое-то послание людям, — и, наверное, каждое такое свидетельство тоже должно нести какое-то послание, — то мой “мессаж” я хочу сформулировать сразу. Больше всего мне хотелось бы передать, что нужно надеяться и верить в то, что даже очень плохие ситуации могут неожиданно обернуться совсем другой стороной и привести к хорошему. Я покажу, как в моей, а потом в нашей с Симой жизни многие беды оборачивались невероятным, удивительным счастьем, богатством, — я буду стараться подчеркивать это, чтобы сказать, что не надо отчаиваться. Потому что я знаю, сейчас очень много отчаяния живет в душах людей. Так вот, надо верить, надеяться, и постепенно многое может оказаться с другим знаком.

1

Вообще, как общее соображение — и мне его приходится высказать, потому что я это испытала на себе, — интерес к родителям просыпается поздно. Сперва идет отталкивание от родителей, утверждение своей личности и желание жить собственной, огражденной, самостоятельной жизнью. И такая увлеченность этой своей жизнью, что до родителей и дела толком нет. То есть их любишь, естественно, но они как бы не являются моментом жизни твоей души. А вот с годами все больше пробуждается интерес к каким-то истокам и хочется понять, откуда все идет, узнать, что делали родители, где и что делали дед и бабушка и так далее, и так далее. Это приходит с годами. Это я вижу и на своих детях, в которых постепенно, уже в зрелом возрасте, начинает слегка пробиваться интерес к папе и к маме, — к папе, которого уже нет... Но я и сама прошла такой путь, только уже в юности маму стала всерьез расспрашивать. Поэтому почти все, что я сейчас расскажу о дедушке и бабушке, — это не мои воспоминания, а воспоминания о рассказах других людей.

Мама и папа — из Полтавы, оба. Я всегда хотела туда попасть, много раз просила свою тетку, мамину двоюродную сестру, жену знаменитого академика Фрумкина, поехать со мной в Полтаву, потому что она могла бы показать, где был их дом, — но никак не получалось. А потом, на каком-нибудь уже тридцать пятом году нашей с Симой жизни, сама судьба распорядилась, чтобы мы попали туда. Сима перенес несколько тяжелых пневмоний, и нам сказали врачи, что нужно найти место с нежарким, но теплым и ровным климатом. Моя подруга Флора Литвинова, мама знаменитого диссидента Павлика Литвинова, посоветовала поехать в Шишаки, в семидесяти километрах от Полтавы. Там течет замечательная река Псёл, стоит сосновый лес, там очень красиво. Недолго думая — такие решения я принимала очень быстро — я попросила Флору снять для нас домик, и мы поехали. И так странно — совершенно случайно — оказались в Полтаве.

Это очень милый провинциальный город с пышными губернскими зданиями в центре. Вся окраина осталась, видимо, такой, как была. Очень необычной формы мазанки — в отличие от деревенских мазанок там много деревянных опор, поэтому это что-то более солидное, но тем не менее — приземистые одноэтажные домики с маленькими окошечками, больше похожие на амбары, чем на жилые дома. Я думаю, в те годы, когда там жили папа и мама, почти вся Полтава, кроме самого центра, выглядела такой. И я себе представляю, что в таком домике, белом — они все очень белые, потому что их мажут два раза в год, и весной и осенью, так что все это сияет белизной, — и жила мама — Мария Даниловна Либерсон. Маней ее звали в семье.

Знаю, что у них был двухэтажный дом. Первый этаж деревянный, а второй — глиняный, мазаный. Низ занимала аптека, и это была не простая аптека, а почему-то мой дед продавал там еще и игрушки. В аптеке имелся большой отдел игрушек.

Дед был не только хозяин этой аптеки, но и сам фармацевт, химик, занимался все время в лаборатории какими-то изобретениями — и обожал игрушки. Он выписывал новейшие экземпляры из Европы, из Америки. Говорят, даже из Киева ездили в Полтаву покупать у него игрушки. Самые новые. Он любил механические игрушки, про которые много лет спустя наш шестилетний сын Павлик сказал, когда его хотели повести на первую выставку игрушек в Москве: "Механическая игрушка меня не интересует". А вот деда моего крайне интересовала механическая игрушка.

Кроме того, дед имел медаль за спасение утопающих — он кинулся в воду и вытащил кого-то. И еще он командовал еврейской дружиной самообороны во время погромов.

Мой папа — Зяма, Зиновий Яковлевич Маркович. Его семья была бедная еврейская семья, что-то восемь или девять детей. Он единственный получил высшее образование. Дедушки и бабушки там совершенно не фигурировали. Фигурировал в моей жизни его брат, мелкий советский чиновник, мы к ним ездили в гости, уже в Москве, помню какие-то нескончаемые обеды, а потом сын его был арестован как троцкист и погиб в тюрьме. Больше с папиной стороны я ни о ком ничего не знаю.

Мама и папа — это гимназический роман. Мама закончила полтавскую гимназию, а папа — реальное училище с инженерно-техническим уклоном. У меня сохранилась заветная мамина тетрадка, в которой описано, как шестого июня тысяча девятьсот седьмого года на террасе ее дома праздновали это окончание. Праздновали дружеской компанией, три девочки и три мальчика, и есть запись удивительных, романтически-возвышенных планов, которые они имели на эту жизнь.

О маме и папе рассказ впереди, и о маминой подруге Ревекке, необычайной красавице, тоже, а пока мне хочется коротко сказать о трех других.

Миля Ульман перебралась в Москву, окончила университет и стала учительницей истории на советском рабфаке.

Папин друг Сюня уехал в Палестину и сделался профессором химии и завкафедрой в Иерусалимском университете.

Папин друг Миша стал социалистом и, когда началась война, написал письмо Плеханову с вопросом: нужно ли социал-демократу идти воевать или не нужно? И получил ответ, что обязательно нужно. Плеханов, в отличие от Ленина, был убежден, что надо защищать Россию. Миша пошел добровольцем и погиб.

Мама и папа были разлучены. После погромов седьмого года мамина семья уехала из Полтавы в Германию. Прожили там два или три года, а потом перебрались в Палестину. Но мама не вынесла разлуки с отцом. Она оставила родителей в Яффе и вернулась в Россию искать папу. А он тем временем успел кончить Петербургский горный институт.

2

В восьмом или девятом году, сразу после разгрома первой русской революции пятого года, волна ужасного разочарования накрыла молодежь. Главным образом — городскую, особенно в Петербурге. Возникла зараза, бацилла самоубийств. Начались массовые самоубийства. Молодые ребята не знали, что делать со своей жизнью, куда себя деть. Казалось, все перспективы, все надежды на какое-то изменение, на какое-то движение в этой стране утрачены. И вот в этот момент мама, которая была курсисткой на Высших женских курсах, вдруг в двух или трех газетах опубликовала такое послание, открытое письмо: юноши и девушки одинокие, приходите ко мне. Каждый четверг, с пяти часов, я открываю двери своей комнаты. Давайте будем вместе пить чай, кофе, будем разговаривать, дружить. Может, вместе нам будет легче жить, чем каждому в отдельности.

Это был по нравам, по принятым тогда нормам довольно смелый и странный поступок, который не прошел незамеченным. В те годы появилась книжечка "Кружок одиноких", а недавно, читая письма Блока, я совершенно случайно натолкнулась на упоминание об этом, на слова про мужественный и сильный поступок курсистки Марии Либерсон. И мне было так странно и интересно читать — я увидела, что мама очень рано пыталась включиться в какую-то большую жизнь. Она не жила внутри своего маленького кружка, а была открыта людям, и это мне, конечно, нравилось.

Из письма Марии Либерсон А.Блоку:

> Вчерашний реферат еще лишний раз показал мне, как бездонно глубок вопрос об одиночестве и как назрел он теперь в обществе.
>
> Александр Александрович, может быть, роковая черта между интеллигенцией и народом так непереходима потому, что еще более резкая черта существует теперь между одним интеллигентом и другим? Может быть, интеллигенту нет дороги к народу потому, что интеллигент так бесконечно одинок?! М. б., единственный путь к душе народа — это борьба с одиночеством и разобщенностью интеллигенции?
>
> Вы вчера сами сослались на самоубийц, которые подтверждают Ваше положение, что так жить очень тяжело, почти невозможно.
>
> А от каких бы причин человек ни уходил из жизни, — в момент самоубийства он несомненно глубоко одинок[1].

У них с папой уже была большая любовь, как я понимаю. И тут началась Первая мировая война, папа пошел воевать, что называлось, “вольноопределяющимся”, — на самом деле это была обязательная служба, его призвали. И попал в немецкий плен. Почти четыре года сидел в немецком плену, поэтому потом очень хорошо говорил по-немецки. У меня есть открытки, которые он писал из плена.

1 Благодарим за предоставление этого письма, хранящегося в РГАЛИ (ф. 55, оп. 1, ед. хр. 311), профессора Д.М. Магомедову, специалиста по жизни и творчеству А.Блока.

А мама во время войны организовала детский сад для еврейских детей, чьи отцы были мобилизованы. Первый еврейский детский сад, "пятидневку", то есть там дети жили, спали, их разбирали только на выходной день. В дневниках она с необычайной любовью пишет об этих мальчиках и девочках, о том, как трудно их было заполучить, как матери, нищие, голодные, тем не менее боялись отдавать детей, как она их уговаривала, и описывает историю сада день за днем, о каждом ребенке что-то пишет. Это трогательно, я почти не могла читать без слез, потому что о каких-то совершенно для меня поначалу абстрактных Мойшах и Юдифях мама писала с такой любовью: вот он сегодня в первый раз правильно сказал такое-то слово, а Юдифь в первый раз вылепила ослика. Все это фиксировалось, все это маме казалось необычайно важным, полным содержания, и тем самым работа в детском саду (она нашла себе еще двух помощниц) выглядела исключительно поэтичным занятием. Как будто бы она из них выращивала редкостные цветы. Каждый был экземпляр сам по себе, каждого поливали особой водой в особом режиме, и вот постепенно, по мере того как я читала дневник, эти дети расцветали: кто умел петь, кто умел танцевать потом, кто умел лепить или читать стихи. Совершенно забитые, задавленные, они превращались в маленькие растеньица, любовно выхоженные.

И конечно, я была этим пленена. Я увидела, когда стала читать дневник, маму в другом свете. Не в бытовом — не ту маму, которая спрашивает, когда я приду домой, завязала ли я шарф или съела ли я котлету... Вообще мама каждодневно хозяйничала плохо, мама умела только праздники устраивать. Вот накрыть на стол для праздника, что-то приготовить необычайное, написать обязательно меню в стихах — это сколько угодно. Будни ее не интересовали. Она была человеком какой-то... праздничной жизни.

Папа вернулся из плена, как и все, к концу войны, в девятнадцатом году. Видимо, тут они окончательно соединили свои жизни. И так как папа успел вступить в какую-то еврейскую рабочую партию, не Бунд, а другую, которая в семнадцатом году, когда коммунисты пришли к власти, слилась с компартией, то он оказался членом партии большевиков. И получил сразу первое назначение — заведующим гороно в город Смоленск. Куда папа с мамой и переехали, там им дали комнату — келью в Смоленском монастыре, превращенном в общежитие для командированных, — где шестнадцатого июня тысяча девятьсот двадцатого года я и родилась.

3

Так как папа был из немногих большевиков с высшим образованием и каким-то образом был знаком с Луначарским, тот, когда мне было полгода, вызвал его в Москву, и папа стал в Комиссариате народного просвещения у Луначарского одним из его замов. Так мы поселились на Сретенском бульваре в огромном доме, где было пятнадцать или двадцать комнат в квартире, двадцать хозяек на кухне и большущий камин в нашей комнате, на котором, сколько я себя помню, всегда сохли головы, слепленные из черного хлеба: головы кукол. Весь московский период, а потом и в дальнейшем меня сопровождали куклы. Мама была страстной любительницей кукольных театров и хотела создать свой театр. Черный хлеб был совершенно несъедобный, он был мокрый и склизкий, и мама его употребляла как пластилин, как глину.

Вообще у мамы был ярко выраженный интерес к театрально-прикладному искусству. Первый кукольный театр она устроила еще в Петербурге, в детском саду. А в Москве познакомилась с замечательным кукольником и скульптором Ефимовым. У них с женой есть очень хорошая книжка, называется "Петрушка"[1]. Он был анималис-

1 Симонович-Ефимова Н. Записки петрушечника. М. — Л.: 1925.

том и, между прочим, выставляется до сих пор, это очень хороший был художник, но его погубил Сергей Образцов, его ученик и, в какой-то мере, даже ученик мамы, потому что мама первая к Ефимовым прибилась. А потом Образцов всех загубил, говоря так: "Или работайте у меня, на меня, — или я вас задушу". Что он очень удачно и делал.

Когда мне было два года, мама возила меня в Берлин, в немецкий пансион, где мы встретились с бабушкой. Сама я почти ничего не помню, но судя по маминым письмам отцу, бабушка все время критиковала ее за то, что я не так одета, не так причесана.

Вот несколько выдержек из писем, которые мама писала папе из этого санатория "Беркенверден" в сентябре 1922 года:

> С мамой отношения все еще продолжают быть довольно прохладные, как-то у нас с ней совсем разный подход ко всем вещам. К Лилит она тоже совсем не умеет подойти. Вот образец ее педагогических приемов. "Люся, — это имя ей больше импонирует, — Люся, хочешь шоколад?" — "Дай кахалат!" — радуется Лилит. "Тебе нельзя, у меня больше нет, а вот мы купим завтра". — "Дай кахалат!" — кричит Лилит. "Зачем же ты ей предлагаешь, если нет?" — удивляюсь я. "А что такое, нельзя спросить? Она должна быть воспитанным ребенком и понимать, что значит слово "нельзя". И длится лекция на два часа о невоспитанности Лилит. Кроме того, Лилит не имеет права не только кричать, что является потребностью таких маленьких зверьков, даже не имеет права громко смеяться, — ее сейчас же одергивают: "Тише, не шуми, замолчи, ты мешаешь другим". Она должна ходить как по струнке и быть благовоспитанной девицей. Несмотря на мои протесты, Дебора Соломоновна ведет с Лилит беседы на теологиче-

ские темы. Сегодня Лилит мне говорит: "Ну, мамочка, ничего, Бог с тобой". Я хотела узнать, как она понимает слово "Бог", и спросила ее: "Что это "Бог", я не понимаю". — "Бог", — это... я понимаю, но не могу сказать, — ответила Лиля. — Подожди немного. — Она минуту задумалась. — Бог — это такое имя, его никто не видит, это — только имя, чтобы молиться". Эти слова я записала дословно. О тебе Лилит спрашивает каждый день: "Где мой папочка?" — это первый вопрос, когда она утром открывает глазки. "Дать тебе шоколадку, что ли?" — спросила я ее. "Дай мне папочку", — она ответила. Такая долгая память удивительна для маленькой, для такого маленького ребенка.

И еще пустячок:

Дорогой друг Зямочка. Сегодня ровно два месяца, как мы уехали из Москвы, и мне кажется, что это было давным-давно. Теперь осень, и мне немного грустно, как всегда бывает осенью, но мысль, что скоро я увижу милого, заставляет радостно биться мое сердце. У меня есть для него много нежных слов и нежных поцелуев, и, странно, я должна признаться, что отношусь к нему не как к своему мужу, которого знаю уже целую вечность, а как к милому, в которого я влюблена. Но это я сообщаю только по секрету, ведь неловко объясняться в любви к человеку, у которого такая большая дочь, — два года и четыре месяца, без шести дней. Большая красавица дочь тоже влюблена в своего папу и каждый день меня спрашивает: "А когда мы поедем к папе Ляме?"

В конце двадцать четвертого года мы с мамой ездили к бабушке в Палестину. На пароходе из Одессы. Помню только два смешных эпизода, больше ничего не помню.

Египет славится какого-то необычайного качества и красоты глазированными фруктами. И мама купила там в подарок две колоссальные коробки этих глазированных фруктов. Когда мы приехали, то оказалось, что внутри пусто. Термиты — огромные муравьи — за оставшиеся сутки, пока мы от Египта плыли до Яффы, слопали эти фрукты до последней крошки. Это первое, что осталось у меня в памяти, а второе — я помню, что когда мы приехали в Яффу, где происходила разгрузка, то не было почему-то трапа. И хватали багаж, а потом пассажиров и кидали их вниз — там большие такие лодки подходили к кораблю, не было хорошего причала. И вот схватили не только меня, но и маму и кинули, а в лодке стоял араб, который ловил. Вот это я очень хорошо помню.

Дедушка к тому времени уже умер, и бабушка жила со своей сестрой тетей Анткой в маленькой, как считалось, но для меня большой, шестикомнатной вилле, которая называлась “Вилла Лили”. В честь внучки. Там было шесть пальм банановых и двенадцать апельсиновых деревьев — сад.

Дедушка, когда приехал в Палестину, заработал деньги тем, что мгновенно придумал способ очистки морской воды от соли. Построил сначала маленькую лабораторию, а потом фабричку. И на заработанные деньги они купили этот домик и там жили.

Была весна. Помню очень интенсивный запах апельсинно-мандариновой, лимонной цедры — оказывается, так пахнет, когда цветут деревья. Это очень красиво, я помню. И помню деревянные тротуары. В то время Тель-Авив был еще полуболотным местом, и, чтобы осушить его, всюду насаждали эвкалипты, а между ними делали такие мостки — типа тротуаров получалось. А эвкалипты высасывают с нездешней силой воду...

Больше ничего не помню об этой поездке, даже не помню, как мы возвращались, пароходом или нет, — не помню, какой-то пробел.

Когда мне было года три или четыре, папа купил мне козочку. Мы пошли с ним вместе на рынок за капустой, был такой большой рынок на площади Белорусского вокзала, и я увидела белую козочку и обмерла. И стала умолять, говорила, что не хочу с ней расставаться. Я ее обняла, очень хорошо помню, как обхватила ее ручками, и папа не мог устоять. И вот мы явились к маме с живой белой козочкой. Ее на первую ночь поместили под папин письменный стол, и я требовала спать с ней рядом, обнявшись, под этим же письменным столом. В общем, она два или три дня, к ужасу соседей, бродила по комнатам — а это были большие роскошные квартиры, очевидно, каких-то богачей дореволюционных, которые превратили в ужасные коммуналки для сотрудников Наркомпроса. И вот, значит, пятнадцать–двадцать комнат, при этом одна ванная, одна уборная, одна кухня — и тут еще козочка появилась для оживления ситуации. А на четвертую ночь она начала глодать книги. Помню себя рыдающей, когда мама с папой отвезли ее в какой-то детский сад. Вот это четкое мое собственное воспоминание.

Еще я помню, странным образом, как папа утром, когда брился, пел и мама ему говорила: перестань петь — нельзя сосредоточиться. А мама работала тогда в каких-то дошкольных учреждениях и писала по утрам отчеты. А папа ей отвечал — странно, почему такие вещи запоминаются, — он говорил: я не буду петь, а ты когда-нибудь будешь думать: как жалко, что он больше не поет, как хорошо бы, чтобы он запел. Вот это я помню, вот эту фразу я помню: “как хорошо бы, если бы он запел”. И еще помню, как мы катались на Сретенском бульваре на санках, заснеженную Москву помню, потому что потом я уже снега не видела, в Берлине снега не было.

4

В двадцать пятом году был брошен клич, что нужно начать торговать с Западом, покупать машины и заниматься индустриализацией страны. Многих членов партии с высшим образованием стали посылать на загранработу. И папа как дипломированный инженер, свободно говорящий по-немецки, должен был покинуть свой пост в Комиссариате народного просвещения и поехать в Берлин — заместителем Крестинского, который был тогда полпредом, а потом замминистра иностранных дел. В тридцать седьмом году Крестинского арестовали и расстреляли. А жена его, главврач Филатовской больницы, много лет провела в лагерях. Дочь Крестинского, потом тоже арестованная, училась со мной вместе в русской школе, организованной при посольстве. Моя мама была назначена директором и вела класс, а кроме того, занималась с ребятами рисованием и организовала кукольный театр.

От этого первого учебного года у меня осталось одно яркое воспоминание. Как-то раз к нам приехал Горький. Он эмигрировал из России еще в двадцать первом году и жил в Сорренто. Очень высокий, сутулый, голубоглазый, с нависшими косматыми бровями. Мы по очереди прочитали ему по одному из его стихотворений. Горький каждого поцеловал в лоб и от умиления, как с ним это бывало, расплакался.

Германия в моей памяти слилась в какой-то один большой детский день. Это было детство. Я играла в куклы, мечтала иметь коляску для кукол, которую папа принципиально не хотел покупать: козочку купил, а коляска для кукол, он считал, — это недостойно советской маленькой девочки, слишком буржуазно. Но я мечтала, это была неосуществленная моя мечта.

Дважды приезжала бабушка. Водила меня в кафе и покупала особенные конфеты — ананасы в шоколаде, которых почему-то больше никто мне не покупал.

За время нашей жизни в Германии я превратилась в немецкую девочку. Потому что я ходила в посольскую школу только первый год, а потом пошла в нормальную немецкую гимназию, научилась писать готическими буквами, бойко читала детские, готическими буквами напечатанные книжки. Готическое письмо совсем особенное, и я думала, что с тех пор забыла его. Но как-то недавно попалась на глаза книжка — нет, читаю.

Вели альбомы, писали туда друг другу дурацкие стишки. У меня хранится этот альбом. Вот, например, запись по-немецки: "Если ты думаешь, что я тебя не люблю и с тобой только шучу, то зажги фонарик и посвети мне в сердце". Или: "Если когда-нибудь через много-много лет перечитаешь этот альбом, то вспомни, какие мы были маленькие и веселые и как мы легко ходили в школу". Вот такие стишки.

Сидеть надо было положив руки на парту — строгая немецкая гимназия. Женская — мальчики и девочки тогда учились отдельно. Ну, были перемены, были глупые девчачьи игры... Охотно ходила. Никаких негативных эмоций это не вызывало. Как-то все ходили. Вообще, в тот момент мне хотелось быть как все, жить как все, сливаться. Впрочем, это желание потом тоже было, я расскажу. Но тогда это легко получалось.

Каждое лето мы ездили куда-нибудь. В Зальцбург два раза, в Швейцарию, в Париж — первый раз я в Париже была в семь лет.

Помню, как из Парижа папа почему-то поехал в Ниццу, а мы с мамой — в Биарриц, на южный берег, и мама на почте написала ему стишок:

Из Москвы до Биаррица
Прилетела Лиля птицей
И, увидев Биарриц,
От восторга пала ниц.
Не сравнить хвоста синицы
С оперением жар-птицы,
Так бледнеет ваша Ницца
Пред красою Биаррица.
Мой совет: пора решиться
С Ниццей вам скорей проститься,
Взяв билет до Биаррица.
Ваша Лиля-баловница.

Как сказать, какая была мама? Мама была полна шуток, игры. В ней очень сильное было игровое начало. Скажем, из противной снятой комнаты где-нибудь в гостинице или где угодно мама в мгновение ока делала что-то индивидуальное: тут накинет свой шелковый платок, там что-то переставит, передвинет, купит какую-то вазочку с цветами, и сразу все оживало. У нее был дар интерьера, желание видеть вокруг себя красивые вещи — и шутить. Мама с детства очень легко рифмовала и писала всякие шуточные стихи. Ну вот эпитафию такую, скажем, написала:

Умру, стихов останется тетрадка.
Заглянешь в них когда-нибудь украдкой
и скажешь: "Все же был родной котяга
(я маму почему-то звала кошкой, котягой)
слегка — поэт, в душе — большой бродяга,
лирически мяукал он и прочее
и вместо точек ставил многоточие.
Кошачей всей душой любил стихи и шпроты,
не выносил избитые остроты,
охотно кушал взбитые он сливки
и мог пригубить капельку наливки.
Но больше опьянялся он мечтами
и не общался с прочими котами.

Вот в таком духе. Это писалось, не отрывая пера от бумаги.

И потом помню, как мы пошли на вокзал и приехал папа к нам в Биарриц, какая это была радость. Море, скалы, прекрасная беззаботная радостная жизнь. Это была жизнь как у всех. Все куда-то уезжали летом, все потом рассказывали друг другу, где они были...

И этому наступил конец. Всегда мы ездили на каникулы или в Швейцарию, или во Францию. Куда-нибудь. А тут папа решил в свой отпуск поехать в Россию, посмотреть, как работают машины, которые он покупал.

Мама его уговаривала не ехать. Она как-то боялась. Мама вообще боялась советской России, и в дальнейшем это скажется на нашей судьбе. Раздался телефонный звонок, и какой-то человек попросил свидания с папой. Папа хотел узнать, кто это, человек ответил: "Я должен остаться для вас инкогнито". Папа отказался с ним встречаться. Через два дня он снова позвонил и сказал, что "речь идет о благополучии и жизни вашей семьи". Ну, папа с ним встретился в кафе. И тот человек, русский, папе не знакомый, не назвавшись, сказал: "Вы не должны ехать в Россию, вас оттуда назад не выпустят".

Папа, придя домой, пересказал их разговор маме, я помню. Он считал, что это провокация, что это коммунисты проверяют, насколько он надежен. И сказал: "Ну, теперь уж мне точно надо ехать". И уехал.

Когда папа должен был вернуться из отпуска, мы поехали встречать на вокзал — его в поезде не было. На другой день он позвонил и сказал только: "Не ждите меня". А через два дня нам привезли письмо, которое он передал с оказией. Письмо, в котором он писал: "Я в Берлин больше не приеду, вы должны вернуться ко мне".

Папу взяли из поезда. Он уже сидел в поезде с багажом, пришли два человека, проверили документы и вывели его. Это была излюбленная тактика ГПУ — хватать человека в последний момент и у всех на виду. Такой удар по нервам жертвы, а заодно и свидетелей. Папа был уверен, что это арест, но его не арестовали, просто отобрали заграничный паспорт и сказали, что отныне он будет работать в России.

Жить было негде. И он жил у своего брата, о котором я уже говорила, у того была маленькая комната — восемь метров, где жил брат, его жена, его сын, пока сына не арестовали, но больше места ни для кровати, ни даже для матраца не было, поэтому папа спал почти четыре года на письменном столе. На него стелили что-то, и вот так папа спал. Нам, конечно, возвращаться было некуда. Но не только в этом дело. Мама боялась возвращаться.

5

Жили мы на Гогенцоллернплац, снимали квартиру. Тогда это был большой сквер. Двухэтажный домик, наши четыре комнаты на первом этаже, окнами в сад. Как-то раз вор забирался. Я проснулась и слышу, мама с кем-то разговаривает. Смотрю, молодой парень стоит за спинкой кровати. Он через полуоткрытую балконную дверь вошел к нам в комнату, и мама вступила с ним в беседу.

Полтора года назад мы с Симой были в Берлине и пришли на то место. Все сметено, никакого сквера, никаких садиков, стоят восьми-девятиэтажные здания. Я ничего не нашла, никаких следов своего немецкого детства.

До последнего года моей там жизни я жила какой-то детской, детски-усыпленной жизнью. Душа как бы не жила еще. А потом у меня появилась первая душевная подруга — немецко-еврейская девочка Урсула Хоос из очень богатой семьи немецкой. Когда я пришла к ним в гости, то с изумлением обнаружила, что Урсула живет в апартаментах из трех комнат: спальня, учебная комната и игровая комната. А когда нас звали обедать, то все это было как-то невероятно монументально, как бывало только в Германии: тяжелые драпри, какие-то немыслимые люстры, стол, где каждый сидит на расстоянии метра друг от друга, а сам стол — метров двенадцать длины. Папа ее был юнкер чисто арийского происхождения, а мама и родители мамы — евреи. Хоос — это немецко-юнкерская фамилия.

Помню, что, представляя меня своим родителям, мама Урсулы сказала: “Лиля приехала из Советского Союза, но она тоже еврейка и очень милая и умненькая девочка”. Именно тогда я в первый раз почувствовала, что быть еврейкой — это что-то особенное, но совершенно не поняла, хорошо это или плохо.

И я Урсулу, Улю, необычайно полюбила. Это было первое, наверное, проявление поисков дружбы, друга, которые потом такое важное место занимали в моей жизни.

И еще я начала читать. До какого-то момента я мало и плохо читала. Помню, как Уля мне говорила: “Что я тебе буду давать книжки, ты все равно их не успеешь прочитать”. И вдруг произошел какой-то прорыв. Помню, на какой это было книжке. Это был немецкий перевод замечательной датской писательницы, которую я потом, через много лет, сама переводила и редактировала, Карин Михаэлис. У нее была детская книжка двухтомная — “Биби”. Вот на этой книжке я научилась быстро и увлеченно читать.

“Биби” Карин Михаэлис я привезла в Москву, я с этой книжкой не расставалась никогда, вот сколько уже — шестьдесят пять лет, наверное, — она со мной. Это по форме, как любили писать тогда, — путешествие девочки. Девочка едет из одной провинции в другую. Как бы географический рассказ о Дании и вместе с тем о разных нравах; и, может быть, тогда во мне пробудилась любовь к перемещению, к новому. В общем, очень хорошая книжка и писательница хорошая, Карин Михаэлис.

Так душа, кроме дружбы, стала жить чтением. Вторая книжка, которую я прочла и которая окончательно это закрепила, — “Доктор Дулиттл”, перевод с английского. То, из чего Чуковский сделал “Доктора Айболита”. Это ведь не им выдуманный образ, он только переписал историю в стихах, а вообще это большой многотомный английский детский роман. Очень увлекательный, когда тебе девять или десять лет.

И вот от этих двух прочитанных книг расширился мир.

Была и другая причина, пробудившая меня. Все-таки я хочу это рассказать, потому что в моем становлении это очень важный момент. Я говорила вначале, что меня формировала внешняя жизнь. Шел тридцатый год. На улицах Берлина начались манифестации — коммунистические и гитлеровские. Это были небольшие группы — по пятьдесят, по сто человек — с какими-то лозунгами, знаменами. Очень часто кончалось потасовками. Несерьезными. Я прекрасно помню. И от этого оставалось чувство тревоги. Улица перестала быть спокойной, там все время что-то происходило. И, в общем, мама понимала, что оставаться в Берлине невозможно. Вся русская эмиграция тогда тоже ринулась из Берлина в Париж. А мама сперва решила поехать к бабушке в Палестину. Но мы уехали не одни.

У хозяйки домика, где мы снимали часть большой квартиры, был сын, которого звали Людвиг и который сперва свел дружбу со мной. Очень красивый молодой человек, моложе мамы, думаю, лет на пять, необычайно стал за мной ухаживать. Водил в детские кафе, в кукольный театр, в кино, — в общем, каждые два-три дня Людвиг со мной куда-то ходил, и я его сильно любила. А потом смотрю, он стал уже вместе с нами обедать, и то и се. А потом мама мне сказала, что на несколько дней уезжает в Гамбург, и Людвиг вместе с ней исчез. А когда мама вернулась, она сказала, что решила выйти за Людвига замуж, что развелась с отцом и что вот это отныне мой новый папа. И я его мгновенно, вполоборота, возненавидела.

Мама сердилась на папу за то, что он поехал в Москву, хотя его предупреждали. Она увидела в этом пренебрежение семьей, ею, мной. Возвращаться она боялась — некуда было возвращаться. А тут красивый молодой журналист, очаровательный парень. Закружилась голова. Она потом дорого заплатила за это.

6

И вот в такой компании — мама, Людвиг и я — мы отправились в Палестину. И это был, по-моему, единственный период в моей жизни, когда я была не доброй девочкой, а злым мальчиком. Я все делала наоборот. Я помню это свое состояние какого-то бешенства.

С одной стороны, значит, Людвиг, с другой стороны — Урсула Хоос. Я была в отчаянии, что нас разлучили, что я ее теряю. Без конца, всю дорогу на пароходе писала ей бесконечные письма своими дурацкими готическими буквами.

Позже — мы с мамой уже переселились в Париж — я пыталась разыскать Улю. Но вся ее семья сгинула, когда нацисты пришли к власти. Мы не смогли найти никаких следов. Это было для меня великим горем.

Когда мы приехали в Палестину, я себя так плохо вела по отношению к Людвигу, что мама не захотела даже жить со мной у бабушки. Меня оставили у бабушки, а они сняли себе где-то квартиру.

Тель-авивские эвкалипты уже превратились в огромные роскошные деревья, которые полностью затеняли улицы, и можно было в эту жару ходить в тени.

У меня была только одна задача: освободиться от Людвига. Любопытно, я ведь вообще человек очень доброжелательный и благодушный. Но это был настоящий кризис. Единственное очень приятное воспоминание от той поездки — конкурсы на лучшую крепость из песка. В Тель-Авиве изумительный широченный песчаный пляж. Вот там устраивали эти соревнования. И я вдруг проявила недюжинные архитектурные способности и получила третье место, что было колоссально. Это была моя первая радость от какого-то творческого акта. Возникло ощущение, что я на что-то способна, могу сделать что-то, что может кому-то показаться хорошим и интересным. И на фоне моей дикой негативности, связанной с Людвигом, это имело еще особую цену.

Я ходила в школу, очень смутно это помню, занятия шли на иврите, языка я не понимала, что-то ловила на ходу. Училась всего месяц — мы приехали весной, потом лето, каникулы. А осенью мама решила уезжать. Ей было скучно в Тель-Авиве и совершенно нечего делать. И вот было решено ехать в Париж. Но Людвиг считал, что в Париже не найдет работу, и отправился в Америку, взяв с мамы клятвенное обещание, что, как только он устроится, мы приедем к нему в Нью-Йорк.

Моя бабушка Дора Соломоновна была крайне недовольна мамой. У меня в памяти на всю жизнь остались какие-то фразы. "Маня вечно что-то выдумывает, все не как у людей. Жила бы себе здесь спокойно, в Палестине, жила бы с Людвигом, такой степенный, красивый молодой человек. Нет, он ее не устраивает. Почему-то ему нужно в Америку ехать, и она его отправляет, а сама придумала ехать в Париж. Хоть бы с ним поехала в Америку, так тоже не желает. Собралась в Париж. Я знаю, чем это все кончится: к своему Зяме вернется, в Россию".

Почему-то получилось так, что наш отъезд был назначен на субботу. А это очень серьезная вещь в Палестине, потому что в субботу ничего нельзя делать, в том числе нельзя ехать на извозчике. Бабушка была неверующая, и не религиозные соображения ее удерживали: она боялась мнения соседей. Она безумно волновалась и говорила: вот, мы расстанемся, увидимся ли когда-нибудь, я должна вас проводить. А с другой стороны — не смела бросить вызов этому маленькому обществу и сесть в коляску. Какую-то вуаль себе достала из шкафа, думала, может, не заметят в вуали, примеряла эту вуаль. В итоге бабушка нас не провожала. И на меня это обстоятельство, что мнение соседей оказывает на нее такое влияние, что она так мучается, можно поехать провожать или нельзя, произвело огромное впечатление. Мне было десять лет, я все понимала. Я подумала, что мама права — жить в этом месте нельзя. Жить там, где ты не смеешь делать то, что тебе хочется, не годится. Это было для меня одним из первых социальных уроков. И мы уехали.

Я считаю, что довольно поздно повзрослела. Вот тогда, на пороге девяти-десяти лет. Конечно, уже с пяти лет я как бы понимала себя в противостоянии миру, но ведь жизнь духа — это все-таки страдание. С первым страданием, с первой болью пробуждается душа, я в этом уверена. В счастье она только купается, она не пробуждается, она себя не осознает до конца. А изведав страдание, потом живет и счастьем. Но пробуждение связано с какой-то болью. Так мне кажется, так я думаю, во всяком случае, на моем опыте это было так. И вот боль за папу, возмущение от появления нового человека, который был прекрасен как мой друг, но только не на том месте, на которое претендовал... И он еще меня поучал... Он был довольно забавный человек, писал стихи, они с мамой переписывались стихотворными немецкими посланиями. Все это так, но меня это ничуть не радовало, а только возмущало. Все в нем меня возмущало с той минуты, когда он занял место, на которое, с моей точки зрения, не имел права.

И вот первое горе любви, дикая обида за папу, разлука с Урсулой — это, в общем, порог. Я осознала как следует эти изменения состояния своей души, когда мы плыли на пароходе до Марселя. Довольно долгое тогда было путешествие, дня четыре, пять или даже шесть. Я была начинена горем разлуки, ненавистью к своему спутнику, лежала на палубе в шезлонге, очень хорошо помню, и шла какая-то ощутимая мною внутренняя работа.

И вот в этой боли поворот какой-то произошел, уже как бы к взрослой жизни. В Париж я приехала взрослой девочкой.

7

Из поездки на пароходе до Марселя я помню только, что мама меня научила пяти французским словам. Я знала "мадам", я знала "пардон", и я знала тот лозунг, который был написан на каждой французской монете, — "либерте, эгалите, фратерните" — свобода, равенство, братство, лозунг Великой французской революции. Вот с багажом из пяти французских слов мы благополучно прибыли в Париж.

Бульвар Пастера, тринадцать — на всю жизнь запомнила этот адрес, дом Ревекки, маминой гимназической подруги. Она вышла замуж за сына очень знаменитого в России в те годы профессора психиатрии Минора. Поехали они в Париж, она там работала в советском посольстве, но когда в тридцатом году Сталин подписал декрет, что тот, кто немедленно не вернется, получает кличку "невозвращенец" и теряет советское гражданство, Ревекка не вернулась и осталась со своими двумя детьми в Париже.

Помню, как в первый же вечер Ревекка с мамой куда-то ушли — очевидно, наслаждаться ночной парижской жизнью, а мы, дети, остались одни. Мальчик Ляля, на три года старше меня, и девочка Зина, немыслимая красавица, на пять лет меня старше, белокурая, с совершенно роскошными локонами. Меня положили спать в кресле, потому что больше было некуда, а мальчик Ляля делал самолетики из бумаги, запускал через окно и в ночной рубашке бегал вниз, на бульвар Пастера, их собирать. Вот это мое первое парижское воспоминание, очень яркое, на всю жизнь оставшееся.

Потом, довольно скоро, мама сняла то, что французы называют “студио”, — это однокомнатная квартира с большой комнатой, с ванной комнатой и не кухней, а таким как бы шкафом в передней. Она хотела быть поближе к Ревекке, и это было очень близко от нее. 32-бис, рю дю Котантен, возле вокзала Монпарнас. Два новых дома, в соседнем, без “бис”, жил Илья Эренбург. Каждое утро, направляясь в школу, я его встречала. Он шел с двумя черными собаками, низкими такими, типа терьеров, которых вел на поводке, с длинным французским батоном “багет”, больше метра, под мышкой и свежими газетами. Что это Илья Эренбург, известный русский писатель, сказала мне мама.

Сперва меня отправили в районную школу. Там учились дети самого непривилегированного класса. И вот представьте себе десятилетнюю девочку, которая кое-что уже пережила, кое-что уже поняла, которая знает уже и что такое разлука, и что такое потеря. И вдруг я оказываюсь в классе, где было человек тридцать пять, ни слова, кроме этих пяти слов, не зная по-французски. Я должна там сидеть пять-шесть часов, ко мне никто не может обратиться, я ни к кому не могу обратиться. Я себя чувствовала в первые дни ужасно. Первое французское слово в дополнение к моим пяти было слово “спичка”, “алюмэт”. Потому что на уроках арифметики счет учили по спичкам, каждый приносил коробок спичек и складывали — пять спичек плюс три спички. И вот они все время повторяли "алюмэт", "алюмэт". Это было мое первое новое французское слово. Я для них была иностранкой, меня звали "летранжер", даже не по имени, и я себя чувствовала там неуютно.

И мама очень скоро, месяца через два — впрочем, через два месяца я уже говорила по-французски, — отдала меня в крайне привилегированную школу. Называется она Эльзасская школа. Дочка Эренбурга под псевдонимом Ирина Эрбург написала потом о ней книжку. Она старше меня лет на пять-шесть и тоже училась там. Год я закончила в этой школе, но дальше мама не потянула. Это была очень дорогая школа, в которой учатся дети министров, дети верхушки буржуазии, дети ученых.

Вообще, средств к существованию у нас почти не было. Немножко что-то дала бабушка для начала. А потом мама организовала кукольный театр. Назывался он русским словом "Петрушка". Сделала куклы из папье-маше — тут она уже лепила формы не из черного хлеба, как в России, где он был такой несъедобный, что годился только для лепки, а из пластилина, поскольку черного хлеба во Франции не было при всем желании. Она вылепила пятнадцать-двадцать таких кукол, набрала ребят, детей знакомых. Вокруг Ревекки была компания бывших советских людей, ставших эмигрантами; они в основном плохо знали французский, а дети их были уже французами, естественно, потому что в детстве за несколько месяцев выучиваешь язык. И вот этих детей мама пригласила актерами в свой кукольный театр. Я тоже была в составе труппы, под именем, как уже говорила, Лили Имали — мамин театральный псевдоним. Кукольный театр очень простой — куклы и ширма. В одной руке ширма, в другой — чемоданчик с куклами, и можно путешествовать хоть куда. Немного бутафории, элементы декораций, и все.

Мама сняла зал в том же Латинском квартале, на рю Кампань-Премьер, и там четыре или пять раз в неделю давались спектакли. Нужна была реклама. Помещать ее в газетах было дорого, поэтому печатались проспектики, и в мои функции входило раздавать их на углах улиц. Это было не очень приятное занятие, но и остальные ребята, которые играли в театре, тоже их раздавали.

А еще нас приглашали выступать на детские утренники в богатые дома. И там я получила свои первые уроки социального неравенства, потому что в этих домах, где были лакеи в перчатках, горничные в крахмальных наколках, где было веселое детское общество, нас никогда не звали к столу, а выносили угощение в комнату. А дети, барские дети, ели отдельно. И мне почему-то это казалось ужасно обидным и дискриминационным. Естественно было бы: мы дали спектакль, а потом остаемся играть с этими детьми. Ничего подобного. Мы не имели возможности с ними контактировать, у нас, очевидно, была недостаточно голубая кровь. Вообще, я эти выездные спектакли в богатых домах очень не любила, но они помогали маме жить, это давало больше денег, чем жалкие гроши, которые приносили представления в нашем маленьком зале.

Во Франции есть народная форма кукольного театра, называется "гиньоль". Бывает он только на улицах и в парках, там играются совершено стандартные пьески со стандартными персонажами. А мама попыталась создать кукольный театр совсем другого типа, игровой, что ли, такой, каким мы его знаем теперь, каким развивал его первый русский кукольник Ефимов.

Первым маминым спектаклем была "Репка". Она перевела русскую сказку на французский, который знала с юности, говорила свободно, и мы разыгрывали.

Зимой играли в Париже, а летом ездили к морю, в Сен-Жан-де-Люз, городок возле Биаррица. Мама снимала зал, а кроме того, там были виллы богатых людей, и мы ездили со спектаклями по этим виллам.

Театр давал нам возможность жить, жить скромно, но безбедно. И все же учиться в Эльзасской школе оказалось не по карману. Я теперь знаю, что даже для состоятельных семей, для семьи, например, крупных французских журналистов, это непосильные траты. И мама перевела меня в лицей Виктора Дюрюи. Довольно близко, тоже в Латинском квартале, я пешком утром туда ходила. И там я нашла свою любимую французскую подругу. Это была семья русского эсера Нахимовича, такой довольно известный был эсер, которого сослали вместе с другими эсерами в Рязань — тогда еще ссылали не в Сибирь, а в Рязань, — потом в Рязани посадили в тюрьму, и он умер в тюрьме. А его вдове с двумя дочками, которым тогда было десять и, скажем, семь лет, разрешили эмигрировать в Париж. Вот младшая дочка Лида и стала моей любимой и лучшей подругой.

Она была на несколько лет меня старше, училась в том же лицее Виктора Дюрюи. А ее старшая сестра Гуля замечательно пела и была главной актрисой маминого театра — она пела русские романсы с куклами. Это был коронный номер. Во всяком случае, у меня сохранилось довольно много рецензий во французских газетах: кукольный театр "Петрушка" вошел в сезон и того года, и следующего.

Обретение Лиды и компании вокруг нее было важным событием в каком-то моем развитии. Все они были старше: мне двенадцать, им пятнадцать-шестнадцать. Из-за этого я стала читать другие книги, чем мои сверстники. Я читала за теми, старшими. Стала читать французскую классику, очень быстро, — чтобы, не дай бог, не отстать от них, быть в курсе, знать все, и это был большой стимул к ускоренному развитию. Но это меня страшно отвлекало от занятий в школе. И я в лицее Виктора Дюрюи была почти до весны последней ученицей. Там когда возвращают контрольные работы, то не просто ставят отметки, как у нас, а ты занимаешь определенное место: ты — пятый, ты — восьмой, ты — десятый. Ну вот, в моем классе было двадцать восемь человек, я была либо двадцать восьмая, либо двадцать седьмая. То есть я абсолютно не участвовала в том, что происходило в классе. Я читала под партой книги, которые мне нужно было обязательно быстро дочитать, а они читали не только классику, но и, главным образом, современные французские романы. Вот тогда я прочла и Мориака, и Дю Гара, и Андре Жида. Все это я прочла очень рано. Ну и, конечно, какие тут занятия французской историей или античной историей, которую учили в лицее. Мне было не до этого, у меня были другие задачи. Или я просто витала в своих мечтах.

И в какой-то момент мама пришла в отчаяние: что же я так плохо учусь, что же я последняя в классе? И я очень хорошо помню, как одна ее подруга, которую я обожала, — она была актриса в кино и невероятная красавица с огромными зелеными глазами, звали ее Элиан Тайар, она иногда водила меня на киностудию с собой и почему-то всем там говорила, что я ее дочка, — как Элиан Тайар пошла со мной в кафе, в “Ротонду”, и сказала: знаешь что, если ты не хочешь учиться, то можно и не ходить в лицей, есть другие возможности — можно тебя в какую-нибудь ремесленную школу отдать, может, ты хочешь чем-нибудь другим заниматься. А кончать лицей, сдавать на аттестат зрелости — совсем не для всех обязательно.

И меня это как-то задело. Получалось, что я не могу учиться, что ли? Через два дня предстояла контрольная по античной истории. Я взяла учебник, впервые в жизни, и все то, что они учили целую четверть, за два дня внимательно прочла один раз, другой раз, подчеркнула и, о чудо, написала контрольную и была третьей в классе. Приходит раздавать работы не учительница, а как бы, по-нашему, завуч, инспекторша. Начала она с того, что, знаете, у нас потрясающее событие: вот Ли́ля Маркови́ч оказалась третьей в классе. Значит, она может учиться, значит, она просто не хочет учиться, ну пусть же она учится — я, впрочем, давно заметила, что она очень умная девочка. И это мне так польстило... Я даже на всю жизнь запомнила. И как бы обязало к чему-то. В общем, я хочу сказать, что полезно иногда хвалить детей. Вот это "я давно знала, что она умная девочка", оказалось стимулом, я увидела, что это очень легко — хорошо учиться. Нужно чуть-чуть включиться в то, что происходит, и все. После этого никаких проблем больше с учением не было, я как-то разом догнала.

Лицей Виктора Дюрюи был женским лицеем — тогда учились раздельно. Из него нельзя было самостоятельно выходить, не имея специального разрешения, подписанного мамой, с печатью директрисы. Потому что девочки мечтали убежать. И стояли две надзирательницы в дверях и проверяли — есть ли разрешение. Но с одноклассницами я не дружила. Мои сверстницы мне казались абсолютными детьми. Я как-то была уже в другом возрасте. Только к одной девочке, Жанне, несколько раз ходила в гости. Мне нравилось туда ходить, потому что ее мама была хозяйкой цветочного магазина. У входа была устроена дивной красоты цветочная выставка, как делается в Париже, а весь двор уставлен горшками и ведрами со срезанными цветами, которые как будто ожидали своего выхода. Мне это необычайно нравилось. Вообще, сказать "девочка из России" было скорее отрицательной характеристикой: тебя не следует допускать к другим детям. Но всякий раз потом следовала оговорка, сопровождавшая меня, как лейтмотив: но вот данный экземпляр, данная маленькая Лиля — умная и хорошая девочка, и с ней можно водиться. Ничего связанного с моей национальностью я тогда не ощущала. Не могу сказать, что французы не антисемиты, там есть известный антисемитизм. Но так как они очень воспитанны, то обнаруживать этого нельзя. Можно иметь в мыслях, но люди стесняются это показывать, и только в крайних каких-то ситуациях это выплывает на поверхность. Конечно, не в тех ситуациях, в которые попадала я. Может, мама этой девочки в цветочном магазине и хотела бы сказать "к тому же она еврейка", но никогда бы не посмела, потому что, ну... это не говорилось, это думалось, но не говорилось. Так что я ничего такого не ощущала. Я была "девочкой из России", и все.

Но это меня мало интересовало. Мои интересы были во взрослой компании, я была счастлива и горда тем, что принята в нее. Интересно, что все мальчики там были французами, а все девочки почему-то эмигрантские. Лида, Зина, еще одна девочка Нина, которую я тоже очень любила и которая написала в моем альбоме, когда мы расставались: "В память о той минуте, когда я вдруг поняла, что ты мне открыта". Я считала потом, что это очень важное признание. Нина погибла, ее убили немцы. Она попала в концлагерь и была расстреляна, потому что участвовала в подпольной группе. Но это я узнала уже сорок лет спустя.

Другим важным моментом в моей парижской жизни были, кроме моих старших друзей, очень для меня интересные мамины взрослые друзья. Я уже тогда прикоснулась немножко и к взрослой жизни. Была Элиан Тайар, которую я обожала, которая часто брала меня и на студию, и просто к себе в гости и часто ходила со мной в кафе. У нее, очевидно, была тоска по ребенку, и она как-то привязалась ко мне, много мне уделяла внимания, может быть покоренная тем, что я ее так обожала, так ею восхищалась.

Но однажды я получила от нее письмо, где Элиан писала, что больше не сможет с нами видеться: она встретила какого-то мужчину, который потребовал от нее прекратить все прежние знакомства. Хотел, чтобы она принадлежала только ему. Кроме того, он был роялист и ненавидел все, что связано с Советским Союзом. Я была совершенно убита нашим разрывом и страшно плакала.

Был такой замечательный танцор, мамин приятель, Тони Грегори, на чьи постановки мы ходили, он сам часто к нам приходил, еще чаще мы ходили к нему. Тогда была система журфиксов: каждый четверг двери его мастерской были открыты, можно приходить в гости. И мама меня брала с собой. Мама не изолировала меня от своей жизни, наоборот, старалась в нее втягивать. Там я познакомилась с одной режиссершей, которая меня пригласила играть во взрослом спектакле. Я играла маленькую роль, но, в общем, роль в большом спектакле. Пьеса называлась “Продавец мыслей” — “Ле маршан д’идэ”. И было написано в программке, она у меня сохранилась: Лили Имали.

В общем, мне эта жизнь, конечно, очень нравилась. Лето мы проводили в Сен-Жан-де-Люзе, выступали, но было много и свободного времени. Все эти ребята вокруг Лиды, с которыми я подружилась, каждое лето туда ездили. И летом я включалась в мир старших друзей. Это было очень для меня увлекательно, я там научилась плавать, нырять...

8

Сен-Жан-де-Люз — знаменитый, престижный курорт. Где, между прочим, жил Шаляпин. У него была вилла, немножко выше, над городом, и мы с мамой ходили приглашать Шаляпина на спектакль кукольного театра. Но, к сожалению, он был в отъезде. А дочка пришла на представление.

Мы там снимали комнату в одной французской семье. Хозяин дома был кок, повар, плавал в дальние плавания, и меня восхищало, как он жарил картошку, "пом фрит" — национальное французское блюдо. Он подкидывал ее над плитой чуть ли не до потолка, и она вся, аккуратно переворачиваясь, падала назад на сковородку.

Окна нашей комнатки — это была мансарда, дешевая, — выходили во двор какой-то местной семьи. Там было двое детей, примерно пяти и восьми лет, мальчик и девочка, и я всегда поражалась, какие они ужасно грязные, как они все время копаются в какой-то грязи во дворе. Эти дети выглядели как нищие, что ли. Не знаю, чем занимались их родители, но когда наступило первое воскресенье, я вдруг увидела, как они идут на мессу в церковь. Они были вымытые, чистые и одетые как принц и принцесса. Девочка в каком-то платье из кружев вся, мальчик — в синем отглаженном костюме. Вот тогда я впервые поняла, что такое контрасты того общества: то были будни, а это — праздник. Это воспоминание осталось у меня на всю жизнь. Двуликость той жизни, два ее аспекта. Я думаю, это был для меня зрительно очень важный момент. И потом каждое воскресенье эти дети превращались опять в принца и принцессу, а всю неделю валялись в грязи.

В Сен-Жан-де-Люзе мы познакомились с несколькими мальчиками, которые будут играть роль в дальнейшем рассказе. Один из них — необычайной красоты, сын местного богача, тоже старше меня. Звали его Альбер Элисаль, у его отца был консервный завод в Сен-Жан-де-Люзе — единственное предприятие, которое там вообще есть. Альбер был влюблен в красавицу Зину, дочку Ревекки. Другой был Жан-Пьер — во Франции Жан-Пьеров зовут Жипе, сокращая по первым буквам, — Жипе Вернан. И его брат Жак. Оба уже студенты философского факультета, и тот и другой. Жипе было, очевидно, восемнадцать лет, а Жаку — двадцать. Они были некоторым образом знамениты. Когда кончаешь лицей во Франции, то сдаешь экзамен на аттестат зрелости. Сдаешь не в том лицее, где учился, а в другом, государственной комиссии. Сдают выпускники по всей Франции, и дети, которые учатся в колониях, тоже сдают. Это большое общенациональное событие. А потом печатается единый список, кто первый, кто второй, кто третий и т. д. Много детей заканчивают лицеи каждый год, и в этом общем списке у каждого есть по результатам экзаменов порядковый номер. Так вот, в свой год Жак был номером первым, а потом, через три года, первым был его брат Жан-Пьер. Вот такие они были блестящие мальчики и так же точно потом закончили университет. Они сдавали экзамен под названием "агрегасьон" — на право преподавания во французских высших учебных заведениях и лицеях. И в таких же общих списках по результатам Жак был первым в свой год, а через три года Жипе был первым.

Жипе был влюблен в Лиду, в мою любимую подругу. Ну, в те времена любовь дальше целования не шла — держались за руки, гуляли при луне... Они даже еще не целовались тогда, потому что я помню, как позже получила от Лиды письмо, в котором она написала, что Жипе ее первый раз поцеловал.

Помню, как бежала на каждую нашу встречу, как мне было все, что они делали, интересно. Ходили в кино, ходили на танцы, но я еще не танцевала, я считала себя слишком маленькой для этого, — они ходили на танцы, а я просто сидела и смотрела. Обсуждали книжки, которые я торопливо, вдогонку за ними, читала. И мне казалось, что жизнь наша определилась, вот так мы и будем жить.

В этой новой жизни мне страшно не хватало папы. Он, правда, каждый день писал мне открытки. Только они приходили не каждый день, а сразу по три, по четыре штуки. Папа в Москве, по пути на работу, каждый день опускал открытку в ящик. И вот у меня образовалось, соответственно, считайте, сколько: четыре года по триста шестьдесят пять открыток. Без пропусков, что бы ни случилось. Когда он ездил в отпуск, он отовсюду, по утрам, как мужчины бреются, взял себе за правило писать — он звал меня Лялька, — писать Ляльке открытку.

Они чаще всего были с видами строящихся заводов, фабрик, электростанций. Папа описывал свои поездки на комбинаты, на шахты, думая, вероятно, что это будет очень интересно тринадцатилетней парижской девочке.

Его открытки заставляли меня читать по-русски, потому что мне хотелось их читать самой. Я немножко стала читать русские книжки. Мало, но все-таки читала, бегло читала, писать не умела, а читать умела. И я видела, что мама вступила опять в переписку с папой, я знала, что мама Людвигу на его телеграммы-приглашения ответила, что ни в какой Нью-Йорк не поедет. Он там нашел работу и звал нас — мама отказалась. Она была увлечена французской жизнью, театр становился все более известен, расширялся круг друзей... Но я видела, что она все больше скучает по папе. Французские газеты писали о голоде в России, мама России очень боялась, и все же в тридцать третьем году я почувствовала, что назревает вариант возвращения в Москву. Маму гнала любовь, тоска по отцу. Он к тому времени получил квартиру, где могли жить и мы.

У меня к этому было сложное отношение. Но, так или иначе, после Сен-Жан-де-Люза летом тридцать третьего года мы с мамой поехали не в Париж, как всегда, а вдоль Пиренеев, по побережью, в Ниццу. В Ницце она хотела меня оставить на зиму, а сама собиралась поехать в Берлин хлопотать о документах, чтобы суметь вернуться в Москву, потому что они с папой развелись, она потеряла советское гражданство и не могла вернуться просто так, механически. И мы приехали в эту самую Ниццу, были в двух-трех пансионах, мне очень не понравилось, я сказала, что мне там не хочется оставаться, и тогда ей посоветовали — у мамы там были знакомые — найти какую-нибудь хорошую семью с детьми, чтобы я там перезимовала. И так она и сделала. Мама нашла женщину, вдову, у которой были три девочки. Одна девочка, средняя, Симонн, моего возраста, другая — моложе меня на три года, а третья старше меня на три года. В этой семье я осталась. И надо сказать, что это был тоже очень хороший, счастливый год. Я подружилась со старшей девочкой, Колетт, очень ее полюбила. Мы ночами, вместо того чтобы спать, сидели на подоконнике и разговаривали. У меня была уже эта привычка дружить со старшими, тем более что моя сверстница, Симонн, училась в балетной школе и смертельно уставала от занятий балетом целый день и падала замертво от усталости. Колетт, Симонн и Жаклин, младшая. Я ходила в лицей и очень хорошо с ними прожила эту зиму. Потом мама за мной приехала весной, мне было жалко с ними расставаться, вот как-то жизнь моя состояла их этих разлук, привязанностей и разлук. Мы вернулись в Париж, и мама мне сказала, уже совершенно всерьез, что мы возвращаемся в Россию, мы едем к папе.

9

Было чувство обрыва жизни. Все мамины взрослые знакомые понимали, что это расставание навсегда. Помню, как мы пошли прощаться в очередной четверг к Тони Грегори, к этому танцору, как он меня посадил к себе на колени и сказал: “Ну, ты что, возвращаешься на свою родину?” У меня было двойственное чувство. С одной стороны, конечно, желание увидеть папу, любопытство, вообще, как у всякого юного существа, интерес к незнакомому, с другой стороны — какой-то страх потерять все то, что я уже научилась любить. Я говорю: “Да”. И он мне сказал фразу, которую я запомнила на всю жизнь: “Знаешь, ты туда уедешь, и ключ повернется, ты назад уже никогда не вернешься”.

И моя любимая учительница в лицее — а у меня был альбом, о котором я уже говорила, куда мои немецкие подружки писали, я продолжала вести его, — так вот, моя французская учительница в этот альбом написала: “Моей любимой ученице Лиле с боязнью, что мы больше никогда не встретимся. Она уезжает в свою далекую, недостижимую для нас Родину”. И это все, конечно, вселяло какой-то страх и холод в сердце.

А мамина подруга Ревекка написала мне фразу, которую я тогда понять не могла, но потом оценила: “Дорогая

Лилечка, главное — это не терять веру в жизнь. (Конечно, в те годы мне это ничего не говорило.) Не теряй ее никогда... ”

Все уже было готово к отъезду, мы обошли наших французских друзей, и они приходили к нам — прощались.

Я позвонила Элиан Таяр, умоляла ее встретиться. Она отказалась. Торопилась закончить разговор. “Мне пора, пора... любимый ждет меня...” Я спросила, могу ли писать ей. “Нет, никогда”. Эта история имела продолжение. Мы жили в Москве уже около года, и вдруг я получила от нее письмо. Элиан писала: “Я очень несчастна, человек, которого я любила, бросил меня. Нельзя ли мне приехать и увидеться с вами? Возможно, я смогу начать новую жизнь”. Я ей тут же ответила — но больше никогда ничего о ней не слышала.

Последний вечер накануне отъезда мы провели в доме у Ревекки Минор, на бульваре Пастера, тринадцать, с ней и двумя ее детьми — красавицей Зиной и мальчиком Лялькой. Там имелся камин, как почти в любом французском старом доме... Было грустно. Расставание всегда грустно. Хотя что-то и тянуло вперед. Свойство моей души: когда что-то предстоит новое, меня всегда затягивает вперед, я легко поддаюсь на новое. И все-таки расставаться, покидать — грустно, тем более что все вокруг говорили: это навсегда.

И вот после вечера у Ревекки мама написала стихотворение. Конечно, мамины стихи в каком-то смысле беспомощны, наивны, но вместе с тем она их писала с такой легкостью, не отрывая ручки от бумаги, они сами ложились, и в них было столько какого-то искреннего чувства, что они мне все равно очень дороги и милы моему сердцу. Вообще, в маме была поразительная смесь зрелости и какой-то детской наивности... Она была человеком очень открытым и наивным. Я себя стала чувствовать очень рано старше ее — сдержаннее, мудрее, способнее дальше смотреть вперед. Но вместе с тем завидовала ее артистизму, ее способности включиться в любую игру, создать немедленно из ничего что-то. Все, что она делала, — и кружок одиноких, и детский сад, и кукольный театр "Петрушка", который все-таки завоевал Париж, шутка сказать — все газеты писали рецензии, это что-нибудь да значит! — она делала талантливо. Это было детски-наивное, талантливое какое-то искусство. Вот такой мама осталась в моей душе: не как мама — скорее как подруга, с детской душой. Ну, я хочу прочитать эти стихи. Не собьюсь. Помню.

Сколько лет прошло, мой друг?
Двадцать? Двадцать пять?
Завершился жизни круг,
и теперь опять
пьем с тобою мы вино
с тостами, с речами,
как тогда — давным-давно,
помнишь, за плечами
наша молодость крылами
сны нам навевала,
за горами и долами
нам звезда блистала.

Ты помнишь, друг мой, тесную терраску
и тот безбрежный мир, что был за ней?
Теперь или тогда носило счастье маску,
и где теперь венец былых огней?
Твои глаза такие же, как прежде,
в них только еще больше доброты.

Сидишь ты предо мной в черной одежде,
и пьем вино с тобой мы — я и ты.

А перед нами молодые лица.
Такими же, мой друг,
ведь мы были тогда.
Или теперь мне это только снится?
И те же мы и не прошли года?
А эта девочка с прелестными чертами
и с грацией семнадцатой весны —
кто перевоплотил волшебными перстами
тебя в нее, действительное в сны?
Ту девочку я видела когда-то,
я видела ее тогда — шестого июня, в ночь, —
нам памятна с тобою эта дата,
и странно мне, что это — твоя дочь.

Ну что ж, мой друг, пусть пенятся бокалы,
была ведь и для нас прекрасная пора,
ведь и для нас когда-то розы были алы,
и было нам семнадцать лет тогда.

Вот такое трогательное, наивное стихотворение.

В Германии был уже Гитлер, и ехать через Германию было невозможно. Надо было ехать в объезд, через Италию и Австрию.

Я помню этот поезд, сперва такой веселый — начало мая, еще занимались горными лыжами, — лыжники в спортивных костюмах, веселые, загорелые. И по мере того как мы продвигались ближе к Востоку, он становился все более унылым, уже никаких лыжников, какие-то понурые люди, — и вот мы попали в Варшаву.

Здесь я сижу у папы на коленях, я очень любила папу, он меня очень баловал, и до этой минуты я ощущала слитность с ним и со всем миром, а тут вдруг как бы противопоставила себя и папе, и всему, что было вокруг.

1.01

Дед был не только хозяин этой аптеки, но и сам фармацевт, химик, занимался все время в лаборатории какими-то изобретениями — и обожал игрушки

1.03

Мама и папа — это гимназический роман. Мама закончила полтавскую гимназию, а папа — реальное училище с инженерно-техническим уклоном.

1.04

У меня сохранилась заветная мамина тетрадка, в которой описано, как шестого июня седьмого года на террасе ее дома праздновали окончание учебы. Праздновали дружеской компанией, три девочки и три мальчика, и есть запись удивительных, романтически-возвышенных планов, которые они имели на эту жизнь.

1.05

1.06

После погромов седьмого года мамина семья уехала из Полтавы в Германию. Прожили там два или три года, а потом перебрались в Палестину. Но мама не вынесла разлуки с отцом. Она оставила родителей в Яффе и вернулась в Россию искать папу. А он тем временем успел кончить Петербургский горный институт.

И тут началась Первая мировая война, папа пошел воевать. Что называлось, “вольноопределяющимся”. И попал в немецкий плен. Почти четыре года сидел в немецком плену, поэтому потом очень хорошо говорил по-немецки.

1.08

А мама во время войны организовала детский сад для еврейских детей, чьи отцы были мобилизованы. Первый еврейский детский сад, “пятидневку”, т.е. там дети жили, спали, их разбирали только на выходной день

Папа вернулся из плена, как и все, к концу войны, в девятнадцатом году. Видимо, тут они окончательно соединили свои жизни.

И получил сразу первое назначение — заведующим гороно в город Смоленск. Куда папа с мамой и переехали, там им дали комнату — келью в Смоленском монастыре, где шестнадцатого июня двадцатого года я и родилась.

Весь московский период, а потом и в дальнейшем меня сопровождали куклы. Мама была страстной любительницей кукольных театров и хотела создать свой театр.

1.12

Когда мне было два года, мама возила меня в Берлин, где мы встретились с бабушкой. Сама я почти ничего не помню, но судя по маминым письмам отцу, бабушка все время критиковала ее за то, что я не так одета, не так причесана.

В двадцать пятом году был брошен клич, что нужно начать торговать с Западом. Многих членов партии с высшим образованием стали посылать на загранработу.

От первого учебного года у меня осталось очень яркое воспоминание. Как-то раз к нам приехал Горький. Он эмигрировал из России еще в двадцать первом году.

За время нашей жизни в Германии я превратилась в немецкую девочку. Потому что я ходила в посольскую школу только первый год, а потом пошла в нормальную немецкую гимназию, научилась писать готическими буквами, бойко читала детские, готическими буквами напечатанные книжки.

Сидеть надо было положив руки на парту — строгая немецкая гимназия. Женская — мальчики и девочки тогда учились отдельно. Охотно ходила. Никаких негативных эмоций это не вызывало. Как-то все ходили. Вообще, в тот момент мне хотелось быть как все, жить как все, сливаться.

Когда папа должен был вернуться из отпуска, мы поехали встречать на вокзал — его в поезде не было. На другой день он позвонил и сказал только: “Не ждите меня”.

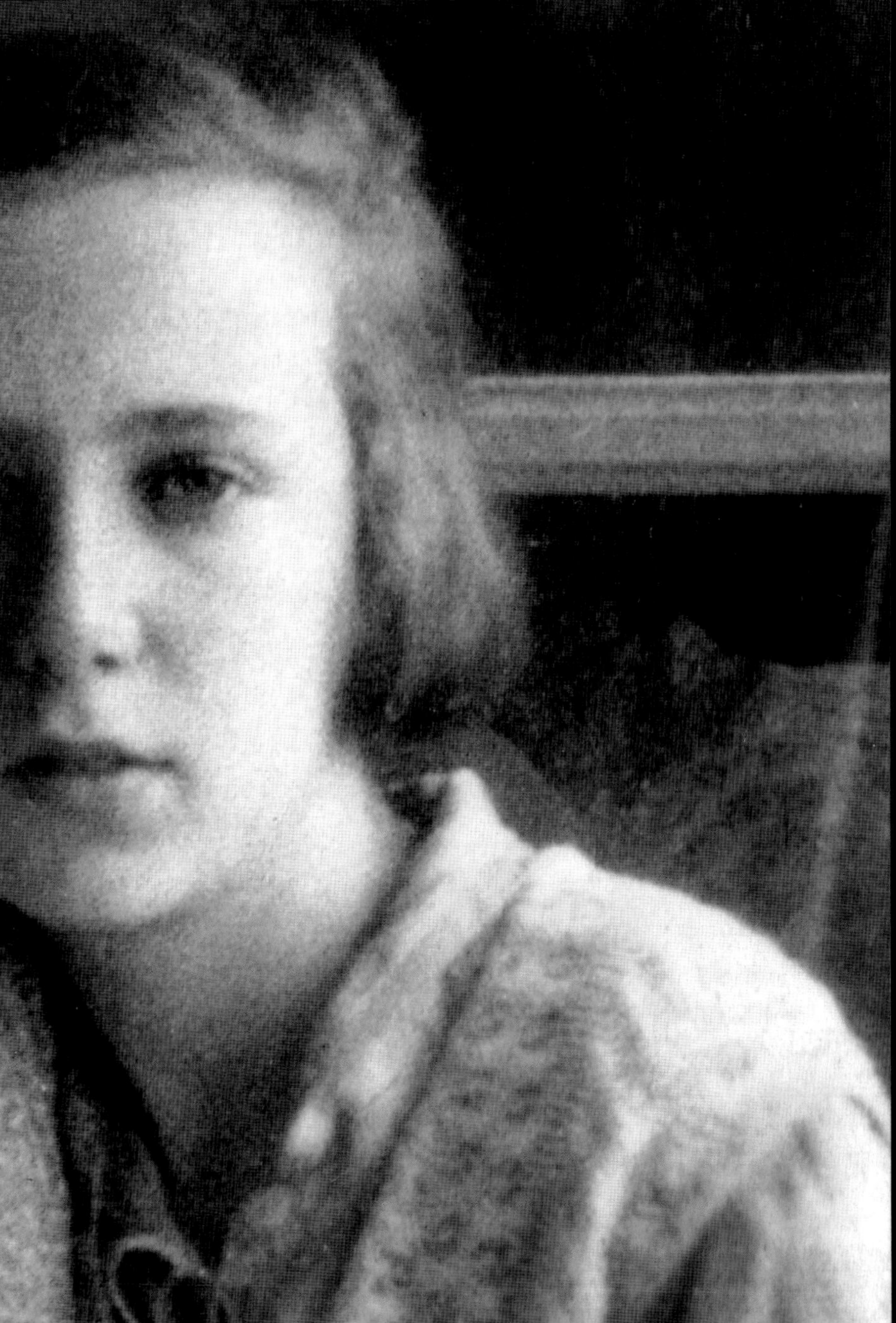

1.19

Эпитафия

Моей уважаемой Фоксе. ~~Милой уважаемой красавице Фоксе~~

Умру — стихов останется тетрадка
Заглянешь в них когда-нибудь
украдкой
И скажешь: „всё же был родной
котяга!..
Слегка поэт, в душе — вольный
бродяга...
Лирически мяукал он и прочее...
И слишком часто ставил...
многоточие...
Кошачьей всей душой он
чтил стихи и шпроты...
Не выносил избитые остроты.
И взбитые охотно кушал сливки...
Любил пригубить рюмочку наливки.

1.20

Бульвар Пастера, тринадцать — на всю жизнь запомнила этот адрес, дом Ревекки, маминой гимназической подруги. Она вышла замуж за сына очень знаменитого в России в те годы профессора психиатрии Минора.

1.21

Помню, как в первый же вечер Ревекка с мамой куда-то ушли, а мы, дети, остались одни. Мальчик Ляля, на три года старше меня, и девочка Зина, немыслимая красавица, на пять лет меня старше, белокурая, с совершенно роскошными локонами.

1.22

Marie Imali

DIRECTRICE DU THÉATRE

« PÉTROUCHKA » MARIONNETTES D'A

32 bis, Rue du Cotentin *Tél. Invalides 0*

1.23

А потом мама организовала кукольный театр. Назывался он русским словом “Петрушка”. Кукольный театр очень простой — куклы и ширма. В одной руке ширма, в другой — чемоданчик с куклами, и можно путешествовать хоть куда.

Петрушка

посвящаю моей дочери

1.24

« Petrouchka »

Les marionnettes de Mme Marie Imali ont été présentées jeudi après-midi, à Gure-Etchea, à un très nombreux public, dans lequel on pouvait constater la présence de plus de trois cents enfants. Une suite de scènes très bien conçues et réglées mettaient en valeur les jolies poupées, aux mouvements bien coordonnés, et le dialogue autant que les gestes était bien fait pour intéresser les tout petits qui ont suivi toute la représentation avec une attention passionnée. On en avait la preuve dans l’ensemble et l’ardeur avec lesquels les enfants répondaient aux questions que leur posaient par moments les minuscules acteurs.

Nous ne pouvons entrer dans le détail des nombreuses scènes, parlées et chantées par les marionnettes de Marie Imali. Costumées à ravir, manœuvrées avec exactitude et précision par d’invisibles mains, elles offraient un spectacle du plus grand intérêt non seulement pour les tout petits, mais même pour les grandes personnes qui les accompagnaient.

Nous enregistrons avec plaisir ce nouveau succès de Gure-Etchea. En organisant de véritables fêtes de famille, il comble une lacune et rend un service signalé aussi bien à la population luzienne qu’aux étrangers qui nous honorent de leur présence. Il n’est que juste d’en féliciter les dévoués organisateurs.

Друзья мои, эх, слышите ли вы,

Все, что она делала, — и кружок одиноких, и детский сад, и тот кукольный театр “Петрушка”, который все-таки завоевал Париж, шутка сказать — все газеты писали рецензиии, это что-нибудь да значит! — она делала талантливо.

1.25

Она вылепила пятнадцать–двадцать кукол, набрала ребят, детей знакомых. Вокруг Ревекки была компания бывших советских людей, ставших эмигрантами.

Я хорошо помню, как одна ее подруга, которую я обожала, которая была актриса в кино и невероятная красавица с огромными зелеными глазами, звали ее Элиан Тайар, иногда водила меня на киностудию с собой и почему-то всем там говорила, что я ее дочка.

1.26

COMÉDIE CAUMARTIN

25, rue Caumartin
TÉLÉPHONE : LOUVRE 07-36

Directeur : M. Robert GALLOIS
Secrétaire Général : M. Gabriel MARROT

Le Marchand d'Idées

Я играла маленькую роль, но, в общем, роль в большом спектакле. Пьеса называлась “Продавец мыслей” — “Ле маршан д'идэ”. И было написано в программке, она у меня сохранилась: Лили Имали.

Conte en trois actes et un prologue
de Solange DUVERNON
Le spectacle sera présenté par Jean MERCURE

1.27

« Le Marchand d'idées »
à la Comédie-Caumartin

(Photo G.-L. Manuel frères.)

1.28

1.29

Мама перевела меня в лицей Виктора Дюрюи. Довольно близко, тоже в Латинском квартале, я пешком утром ходила в этот лицей. И там я нашла свою любимую французскую подругу…

1.30

1.31

Лето мы проводили в Сен-Жан-де-Люзе, выступали, но было много свободного времени. Все эти ребята вокруг Лиды, с которыми я подружилась, каждое лето туда ездили. И летом я включалась в этот мир старших друзей.

1.32

1.33

Сен-Жан-де-Люз — знаменитый, престижный курорт. Где, между прочим, жил Шаляпин. У него была вилла, немножко выше, над городом, и мы с мамой ходили приглашать Шаляпина на спектакль кукольного театра.

1.34

Жипе был влюблен в Лиду, в мою любимую подругу. Они даже еще не целовались, потому что я помню, как позже получила от Лиды письмо, в котором она написала, что Жипе ее первый раз поцеловал.

1.36

В этой новой жизни мне страшно не хватало папы. Он, правда, каждый день писал мне открытки. И вот у меня образовалось, соответственно, считайте, сколько: четыре года по триста шестьдесят пять открыток. Его открытки заставляли меня читать по-русски, потому что мне хотелось их читать самой.

1.37

1933 г.

1.38

1.39

Мы вернулись в Париж, и мама сказала, что мы возвращаемся в Россию, к папе. Было чувство обрыва жизни. Моя французская учительница в моем альбоме написала: "Моей любимой ученице Лиле с боязнью, что мы больше никогда не встретимся. Она уезжает в свою далекую, не достижимую для нас Родину".

1.40

Жизнь в Париже оставила в моей памяти ощущение бега. Я мчалась куда-то вперед. Не шла, не сидела, я бежала, я мчалась чему-то навстречу. И вдруг меня резко с дороги сбили в совершенно другую сторону.

Там остановились, жили два-три дня у маминых знакомых. После Парижа Варшава мне показалась городом из другой части света — каким-то полуазиатским, перенаселенным, беспорядочным, забитым фиакрами и допотопными авто. Мамины знакомые оказались милыми радушными людьми, в доме было пятеро детей и все время толпились друзья и соседи. Нас немедленно усадили за стол. В жизни не видела столько колбас и копченостей. Все говорили только одно: "Куда вы едете, как вы можете ехать в эту страшную страну? Там же голод! Все стремятся оттуда, а вы туда, вас обратно не выпустят, вы окажетесь заперты в клетке!" И как-то сердце все больше сжималось, мама отвечала: "Все решено, муж нас ждет", — и под влиянием этих разговоров покупала какие-то бесконечные колбасы, которые клались в чемоданы... Наконец сели в поезд.

Тогда граница с Польшей была не Брест-Литовск, как теперь, а станция Негорелое. Мама решила послать телеграмму отцу, и мы вышли на перрон. Поезд стоял в Негорелом несколько часов, а почта, нам сказали, — на площади. Из вокзала выходить на перрон было нельзя, а внутрь пройти можно. Мы вошли в зал ожидания, и я увидела страшное зрелище. Весь пол был устлан людьми, которые то ли спали, то ли были больны и бессильны, я плохо понимала, что с ними, плакали дети, ну, в общем, зрелище каких-то полуживых людей. А когда мы вышли на площадь, то и вся площадь была устлана ими. Это были люди, которые пытались уехать от голода, действительно умирающие с голоду люди. Я стояла в синем пальто с какими-то серебряными или золотыми пуговицами и каракулевым воротником, а передо мной — все черное, лохмотья. И я почувствовала такой ужас и такую свою неуместность... Мне стало очень страшно. Я помню, как заплакала и сказала: "Мама, я не хочу. Давай вернемся назад, я боюсь, я не хочу дальше ехать". И как мама мне ответила: "Все, детка, мы уже по эту сторону границы, мы уже в Советском Союзе. Назад пути нет".

Жизнь в Париже оставила в моей памяти ощущение бега. Я мчалась куда-то вперед. Не шла, не сидела, я бежала, я мчалась чему-то навстречу. И вдруг меня резко с дороги сбили в совершенно другую сторону.

10

В Москву мы приехали четвертого мая тридцать четвертого года. Первые впечатления. Квартира. Знаменитый дом — Каляевка, пять, построенный на деньги людей, работавших за границей. За валюту, которую папа заработал в Берлине, он получил квартиру. Номер 215, на седьмом этаже. Лестниц еще не было, а о лифте и говорить нечего, — были настилы. И вот нужно на седьмой этаж подниматься по таким настилам. Это первое сильное впечатление — я как-то никогда не видела квартир, к которым нужно подниматься не по лестнице, а по доскам, висящим над пропастью. Газ и водопровод тоже еще не провели, за водой мы спускались во двор.

Три комнаты, каждый имел свою комнату. Моя, маленькая, выходила окнами во двор, поэтому была очень тихая, и у родителей по большой комнате. Мне, конечно, это показалось немыслимо убогим; мебели почти никакой, самое необходимое — диван, письменный маленький столик у меня, у папы — большой письменный стол и тоже диван, а у мамы еще обеденный стол, четыре стула и какой-то шкаф. Вот мебель этой роскошной квартиры. Но по разговору я поняла, что это здесь считается пределом роскоши, что все завидуют, что это невероятная удача, что это все-таки удалось получить.

А второе впечатление, куда более сильное, чем настилы вместо лестниц: на углу Каляевки и Садовой стояли котлы, в которых варили гудрон, и в этих котлах жили беспризорники. По всему кварталу вместо каменной мостовой укладывали асфальт. Под котлами целый день горел огонь, из них валил густой дым, разносился едкий запах. А вечером рабочие расходились и к чанам сбегались оравы мальчишек. Начиналась жестокая драка за лучшее место. Нередко кровавая. Победители облепляли котлы и спали до утра, прижавшись к теплой чугунной стенке. И я невероятно боялась проходить мимо этих котлов. Ну, в первые дни одна не ходила, а потом, осенью, когда я пошла в школу, каждое утро из котлов высовывались десятки перемазанных гудроном мордашек и весьма насмешливо смотрели мне вслед. Я боялась однажды столкнуться с ними, тем более что мое синее парижское пальто с золотыми пуговицами выделялось на фоне невзрачной одежки московских детей, и я ужасно стеснялась, просто ненавидела его.

Папа сразу захотел воспитывать меня в коммунистическом духе, поэтому в первый же день — мы приехали днем — повел на Красную площадь. Она была еще полна первомайских украшений. Меня поразили, конечно, все эти красные плакаты с лозунгами "Социализм победит", "Трудящиеся всего мира, объединяйтесь" и прочими, но больше всего меня поразило другое: возле Лобного места была сделана огромная фигура, кукла Чемберлена[1], и эту куклу жгли все время, поджигали. А вокруг люди, взяв-

1 *Остин Чемберлен* (1863–1937) — министр иностранных дел Великобритании в 1924–1929 гг.; в так называемой "ноте Чемберлена" потребовал от СССР прекратить поддержку революционного коммунистического правительства в Китае. Отказ привел к разрыву дипломатических отношений с Великобританией по ее инициативе.

шись за руки, плясали. Это произвело на девочку, приехавшую из Европы, впечатление какого-то варварства. У меня было чувство, что я в Африку попала. Жгут как бы живого человека, а кругом на радостях пляшут люди! Тут папа явно просчитался — мое первое впечатление было чрезвычайно, ужасающе отрицательное.

Встал главный вопрос: как мне пойти в школу. Потому что, как я уже говорила, я не умела писать по-русски — умела читать, но не умела писать. Мне было четырнадцать лет. По возрасту надо идти в шестой или седьмой класс. А как, не умея писать, пойти в шестой класс? Сперва почему-то решили меня отдать в балетную школу и водили показывать в Большой театр. Там, видимо, надо было писать ногами, — в общем, считали, что для балетной школы я сойду. Но в Большом меня с первого же взгляда забраковали. В итоге, после долгих поисков, решили, что меня отдадут в немецкую школу. Это была школа для детей коммунистов, бежавших от Гитлера, и специалистов, которые помогали строить новую социалистическую державу, обеспечивать ее индустриализацию. И туда меня действительно взяли, в шестой класс. Школа была довольно большая, с параллельными классами. Находилась она возле Сухаревской башни. Тогда по Садовому ходили трамваи — четвертая остановка от Каляевки. В этом доме теперь Полиграфический институт.

В течение четырех лет я никакого отношения к немецкому языку не имела. К тому же здесь писали не готическим шрифтом, а латинским. Это, с одной стороны, было легче, потому что походило на французский, а с другой — зрительно незнакомый язык, я ведь привыкла читать только готический шрифт и писала тоже только готическим. Но как-то, в общем, освоилась довольно быстро.

Это был год вхождения в советскую систему. Дети в школе оказались необычайно политизированы — это все-таки в основном были дети политэмигрантов. Большинство из них жило в "Люксе", гостинице на улице Горького, ныне опять Тверской. И там ощущалась более интенсивная романтика революции, строительства этого нового мира, чем, наверное, в любой обычной школе.

Что меня поразило: до какой степени все ребята думают одно и то же, до какой степени все интересуются одним и тем же. Меня поразил конформизм, единство, отсутствие индивидуальных черт у ребят. Вот в Париже все были разные. Может, потому что я дружила с более взрослыми. А здесь все были стрижены под одну гребенку. Коммунистический энтузиазм был неописуемый.

И мне очень хотелось быть как все. Вообще, желание быть как все, быть со всеми вместе и очень быстро пришедшее понимание, что это невозможно в силу того, что у меня есть какие-то другие, впитавшиеся в меня понятия и представления, делало мои школьные годы трудными. И не только школьные. Монолит политического единства страны, который, безусловно, существовал в те годы — этого отрицать нельзя, — был для человека свежего, даже для ребенка, пришедшего из другого мира, удивительным, непонятным явлением. И вместе с тем очень желанным. Как-то казалось, что вот они поют, шагают на демонстрации, они все счастливы и едины, — а у меня почему-то какой-то другой взгляд. Мне все казалось, что я похожа на Кая из сказки "Снежная королева": что мне осколок троллевского зеркала попал в глаз и я вижу то, что никто не видит, то есть вижу двойственность каждого положения, вижу вещи с другого бока, не как все — в едином цвете. И это меня очень заботило. Я думала, что во мне есть просто какой-то дефект взгляда на мир.

Читаешь рассказ, книжку — все высказывают одно и то же мнение. Пишешь сочинение — дают план, нужно писать по этому плану. Я очень волновалась, как вступить в пионеры, как написать заявление. А оказалось, нечего волноваться. Есть формула. Я думала, надо что-то выразить — свое отношение, свои пожелания. Ничего подобного. Для всего имелись готовые формулы, текст заявления надо было просто списать с доски. И это как бы и облегчало жизнь, и соблазняло, и вызывало тем не менее чувство протеста. Что-то с первых же месяцев возникало во мне протестующее, что-то несгибаемое, что-то несогласное с этой системой, которая предлагалась для поведения пусть маленького человека, но все-таки человека. Я себя вполне уже к тому времени чувствовала человеком, личностью, и мне не нравилось, что все за меня решено, что мой путь предначертан. Я хотела себя этим увлечь — и не могла.

И там мне очень понравилась одна девочка, которая училась, правда, не в моем классе, а в параллельном. Она мне понравилась потому, что в ней этой активности — быть как все и во всем участвовать — я не чувствовала. Это была очень грустная девочка, с огромными, очень красивыми, печальными серыми глазами, маленькая, худенькая и тихая. А все были очень шумные в этой школе. Все самоутверждались, все хотели быть, как говорится по-немецки, *päpstlicher als der Papst*, святее папы римского, то есть максимально активными, самыми правоверными, самыми надежными юными коммунистами. И девочка, которая как бы сторонилась всего этого, сразу вызвала у меня симпатию. Звали ее Люся, Люся Товалева. Русское имя — почему она в немецкой школе? Оказывается, Товалев — ее отчим, а приехала она из Гамбурга. Вскоре я увидела ее маму, которая как-то за ней зашла. Это была молодая, красивая и очень для Москвы тех лет богато, шикарно одетая женщина, и у меня еще более щемящее чувство стал вызывать Люсин забитый и, в общем, несчастный вид. Я ее пожалела, полюбила, очень скоро мы подружились. Выяснилось, что она с мамой не живет, а живет по разным знакомым. Ее мать, литовская еврейка, в семнадцать лет сбежала из дому с прусским офицером. Он вскоре ее бросил. От этой связи родилась Люся. Мать, обожавшая светскую жизнь, дочерью не сильно занималась. Она меняла возлюбленных, а Люся по большей части жила у чужих людей. Это продолжалось до тех пор, пока мама не повстречала в Берлине мидовца по фамилии Товалев и не вышла за него замуж. В начале тридцатых годов его, как и многих других советских людей, работавших за границей, отозвали в Москву. Сперва они жили в роскошном люксе в гостинице, но Товалева почти сразу, через несколько месяцев после приезда, арестовали. Мама была переводчицей, переводила книги и фильмы. Она быстро нашла себе другого русского друга, и девочка мешала. Мама была молода, хороша собой и хотела попытаться организовать здесь какую-то веселую жизнь, еще не понимая, что после ареста Товалева — обречена. Но тогда этого, конечно, никто толком не понимал. Это был тридцать четвертый — тридцать пятый год, уже шла первая волна арестов, но еще не массовых, не тех, которые начались с тридцать седьмого.

Летом я умолила меня отпустить в школьный пионерский лагерь под Калугой, на Оке. Мне очень это все понравилось, мы любили наших вожатых — я не сказала еще, что учителями были молодые шуцбундовцы[1], кото-

1 Шуцбунд (нем. Schutzbund — Союз обороны) — военизированная организация социал-демократической партии Австрии. Создан в 1923 г. по требованию граждан в целях обороны от вооруженных организаций реакции. В феврале 1934 г. шуцбундовцы выступили с оружием в руках против фашизма. Выступление было жестоко подавлено.

рые эмигрировали из Австрии. И царили товарищеские отношения, не как между взрослыми и детьми, а что-то вроде молодежного спортивного лагеря. Но вместе с тем я замечала, что они тоже гораздо больше заняты своей собственной жизнью, своими отношениями. Там я видела какие-то романы и, в общем, лишний раз убедилась, что показная жизнь, все эти пионерские костры, сборы, — одно, а реальная жизнь — другое. Даже в этом лагере они больше занимались собой, чем нами. Но, с другой стороны, свобода, в которой мы там жили, была очень симпатичной.

Когда я вернулась из лагеря, то назад меня папа в немецкую школу не пустил. Я была убита этим, очень огорчалась, ужасно плакала, молила его оставить меня еще хоть на год, но он, всегда очень мягкий со мной, здесь был совершенно железен, и я очень скоро поняла, насколько он был прав, потому что в тридцать шестом году практически всю эту школу разогнали, всех учителей, очень многих родителей и немало детей арестовали, и вскоре школа перестала существовать.

11

В седьмом классе я попала в школу, которую потом и кончила. Это была в моей жизни двенадцатая школа. Самая главная и любимая. Называлась она очень торжественно: "Первая опытно-показательная школа Наркомпроса". Есть роман, написанный Любой Кабо, там рассказана история нашей школы. Возглавляла ее совершенно замечательная женщина, педагог старой закалки, старого типа, Клавдия Васильевна Полтавская. Она работала еще со знаменитым русским педагогом Шацким.

Помещалась школа в красивом здании двадцатых годов, с башенками, с переходами, — не казенная, не стандартная, совершенно индивидуальная школа. Параллельных классов не было. По одному классу, и в каждом — не больше двадцати ребят.

Лет двадцать тому назад я подумала, что необходимо как-то объединиться тем, кто остался от класса. Нам было уже далеко за пятьдесят. Жизнь нас разбросала, мы встречались очень редко, по двое, по трое, и я решила, что нужно собраться всем вместе и тоже подвести какие-то предварительные итоги пройденного пути, поскольку мы так дружили и так любили друг друга — и в школьные годы, и потом еще долго. И вот в большой нашей комнате, в столовой, собрались остатки моего класса. Нас было еще довольно много, человек пятнадцать. Потом очень быстро, один за другим, стали люди уходить из жизни. И чтобы получился не просто ужин, а что-то значительное — потому что я это задумала как что-то значительное, — я сразу сказала: ребята, давайте так, по-честному: пусть каждый из нас, как сидит, расскажет, что было самое важное в его жизни за прожитые годы.

И вот представьте себе, эти взрослые, уже в большинстве седые люди — мальчишки наши, кто лысый, кто седой, — стали долго, подробно и очень откровенно говорить о том, что было в их прошлом. Это был совершенно незабываемый и удивительный вечер. Конечно, надо было обязательно записать, хотя бы на магнитофон. Нужно было сохранить. Это такое свидетельство времени, пройденного пути! Но я этого не сделала со свойственным мне легкомыслием и дурацкой надеждой, что все еще успеется. А на самом деле что не сделаешь сейчас, потом никогда не успеваешь.

Но во мне это осталось тоже каким-то итогом, жизнь моих друзей. Она не проскользнула меж пальцев, она вылилась в рассказы, которые я, в общем, помню, я как-то поняла и представила себе путь каждого из них. Это был очень важный для всех нас вечер.

Через два года я их еще раз собрала. Нас стало меньше. За это время мы уже потеряли двоих. Тема была задана очень серьезная: пусть каждый расскажет о самом, как он считает, достойном и о самом недостойном поступке в жизни. И что он считает нужным сделать дальше. Все говорили исключительно открыто. И вот эта возможность так открыто говорить друг с другом, после того как не виделись многие годы, свидетельствует и о той близости, которая была.

У нас был действительно замечательный класс, из которого вышло много интересных ребят.

В восьмом классе с нами стал учиться мальчик по имени Дезик Кауфман. Еще раньше нас познакомил с ним Жора Кострецов, наш староста, очень хороший и очень правильный мальчик. Собирались у меня, и он привел своего товарища по дому. Товарищ очень нам понравился, он был очень артистичен, очень интересно и забавно что-то рассказывал, у меня был сломанный стул — он с этим стулом показывал тысячу разных сценок: то это была гитара, то пулемет, то еще что-то. В дальнейшем мальчик стал известен на всю страну, это, я думаю, лучший поэт нашего поколения, Давид Самойлов. С восьмого класса он учился с нами.

Толя Черняев был похож на Горького — очень русский тип лица, коротко стриженные волосы, ясный, прямой взгляд. На фото на нем белая рубашка, черный галстук и зеленый пиджак, перешитый из кителя его деда — офицера царской армии. Жил Толя в Марьиной Роще, тогда очень бедном районе, у них было две комнаты в ветхом деревянном доме. Он учился с большим рвением, хотел быть первым в классе, умел и любил играть на фортепиано. Застенчивый, с менявшимся в те годы голосом, совершенно не способный ко лжи и очень принципиальный. Намного позже, когда Толя заканчивал исторический факультет, он женился на студентке-еврейке — по любви и из протеста. Ему дали понять, что если он хочет сделать карьеру, то должен прервать отношения с этой девушкой. И через несколько дней они поженились. Сегодня Толя один из ближайших советников Горбачева, мы до сих пор дружим.

Лева Безыменский, сын комсомольского поэта двадцатых—тридцатых годов, всегда ходил в костюме и галстуке — остальные ребята одевались кое-как. В войну он стал военным переводчиком и, в частности, допрашивал Паулюса[1], потом долгое время служил корреспондентом в Западной Германии, начальником корпункта, а сейчас работает в "Новом времени". Он крупный специалист по гитлеризму.

На той второй встрече нашего класса Лева сказал, и я считаю, это делает ему честь, поэтому пересказываю его слова: "Я должен раскаяться". Вероятно, он изменил свое отношения к той работе, которую делал в военные и послевоенные годы, будучи корреспондентом за границей и, очевидно, совмещая это с какими-то иными функциями.

Илья Пинскер, мальчик из очень бедной еврейской семьи, заразительно смеялся и, казалось, всегда витал в облаках, совершенно не слушал на уроках. Но, когда его вызывали к доске, отвечал блестяще, особенно по математике. Мы все были убеждены, что когда-нибудь он станет нобелевским лауреатом. И вполне возможно, так и случилось бы, если бы Илья не стал жертвой борьбы с космополитизмом.

Феликс Зигель страстно увлекался астрономией и стал одним из самых известных специалистов по летающим тарелочкам, по НЛО. В Советском Союзе — первым. Он не сомневался, что на других планетах есть жизнь. И был при этом очень религиозным человеком.

Нина Гегечкори — горячая, страстная, прямодушная. Я еще расскажу о ней.

Самой красивой была Наташа Станкевич. Она происходила из известной семьи, была внучкой знаменитого в

1 *Ф.Паулюс* (1890–1957) — немецкий военачальник и командующий 6-й армией, окруженной и капитулировавшей под Сталинградом. В 1944 г. в плену вступил в антифашистскую организацию немецких солдат и офицеров. С 1953 г. жил в ГДР, работал полицейским инспектором.

двадцатые годы скульптора-анималиста Ватагина. Все наши мальчишки были в нее влюблены — впрочем, прожила она ничем внешне не примечательную жизнь.

Это все наш класс.

Не пойти в школу было страшным наказанием. Когда поднималась температура, мы сбивали градусники. Потому что, хотя у нас были очень хорошие учителя, про которых рассказ впереди, самым интересным было живое общение. Оно увлекало, мы поздно расходились, провожали друг друга, — шла своя интенсивная жизнь.

12

Мы просыпались под особый звук, под скреб такой: дворники кололи лед. Это, может быть, главный звук моего московского детства. Совсем изменился московский климат. Те зимы были еще очень холодные и снежные. И вот этот звук поскребывания, откалывания льда сопровождал начало дня. Он был очень поэтичным. Я бы вот как определила: это был звук еще патриархальной Москвы, которая потом совершенно ушла. Днем, когда мы возвращались из школы, дворники сгребали этот лед в кучки и на саночках свозили во дворы, а там стояли котлы, где топили этот лед, и улицы были всегда убраны. Никакой техники, ничего такого, что теперь есть в изобилии, а ходить нельзя. Улицы были чистые, убранные, и было это поскребывание, особое совершенно, неповторимый звук скребка по льду, по снегу. Это ушло. Как ушли куда-то мальчики и девочки, которые все ходили с коньками. Во второй половине дня по Москве почти все ребята ходили с коньками. Их особым образом завязывали. Было такое пижонство — гаги носить, перекинув через спину. А в Москве моих уже институтских лет все ходили с лыжами по субботам и воскресеньям. Теперь я почти не встречаю ребят ни с коньками, ни с лыжами.

А в те годы выйдешь из дома — обязательно толпы с лыжами, едут за город или в парки. Что-то было в этом укладе патриархальное. К патриархальной же Москве тех лет относятся и молочницы. Утром улица была полна молочниц. Это женщины, которые из ближайшего пригорода, с двумя бидонами на спине и с мешком картошки спереди, на груди, ездили каждое утро по определенным квартирам. И к нам они ходили — ко всем ходили молочницы. У всех были свои молочницы. Иногда меняли молоко на хлеб, потому что из деревень забирали всю муку в город и хлеба у них не было, иногда на тряпки, которые трудно было тогда достать, а то и на деньги. Это был быт: шум бидонов, разливаемое молоко, картошка, которую они приносили, которая еще пахла снегом, — все это составляло что-то очень патриархально-доморощенное в Москве.

Москва была еще городом девятнадцатого века со множеством старинных особняков с классическими голубыми или желтыми фасадами. Там заседали всякие райкомы и прочие организации, называвшиеся по советской моде того времени аббревиатурами, не менее таинственными, чем их деятельность. Были тысячи деревянных домиков в один-два этажа с палисадником. В бесконечных трубах проходных дворов работали последние ремесленники-кустари.

Я еще помню извозчиков. Тридцать четвертый, тридцать пятый год — еще ездили по улицам санки с извозчиками. Очень дорого стоили. К седокам обращались "барин, барыня". Но извозчики очень быстро сошли, и единственным общественным транспортом сделался трамвай. Садились с боем, сходили тоже с боем. Вагоны были переполнены, люди висели на подножках, цеплялись за что могли. Езда была настоящей пыткой. Ехали под оглушительный стук колес, сдавленные, как сардины в банке, к большому удовольствию карманников.

Помню и совсем не патриархальное, а страшное. Ходили по домам люди, видимо бежавшие от колхозов, главным образом — женщины, просить милостыню. Но они никогда не просили денег, они просили хлеб и вещи. И я никогда не забуду, как одна женщина говорит: подайте, Христа ради, хоть что-нибудь, и распахнула рваный грязный ватник, и оказалось, что она голая. Даже рубашки на ней не было. Это я на всю жизнь запомнила. Почти каждый день приходили такие люди, какие-то переселенцы, люди, бежавшие откуда-то, искавшие чего-то, с детьми, как правило. Всегда старались что-то подать, я помню, что простыни мы давали, какую-то свою одежду давали.

А рядом с отчаянной нищетой существовал ТОРГСИН, "Торговля с иностранцами", где можно было купить что угодно, но только за валюту, золото и серебро. Придуман ТОРГСИН был, чтобы легально изъять оставшиеся ценности у немногих не уехавших в эмиграцию и еще не арестованных потомков дворянства и купечества. Однажды мы с родителями были в гостях у друзей, и хозяева извинились, за то что подали к столу ножи с железными шпеньками вместо рукояток — серебряные рукоятки "отнесли в Торгсин".

Мы сами, конечно, жили хорошо. То есть убого, нищенски по западным нормам, но очень хорошо по советским, московским нормам. Тогда была система распределителей, карточек. У папы был такой закрытый распределитель. Папа назывался "ИТР — литер "А", т. е. инженерно-технический работник повышенного уровня. Распределитель этот находился в знаменитом доме на набережной, описанном потом Трифоновым в романе. Туда можно было ездить раз или два в неделю и по этим карточкам “литера А” выбирать паек. Так что мы ни в чем необходимом (конечно, я повторю, была убогая жизнь) не нуждались. Но мои товарищи по школе жили совсем иначе. В частности, я в классе дружила с девочкой, которую звали Нина Попова. Она была дочкой швеи в ателье. Жили они с мамой и сестренкой в Марьиной Роще, как и многие ребята из нашего класса. Школа находилась в Вадковском переулке, это Сущевский вал, недалеко от Бутырской тюрьмы. И вот когда я первый раз попала к ним домой, то с изумлением — тут, конечно, надо сделать скидку на мою наивность и глупость — выяснила для себя, что, оказывается, не в каждой семье готовят обед. Я раньше этого не подозревала. Оказывается, есть семьи, где обед не готовят. Меня это поразило. Меня это так поразило, что я до сих пор помню. Там на обед пьют чай, хорошо, если есть сахар, хуже, если его нет, и едят хлеб — с солью, с постным маслом. Вот обед у Нины Поповой.

Я ходила к ребятам, я видела коммунальные квартиры, когда большая семья — ну, скажем, бабушка, дедушка, папа, мама и двое детей — жила в какой-нибудь комнате шестнадцать-семнадцать метров, и это было еще неплохо. А многие жили в комнатах, перегороженных ширмой, или сшивали и вешали вместо перегородки простыни, и если, скажем, старший сын женился и приводил в ту же комнату еще жену молодую, то простыней им отгораживали уголок, где они жили. Я таких квартир перевидала кучу.

Другое сильное впечатление тех лет. Папа дружил со всемирно знаменитым шахматистом Эмануилом Ласкером, и по воскресеньям, два-три раза в месяц, мы ходили всей семьей к ним обедать. Он жил здесь в эмиграции, бежавши от Гитлера, он был еврей, как известно. Чувствовал себя здесь неуютно, мало кого знал, очень привязался к папе и даже играл с ним в шахматы после этих обедов. Это был тридцать шестой год. Ласкер жил войной в Испании. Я помню, у него вся комната была уставлена стеллажами с книгами, а целую стену занимала огромная карта Испании. С красными флажками, которые он перекалывал по мере продвижения войск. Все следили тогда за Испанией, она очень много занимала места в разговорах и всех волновала. Позже, когда я училась в институте, приехали первые испанские дети, которых поселили в интернатах... Но вот в тот момент еще шла война.

А потом начала нарастать волна арестов.

Одним из первых высоких чинов арестовали Крыленко. А Крыленко был тогда наркомом, любил шахматы и руководил шахматным обществом. Это был человек, к которому Ласкер мог обратиться, который приходил к нему в гости, иногда бывал и на этих воскресных обедах. И я очень хорошо помню, как Ласкера охватил страх. Он сначала никак не мог догадаться, почему не может к нему дозвониться, почему Крыленко исчез. Очевидно, немецко-западная психология более медленно и трудно осваивала быстрые изменения нашей тогдашней жизни, — прошла, наверное, неделя-другая, пока он осознал, что Крыленко просто арестован. А потом и других знакомых Ласкера арестовали. И на каком-то очередном обеде он нам сказал: всё, мы попросили визу, уезжаем в Америку. Мы боимся здесь оставаться.

13

Однако было бы неправильно сказать, что все было только негативное, что весь мой путь развития в эти годы сводился к отторжению советской системы. Нет. Было много такого, что расширило кругозор, взгляд на мир, позволило как-то подняться выше по ступенькам развития. Особенно важным и, может быть, в каком-то смысле решающим событием в моей жизни была поездка в тридцать пятом году в Коктебель.

Мама вела кружок кукольного театра при Союзе писателей. Поэтому ей продали путевки в писательский дом в Коктебеле. Когда мы приехали, я сразу же была очарована немыслимой красотой этого места. Это восточный берег Крыма, сильно отличающийся от южного, он более суров. И мне казалось, что я попала на греческую землю. Так я себе воображала. Эта земля растрескавшаяся, этот изумительной красоты абрис одной из самых древних в Европе горных цепей — Карадага, — все это было пленительно. А дополнением к этому, гармоничным и поэтичным, был Дом поэта, дом Волошина.

Волошин когда-то выбрал этот греко-болгарский поселок, чтобы купить там землю, и построил по своему проекту удивительно красивый дом. Он привез из Египта статую, мраморную голову богини Таиах, которая стала в нижнем большом салоне центром, объединяющим всю структуру этого дома. А вокруг — книжные полки, книжные полки, где имелась, во-первых, изумительная французская библиотека, что для меня было очень важно, и я кинулась читать французские книги, а еще была собрана вся поэзия Серебряного века. Так что там я впервые прочла и Цветаеву и Мандельштама. Это была, можно уверенно сказать, какая-то новая ступень моего осмысления литературы, поэзии, жизни — всего.

Тогда же я познакомилась с другом, который потом прошел через всю мою жизнь, — с Ильей Нусиновым, Элькой, как его все звали. Он тоже со своей мамой отдыхал в Коктебеле. Его отец был известный литературовед и теоретик литературы.

А с другой стороны, мама подружилась с Марьей Степановной Волошиной, поэтому я получила возможность ходить на изумительные вечера, которые устраивались у нее дома. То это были музыкальные вечера, то читались старые стихи, то молодые поэты приезжали. Там, скажем, я впервые услышала Михалкова — тогда это был довольно милый мальчик, читал "Дядю Степу", которого только что написал, и совсем не обещал стать тем продажным <...> каким стал в дальнейшем[1]. И его Марья Степановна вполне принимала и пускала в дом.

Волошин умер в тридцать втором году. Все это было еще очень свежо. Дух его — человека необычайно гуманного, поэтического, широких взглядов — витал в этих стенах. В день его смерти плели венки и шли на его могилу — а он завещал себя похоронить на вершине одного холма, откуда видна вся долина Коктебеля, — и вот

1 Из соображений вежливости мы не решаемся дословно воспроизвести резкое определение Лунгиной.

мы поднимались туда, и все это было овеяно такой живой, воплощенной в жизнь поэзией, которая не могла не произвести огромного впечатления на девочку в пятнадцать лет.

Марья Степановна, когда кончилась наша путевка, предложила маме оставить меня у нее на чердаке, где жили еще несколько ребят, дети ее друзей. И невероятное чудо — я была уверена, что мама не разрешит, — мама разрешила. Она была очарована Марьей Степановной, которая была очень интересной женщиной, очень своеобразной.

Она была человеком малограмотным. Работала медсестрой. Но она была человеком исключительно широких гуманных взглядов. В начале двадцатых годов, когда Крым переходил от большевиков к разным бандам, потом к белым и бог весть к кому, она в своем доме прятала одновременно трех-четырех представителей разных враждующих партий. В одной комнате жил большевик, в другой бандеровец, в третьей еще кто-то. Она была христианкой действенной, активной, считала, что задача человека на земле — помогать другим. Поэтому она, будучи медсестрой, ходила всех лечить в эту болгарскую деревню — деревня была главным образом болгарской, греков там осталось мало, но были и греки, которых выселили в начале войны, — ходила лечить всех, всех прятала, всех кормила, хотела приголубить и обнять как можно больше людей. И такое отношение к жизни, конечно, произвело на меня сильное и формирующее впечатление, безусловно. Что прежде всего нужно помочь, а потом разбираться во всем остальном. Что нельзя отказывать никому, нужно доверять и помогать. Такая жизненная установка. Это очень хорошая установка для девочки в пятнадцать лет.

На этом чердаке среди ребят, там живших, был мальчик, на которого я сразу обратила внимание. Его звали Юра Шаховской, он был сыном князя Шаховского. Папу Юры расстреляли еще до того, как Юра родился, когда его мама, баронесса фон Тиморот, фрейлина императрицы, была на четвертом месяце беременности. А когда я с Юрой познакомилась, его мама работала нянечкой и мыла полы в Тропическом институте[1]. Жили они в Москве на Плотниковом переулке. Ему было восемнадцать лет, он учился в школе рабочей молодежи и уже работал, шофером, потому что они еле сводили концы с концами. Он был очень интересный мальчик, знал бездну стихов наизусть, и это тоже дружба на много лет, которая пошла из Коктебеля.

Вот тут обнаруживается одна из особенностей моих связей с людьми. Как-то так получалось в моей жизни, что человек, который попадал в мою орбиту, оставался в ней. Люди не уходили, почти не уходили из моего круга. Большинство людей, которые близко ко мне подходили, — я их не отпускала. Ну, и они, в общем, не очень рвались отойти. Во всяком случае, отношения всегда имели продолжение. Это с одной стороны. А с другой стороны, я давно сделала такое наблюдение: одни люди, имея много разных знакомых, не любят их соединять, держат отдельными группками. А у меня было всегда стремление — наверное, идиотское, часто даже пагубное — всех, наоборот, объединить, всех перезнакомить, всех собрать. И я действительно так и делала. Поэтому свои дружбы первого Коктебеля — я говорю первого, потому что потом десятки раз была в Коктебеле, — я перезнакомила со своими одноклассниками, и это стала как бы одна большая компа-

1 Институт медицинской паразитологии и тропической медицины на Малой Пироговской в Москве.

ния. И эти новые дружбы, эти книги, эта поэзия Серебряного века несколько отвлекли меня, и к счастью, от чрезмерной политизации, что ли, от чрезмерного отрицания советской действительности и от всей той жизни, которая меня в какое-то время забрала целиком. Как-то расширился круг моей жизни внутренней, не знаю, жизни внутри меня.

14

В тридцать шестом — тридцать восьмом годах, в период самого страшного террора, повседневная жизнь странным образом улучшилась. После долгих голодных лет, после коллективизации и всего прочего, что довело народ до почти полного истощения, наступило как бы затишье. Отмашку дал сам Сталин. Он произнес знаменитую фразу: “Жить стало лучше, жить стало веселее”. Ее хором повторяли все газеты. В тридцать пятом отменили карточки на питание. Потихоньку заполнялись прилавки. Появилась копченая рыба, икра, четыре или даже пять сортов сыра. Стали повсюду продавать апельсины, испанские. Открылись кафе. Например, “Коктейль-бар” на улице Горького. Там можно было выпить, сидя в полумраке на высоком табурете, — это считалось верхом роскоши. А в “Артистическом” напротив МХАТа можно было выпить чашечку кофе до или после спектакля и съесть омлет.

Стали лучше одеваться. Женщины начали ходить в парикмахерские и делать маникюр — маникюрши были даже на заводах, — красили губы красной помадой, выщипывали брови. Раньше все одевались одинаково плохо, а теперь появилась некоторая возможность быть элегантными. Снова стали выходить журналы мод. Товарищу

Жемчужиной, жене Молотова[1], было поручено отвечать за производство духов, лосьонов и кремов.

Сталин разрешил радости жизни. Узаконил любовь, семейное счастье (развестись было очень трудно), отцовский долг, позволил поэзию, допустил рассуждения о гуманизме, румяна и украшения. Вернулись танго и фокстрот, а Леонид Утесов создал советский джаз. У него была такая песенка, которая точно выражает дух нового времени:

На аллеях центрального парка
Майским утром растет резеда.
Можно галстук носить очень яркий
И быть в шахте героем труда.
Как же так: резеда —
И героем труда?
Не пойму, объясните вы мне.
Потому, что у нас
Каждый молод сейчас
В нашей юной прекрасной стране.

И, само собой, "я другой такой страны не знаю, где так вольно дышит человек". Это без умолку звучало на улицах из репродукторов, а в квартирах из "тарелок", и не дай бог на кухне или в коридоре коммуналки попросить сделать потише. Донесли бы мгновенно, в стукачах недостатка не было. Укрыться от лавины пропаганды было невозможно. Скажем, на каждой стене висела фотография Ленина и Сталина, называвшаяся "Большая дружба". Потом, при Хрущеве, выяснилось, что это фотомонтаж: два разных снимка — один Ленина, другой Сталина — соединили, чтобы при жизни канонизировать Сталина.

1 *В.М.Молотов* (настоящая фамилия Скрябин; 1890–1986) — глава советского правительства в 1930–1941 гг., нарком и министр иностранных дел (1939–1949, 1953–1956).

До тридцать шестого года все жили во имя "общего дела" и никто не помышлял о частной жизни. Ее едва хватало на то, чтобы завести детей. А потом внезапно, после одной-единственной фразы Сталина "жить стало веселее", все поменялось. Народ послушался. Коммунисты стали исправно влюбляться и заводить семью. Заодно появилась новая литература, вернулась лирическая поэзия в виде стихов Симонова и Долматовского, певших о любви под безоблачным небом родины. Разрешено было даже упоминать Достоевского и Есенина, за что раньше можно было надолго сесть в тюрьму. В тридцать седьмом году с большой помпой отметили столетие смерти Пушкина, миллионными тиражами напечатали два издания Полного собрания сочинений. Стали выходить фильмы и музыкальные комедии. Театр имел тогда такой успех, какого потом, пожалуй, больше и не имел. Ночами стояли в очередях за билетами, чтобы попасть во МХАТ и увидеть Качалова, Москвина, Книппер-Чехову. Самым модным спектаклем была "Анна Каренина", он даже ездил в Париж. С огромным успехом шли "Дни Турбиных". Я знала людей, которые ходили на "Турбиных" тридцать два раза. Булгаков показал, что у белых офицеров тоже было чувство собственного достоинства и понятие чести. Говорили, что Сталин много раз бывал на спектакле, сидел в глубине ложи, сокрытый от глаз.

Он никогда не появлялся на людях. Он был незрим, как бог. Иногда звонил по телефону среди ночи. В Москве много ходило слухов о его беседах с Пастернаком, Эренбургом, Станиславским. Актеров он приглашал выступать в Кремле. Но простые люди могли его увидеть только два раза в год: на мавзолее во время парадов первого мая или седьмого ноября. Трепет людской описать невозможно. Особенно у молодых. Просыпались в шесть утра в предвкушении счастья, потом часами ждали в колоннах... Нетерпение, веселье — играли на аккордеонах, пели, несли знамена и не могли поверить, что увидят Его так близко. Шли шеренгами. Когда наступала очередь пройти перед мавзолеем, темп ускорялся, охрана командовала: шире шаг, быстрее, проходите живее! И люди сворачивали шеи, чтобы как можно дольше видеть, чтобы запечатлеть в памяти драгоценный образ вождя и учителя.

Его боготворили. Люди кричали "Да здравствует Сталин!", когда их расстреливали, убежденные, что он не знает о том, что с ними происходит. Как потом, во время Отечественной войны, солдаты погибали с его именем на устах — это описали Эренбург, Гроссман, Паустовский.

Я его не видела никогда. Единственный раз, когда была возможность, я заболела. Вечером ребята, страшно возбужденные, пришли ко мне, чтобы рассказать. Очень жалели, что меня с ними не было. Я слушала и в очередной раз чувствовала себя чужой.

15

Учились тогда пять дней в неделю. И каждый пятый день мы встречались у меня дома, потому что я была единственная в классе, кто имел свою комнату. Это по тем временам была немыслимая, неприличная роскошь. И поэтому по пятым дням мы все приходили в мою девятиметровую комнату. Писались шуточные пьески, которые потом разыгрывались, сочинялись бесконечные эпиграммы. Но на меня, к слову, никто не писал. И наконец Дезик разразился:

> Зачем по отношенью к Вам
> такой особый курс политики?
> На вас не пишут эпиграмм —
> Вы выше или ниже критики?

В восьмом классе мы начали выпускать газету. Она называлась “Классная неправда” и была вся написана шрифтами “Правды”, главной советской газеты. Каждый писал туда что хотел, всякие заметочки. Шел тридцать седьмой год, начались процессы. И мы имели глупость, безумие — не знаю, как это назвать, — плохо еще понимая обстановку, писать о нашем недоумении по поводу того, как могли Горького отравить и тому подобное, всякого такого рода вещи мы писали в нашей “Классной неправде”. И был у нас в классе шкафчик, который запирался на ключ, и был мальчик — казначей и хранитель редакционного архива, он всегда держал этот ключ у себя в кармане. Как-то раз мы пришли в школу, открыли шкафчик — он пуст. Ну, мы были уже все-таки достаточно понятливы, чтобы сообразить, что это очень страшно, что это опасно. И побежали к Клавдии Васильевне — мы настолько доверяли нашей директрисе, что побежали к ней: вот какой ужас, кто-то взял наш архив. И она сказала: “Дети... — она звала нас “дети”, что в советское время было абсолютно невозможным обращением, — дети, это я взяла. Это я сегодня ночью жгла его у себя в ванной комнате. Я испугалась. Я боялась, что кто-то другой возьмет. Я хочу и вас, и себя спасти”.

Наш страх был не напрасен: ровно через неделю к нам прислали со стороны комсорга, некоего Мишу. И мы очень быстро сообразили, что в его функции входит следить не только за нами, но и за Клавдией Васильевной.

День начинался с линейки в большом зале. Прежде чем разойтись по классам, Клавдия Васильевна нас собирала на пять-восемь минут и что-то нам говорила. Мы видели, что он все время записывает за ней ее слова. И очень испугались. Мы стали понимать, что ей грозит опасность. Мы как-то постепенно стали понимать, что Клавдия Васильевна не вполне вписывается в то время, потому что она не употребляла, говоря с нами, слов “коммунистическая партия”, не упоминала Сталина. Вообще, это интересно, мы поняли, что своей лексикой она отличается от того, что тогда было в ходу и было нужно. И, куча идиотов юных, мы пошли в райком комсомола ее защищать и жаловаться на комсорга Мишу. Нам стало ясно, что надо ее защищать. А тогда еще было время, когда какие-то дискуссии были возможны, и он несколько раз позволил себе на собраниях сказать: "Я не могу согласиться с Клавдией Васильевной, когда она говорит то-то или то-то". И мы подумали, что это опасно, страшно; если он так говорит в ее присутствии, здесь, в школе, то что же он говорит где-то в других местах? И конечно, своим походом сильно ухудшили ее положение.

А вслед за тем, когда мы были в восьмом классе, у двоих ребят арестовали отцов. Был такой очень знаменитый журналист Сосновский. В каждом номере "Известий" он писал "подвал", во время войны ездил в Испанию и присылал материалы оттуда. В нашей школе учился его сын Володя. И училась Галя Лифшиц, дочка первого заместителя Орджоникидзе[1]. И вот их отцов арестовали. Потом и матерей тоже, но сначала отцов. И в школе немедленно устроили комсомольское собрание, чтобы исключить Володю и Галю из комсомола. С формулировкой, которая мне показалась абсолютно нелепой, идиотической. И если меня когда-нибудь услышит нынешняя молодежь, я считаю очень полезным напомнить, до какого абсурда доходила та жизнь. А то сейчас коммунисты всё ходят на демонстрации с ностальгией по старому времени... Исключали пятнадцатилетних мальчиков и девочек из комсомола за то, что они раньше КГБ (тогда НКВД) не разоблачили своих отцов. Хорошая формулировка? Ну, я, человек, не привыкший молчать в свои дурацкие пятнадцать лет, встала и сказала, что это глупость, абсурд и невозможно за это исключать детей. Во-первых, никто не доносит на родителей, а во-вторых, как они могли, с какой стати? Тут же сделали перерыв в комсомольском собрании, а потом не-

1 *Г.К.Орджоникидзе* (партийная кличка — Серго; 1886–1937) — профессиональный революционер; в 30-е гг. — нарком тяжелой промышленности СССР.

медленно исключили меня — за то, что я выступила против этого решения.

Я, между прочим, должна покаяться. Только двое из нашего класса были в комсомоле: я, к сожалению, была из первых, в этом своем неудержимом стремлении слиться с общим потоком. Я и Лева Безыменский. И надо сказать, что, когда меня исключили, он тоже выступил, вступился за меня. Тогда второй раз сделали паузу и его тоже исключили на этом же собрании. Исключали старшие ребята, а руководил всем комсорг Миша.

Мы были такими дураками тогда с Левкой, что оба не сомневались, что стоит нам прийти в райком комсомола, как нас немедленно восстановят. А когда пришли, то нам даже не дали изложить обстоятельства дела. То есть абсолютно никого не интересовало, за что нас исключили. Факт исключения Гали Лифшиц и Володи Сосновского тоже никого не интересовал. Просто немедленно, мгновенно проголосовали и утвердили наше исключение, и все. Нам даже почти не дали открыть рта.

И это было, по-моему, окончательным и последним моментом в моем полном отторжении этой системы. Тут я поняла, что правды нет. Что все это только разыгрываемое театральное действо. Я как-то очень резко это помню — мой восьмой класс, посещение райкома комсомола, степень незаинтересованности, нежелания даже сделать вид, что тебя готовы выслушать. Это производит на такое непредвзятое существо очень сильное впечатление. И я тогда поняла, что нет, я не принимаю эту систему. И в дальнейшем, когда мои сверстники, мои товарищи и в школе, и особенно потом в ИФЛИ с таким трудом начинали что-то осмыслять критически и в чем-то разочаровываться, получалось, что я самая умная, что я первая все поняла. Но я хочу сказать, что дело совсем не в этом. Просто заряд, ну, вольномыслия, что ли, свободы мнений, полученный в моем заграничном детстве, — вот что сработало. Я не лучше, не умнее и не дальше глядела, чем другие. Просто в меня были вложены, видимо, какие-то понятия, которые настолько крепко впились в душу, что их не могло стереть оболванивание, которому все-таки мы все подвергались. Поэтому процессы над "врагами народа"... я абсолютно в них не верила, я была решительно убеждена, что это сплошная инсценировка, это для меня было вне всякого сомнения.

Тогда шла уже третья волна процессов. Каждый день газеты печатали подробные отчеты о судебных заседаниях. Это январь тридцать седьмого года. Перед прокурором Вышинским предстала верхушка партии — на этот раз "троцкисты". Бухарин, Рыков и другие. И все, как один, по-моему, кроме Крестинского, с самого начала отвергавшего обвинения, всё признали и сами выступали с обвинениями в свой адрес, говорили, что продались иностранной разведке и замышляли заговор против партии.

Народ верил. Какие могут быть сомнения, если они сами признаются? А я не могла поверить. Помню, даже сказала кому-то из друзей: "Но ведь все они были ближайшими соратниками Ленина, они все делали революцию. Зачем же им ее предавать?" Думаю, что на меня влияло и отношение отца. Он был тесно связан с Крестинским во время работы в Берлине, и я видела, что папа ни на секунду не сомневается в его полной невиновности. Как и в невиновности остальных. Я прекрасно понимала, что папа не верит. И хотя он избегал комментариев и всегда останавливал маму, если она пыталась возмущаться, — его переполнял плохо скрываемый гнев, когда он читал газеты. Но папа больше всего боялся поставить в трудное положение меня, поэтому не хотел, чтобы я знала о его сомнениях.

Через несколько месяцев нас с Левой восстановили в комсомоле: Сталин к тому времени заявил, что репрессии зашли слишком далеко. Это была его обычная тактика — выступать в роли благодетеля.

Однажды лет через сорок я стояла на Арбате в очереди за апельсинами. И заметила, что какой-то мужчина пристально на меня смотрит. Прекрасно одетый, дорогая шапка на голове — такие продавались только в распределителях. Арбат рядом с МИДом, и я подумала, что, наверное, это дипломат. Вдруг он ко мне подошел:

— Ты — Лиля?

— Да...

— Не узнаешь? Я Миша, твой комсорг.

— Вы меня узнали? Вы меня помните?

— Ну как тебя забыть. Ты же Лилька-оппозиционерка.

Так он называл меня в школьные годы, как бы шутя, но я чувствовала за этой шуткой угрозу.

— У тебя на все было свое мнение.

Он сильно раздобрел, как и все этого сорта люди, имевшие возможность прекрасно питаться. Мы рассматривали друг друга, и, хотя прошли годы, по его взгляду я поняла, что мы по-прежнему враги.

Галя Лифшиц, которой теперь тоже семьдесят семь лет, написала книгу о своей жизни и позвонила мне несколько дней назад, чтобы сказать: “Я помню, что ты была единственная, кто меня защитил, я пишу об этом. Вспомни, это ты позвала меня к себе домой? Когда мы все вместе сидели за столом, и ты, и твои родители?” Я говорю: “Да, это я”. — “Я так это помню, ты знаешь, это был единственный светлый луч в те ужасные годы”.

Все-таки удивительно, столько лет прошло. А Володя Сосновский был потом арестован и оказался в Сибири. Он тоже меня нашел десять лет тому назад и тоже все помнил. В общем, все это помнилось, все это не ушло в песок.

У нас дома происходящее переживалось очень тревожно. Папа был из той категории людей, которых безжалостно изымали в тридцать седьмом — тридцать восьмом году. Проработал четыре года за границей, потом почему-то не был выпущен, это все было крайне подозрительно.

Все его товарищи по объединению, где он работал, — оно называлось "Технопромимпорт" — уже были арестованы. Папа по болезни... к счастью, он заболел, это страшно говорить — "к счастью", но тем не менее только его болезнь — он был болен злокачественной анемией, так называемой бирмеровской анемией, которую теперь лечат, а тогда не лечили, — дала ему возможность умереть в собственной в постели, а не в камере. Но в нашем доме творилось что-то невероятное. Дом был построен сотрудниками посольств, торгпредств и прочее. Огромный дом. И каждый день десятками гасли окна. Наш дворник, который всегда должен был ходить как понятой, через несколько месяцев попал в сумасшедший дом от недосыпа. Потому что днем он скреб снег, а ночью ходил по квартирам.

Я слышала, как папа не спит. Он очень много лежал в больницах, но между больницами, возвращаясь домой, он не спал, он ходил по своему кабинету взад-вперед. Был чемоданчик с приготовленными бритвенными принадлежностями, полотенцем, мылом. Мама тоже ходила в ужасе, сушила сухари и складывала в мешочек, и каждый шаг на лестнице... Лифт поднимается — наконец у нас появился лифт, на каком-то втором или третьем году нашей жизни в Москве, и он так плохо был изолирован, что слышен был каждый подъем, — и ужас, как только поднимается лифт после девяти-десяти — все вздрагивают, все дрожат. И в этом страхе жила не только наша семья. Я видела и вокруг этот живой, теплый страх, не выдуманный, а составляющий все-таки основу жизни. Я помню очень хорошо, как однажды ночью гуляла с Юрой Шаховским по Москве. Было пусто и тихо, машин почти не было, но то и дело проносились огромные грузовики, накрытые брезентом, с надписью "Мясо", "Рыба", "Хлеб". Мы расстались на рассвете у моего дома, и я, погруженная в себя, шла по двору. И вдруг увидела, что навстречу, как-то чуть покачиваясь, приближается папин приятель в сопровождении двух незнакомых мужчин в штатском, которые ведут его под руки. Я к нему кинулась, говорю: "Куда это вы в такое время?" — а те мне: "Проходите, проходите!" И в эту секунду я поняла, что его арестовывают. И действительно: оглянулась, увидела, что его заталкивают в такой грузовик с брезентовым кузовом. Представляете себе, девочка в шестнадцать лет видит такую сцену, как знакомого человека запихивают в машину, не дают сказать слова... Обо всем этом, конечно, полезно напомнить тем, кто забыл, и рассказать тем, кто не знает. Мне хотелось бы передать это молодым... Чувство страха — это чувство, которое трудно себе вообразить, если ты его никогда не испытал, это что-то, что тебя никогда не оставит, если ты раз пережил, но которое себе трудно представить. Нужно в какой-то форме его пережить. Это, может быть, из самых сильных стрессовых состояний, когда ты не знаешь, что будет с тобой через минуту, через час, через день. И с этим чувством, мне-то казалось тогда, жило все городское население. Но — я подойду к этому дальше — когда началась война, я увидела, что не только городское, но и деревенское тоже.

16

Я стала бывать у Юры Шаховского. У них с мамой была комната в ужасной коммуналке, где жили пролетарии и ненавидели их за дворянство, хотя мама, как я рассказывала, работала нянечкой и мыла полы в Тропическом институте. Комната была похожа на пенал — узкая-узкая, длинная-длинная. И там она рассказывала мне, как танцевала на первом балу, показывала фотографии в этих невероятных туалетах, когда она была фрейлиной императрицы. Юра меня познакомил со своей подругой, которая жила в доме, где я живу сейчас, Новинский бульвар, 23. Ее звали Алена Ильзен. У Алены мать была завкафедрой латыни в университете, а отец — врачом, занимавшим высокий пост в Наркомздраве. Жили они в третьем подъезде на первом этаже нашего дома. И она оказывала большое влияние на человека, о котором я к этому времени еще понятия не имела, а именно на будущего моего мужа Симочку, потому что Алена обожала пересказывать романы, которые жадно читала. Собирала ребят во дворе и рассказывала романы.

И Сима, который был ее моложе на три года, был одним из ее самых страстных слушателей. Он мне потом рассказывал, что часами стоял во дворе и слушал ее рассказы, что всю русскую и мировую классику он впервые услышал в пересказе Алены Ильзен.

Ее родителей арестовали в течение двух недель, сперва отца, потом мать, и она с младшей сестрой Лиликой осталась одна в маленькой комнате этой квартиры.

А я, в своем стремлении всех перезнакомить, немедленно познакомила их с Люсей Товалевой, моей одноклассницей по немецкой школе: у нее к тому времени мать тоже арестовали. А отчим Люсю ненавидел, потому что хотел получить комнату, в которой они жили. И Люська перебралась жить к Алене.

Квартира была большая и свободная, ее еще не превратили в коммуналку, и там стали собираться ребята, в основном дети арестованных, и болтали лишнее, а главное, увлеклись спиритизмом. Элька Нусинов, который ходил к ним, мне с возмущением рассказывал, что эти девчонки совсем сошли с ума. Вдобавок они бросили школу и пошли работать на завод. Впрочем, Алена вообще в школе не училась, ее мама считала, что дети должны получать домашнее образование, — единственный случай в моей жизни, когда я видела человека, который не ходит в школу.

И под Новый тридцать восьмой год у Алены в квартире арестовали Люсю.

Элька в те годы был еще настроен невероятно комсомольски-правоверно. Ничего не понимал, ничего не хотел видеть, все мои попытки ему что-то объяснить ничем не кончались, и я, конечно, перед ним очень виновата была, потому что подумала — мне казалось настолько невероятным, чтобы девочку в десятом классе арестовали, — что я подумала, не иначе как Элька сказал на каком-нибудь комсомольском собрании у себя или где-то, что вот он знает дом, где занимаются спиритизмом. Я так это объяснила себе и, исполненная гнева и возмущения, под Новый год, на который была приглашена к Эльке, днем пришла к нему и сказала: вот что ты наделал, Люська арестована, я тебя больше знать не хочу, забудь меня, я для тебя больше не существую. Он даже не стал оправдываться, настолько, вероятно, обвинение показалось ему диким. И мы до середины войны прервали всякие отношения. Но он продолжал мне посылать огромные букеты роз на мой день рождения и писал одну и ту же записку: "Ведь все равно всю жизнь девятый класс". Он в девятом классе объяснялся мне в любви.

А с Аленой я продолжала видеться. Как-то раз, уже после ареста Люси и еще одной знакомой девочки, то есть когда я уже понимала, что арестовывают и детей, Алена мне позвонила и сказала:

— Мне нужно с тобой поговорить, погулять, давай встретимся.

И мы встретились на Арбате, на Старом, и ходили взад-вперед — до Плотникова и обратно. И я как-то не понимала, что же она хотела мне сказать. Я говорю:

— Так что?

Она:

— Подожди, я сейчас тебе скажу.

В общем, так она мне ничего толком не сказала, и вдруг к нам подошел какой-то человек и спрашивает:

— Кто из вас Алена Ильзен?

Она отвечает:

— Я.

— Тогда вы сейчас поедете со мной.

Подвел ее к какой-то темной машине, запихал внутрь и увез. Ну что я могла подумать? Единственное, что можно было подумать, — что ее арестовали на моих глазах. Это мой десятый класс. Я была в ужасе. Я боялась идти домой, вообще не знала, что мне делать. Но я подумала, что там одна ее сестра Лилика, которой 14 лет, и стала блуждать по арбатским переулкам, чтобы убедиться, что никто за мной не идет следом. Наконец пришла к Юре, который уже спал, потому что было около полуночи. Я его бужу и говорю:

— Юрка, слушай, только что арестовали Алену на моих глазах. — Рассказываю все, прошу: — Давай пойдем к Лилике.

Он оделся, пришли мы туда, позвонили в дверь, и нам открыла хохочущая Алена. Оказывается, это был розыгрыш, чтобы проверить, как я себя поведу — пойду к ее сестре или не пойду. Алена боялась ареста, хотела меня испытать, и была такая разыграна сценка. По-моему, она тоже глубоко отражает время, когда возможны такого типа розыгрыши.

Я какое-то время ее видеть не могла. Потом это прошло. Но на другой день даже в школу не пошла, так была потрясена всей этой историей. Потому что я так переволновалась, так испугалась, стала думать, что делать с Ликой...

Алена Ильзен в дальнейшем, во время войны, была арестована, провела в лагере двенадцать лет и выжила среди урок только потому, что *рóманы* рассказывала. Они ее подкармливали и оберегали и не давали ей причинить никакого зла, потому что она была прекрасный устный рассказчик, а это там очень высоко ценилось.

17

Кончали мы школу. Нужно обязательно сказать, что у нас были совершенно выдающиеся учителя. Класс был абсолютно гуманитарный. Мальчишки наши занимались философией, они уже в девятом классе начали читать Гегеля и Канта, это был круг их интересов. Много занимальс поэзией — из-за Дезика Кауфмана, он же Самойлов. И был неплохой учитель литературы. Но властителем дум, как ни странно, стал учитель математики. Он пришел к нам в девятом классе. До того, в младших классах, тоже был хороший математик. Он носил с собой двадцать цветных мелков и все, что объяснял, рисовал и расписывал картинки цветным мелом. И конечно, мы ужасно были огорчены, когда пришел новый учитель. Звали его Петр Яковлевич Дорф. Он вошел в класс, мы как-то плохо встали, как бы выражая свою обиду за то, что он заменил нашего любимца, он разозлился, сломал красный карандаш, который держал в руках, швырнул об стол и вышел из класса. Настолько ему не понравилась наша встреча.

А потом он стал абсолютным властителем дум. Это был очень интересный, своеобразный, глубокий человек, который, вообще, работал в университете и взял наш класс — поскольку это была опытно-показательная школа — в виде эксперимента: можно ли преподавать высшую математику на школьной скамье. И два года мы, как бешеные, занимались с ним этой математикой, и все хотели идти на мехмат, зараженные его страстью. И разговаривали обо всем на свете. Часами он оставался с нами после уроков просто для разговоров. О чем угодно. Даже о политике. Он не боялся с нами говорить о политике. Честно. Ну, в рамках, может быть, допустимого. Я помню, например, как он о процессе сказал: знаете, ребята, об этом пока еще судить трудно, давайте не будем выносить окончательного решения, но, конечно, поверить в это все — тоже трудно. Он так нам сказал. Для нас это было колоссально, как проявление доверия, как открытость, как неконформизм мысли.

Я была настолько переполнена своей сложной, многостепенной жизнью, увлечениями, прочитанными книгами, мы так интенсивно общались, столько времени на это уходило, что я как-то упустила родителей из поля зрения. И до сих пор, хотя прошло уже шестьдесят лет, без жгучего стыда не могу вспомнить, например, что в день, когда я праздновала свои семнадцать лет и ко мне должны были прийти ребята, мамы почему-то не было, а был папа, и он собирался уйти, но я чувствовала, что ему хотелось бы ненадолго остаться и сесть с нами за стол. Но я ему этого не предложила. И он ушел. И вот то, что я ему не предложила побыть немножко с нами, — одно из самых мучительных моих воспоминаний. Тем более что он потом так скоро умер. В общем, это возраст, когда самопознание, самоутверждение, становление личности настолько переполняет, что происходит какое-то отторжение от родителей. Вот с Петром Яковлевичем Дорфом, которого Дезик в нашем увлечении античностью смешно прозвал "Петракл", — вот с ним я была готова болтать целые вечера. А дома на это как бы не хватало времени. Или каких-то душевных сил, не знаю. Это было тем более нехорошо, что я понимала, что папа, с одной стороны, болен, с другой — очень тревожится, что папа и мама боятся ареста. В общем, что ситуация крайне напряженная. И отношения у них, насколько я, не вникая, все же понимала, какие-то тоже напряженные. Судя по тому, что они не ездили вместе отдыхать, я понимаю, что не очень у них заладились отношения, хотя в доме царил мир и была единая совместная жизнь, но мне казалось, что мама страдает от того, что папа как-то не смог ни забыть, ни простить того, что было. Но я не сознательно, а подсознательно как-то от всего этого уходила, жила другим в те годы. И так как все-таки они были вместе — не вместе, но все же вдвоем, я как бы считала, что имею право жить своей жизнью. Сейчас я об этом вспоминаю с ужасом, со стыдом. Конечно, я недодала любви и нежности папе. Я помню, он мне вдруг сказал, когда я подошла его поцеловать, на фоне этих бесконечно гаснущих окон: ты должна знать, что ты мне дороже всего на свете. И я ответить на это настоящим каким-то откликом не смогла. Тогда. Потом смогла, но потом было уже поздно. Как часто бывает.

В десятом классе к нам пришла новенькая. Звали ее Нина Гегечкори. Ее отец был очень крупный партийный функционер, — сужу по тому, что она жила в доме возле Бутырской тюрьмы, где жило только очень высокое начальство, и у них было четыре или пять комнат, что-то невероятно роскошное. И вот в середине десятого класса, до Нового года, отца ее арестовали. А через две недели она перестала ходить в школу. Мы пошли на Бутырскую, увидели, что квартира опечатана сургучом. Ну, опечатанная квартира в то время — это было однозначно: вся семья арестована. Мы думали, может, Нину отправили в детский дом, но потом Клавдия Васильевна навела справки, и выяснилось, что Нина тоже арестована.

И когда мы писали выпускное сочинение в десятом классе, кто-то кинул взгляд во двор, в окно, и крикнул: Нинка идет! И мы все выкатились из класса и побежали вниз по лестнице. На моей памяти это уникальный случай: она попала к какому-то человечному, умному следователю, который после шести месяцев Бутырской тюрьмы ее выпустил. И вот в день нашего сочинения она, выйдя из тюрьмы по соседству с нами, пошла не домой — дома у нее не было, — а пошла в школу. И Клавдия Васильевна Полтавская взяла ее к себе жить, чтобы Нина могла на следующий год кончить школу. Что тоже для того времени по отношению к девочке, у которой арестованы отец и мать, был невероятный поступок. Но отца ее расстреляли, а мать через 10 лет вернулась.

И еще я хочу кое-что добавить про Клавдию Васильевну, чтобы стало яснее, что за удивительный человек она была. У нее в те же годы жил мальчик-беспризорник, старше нас на год. Она нашла его где-то в котле, приучила к себе и постепенно настолько приучила, что он согласился жить у нее и учиться в школе. Она всем говорила, что это ее дальний родственник. Вероятно, чтобы не было никаких разговоров, просто из скромности. Но мы-то знали, он сам нам рассказывал, что Клавдия Васильевна подобрала его на улице. Он был поэтом, писал стихи. Поступил в Литинститут. Потом пошел на войну и был убит в одном из первых боев. Мне хочется как-то увековечить его память и назвать имя. Борис Рождественский. Я даже помню несколько строчек из его стихотворения:

Я не помню тряпок цвет,
Тело спрятавших едва,
Ласковых не помню рук
Матери моей.
Но потом я понял вдруг,
Что рожденный должен жить
Для дорог, ведущих вдаль
По хребтам годов.

Может быть, одной из самых счастливых минут в моей школьной жизни был наш выпускной вечер, когда Клавдия Васильевна, очень строгая, нам впервые разрешила пить вино, что вообще не разрешалось в школе, и когда Петр Яковлевич подарил мне красную розу и поцеловал руку. Я была счастлива, как только может быть счастлива девочка в семнадцать лет.

Подводя итог своим школьным годам, хочу сказать, что это еще пример того, о чем я говорила вначале: иногда событие, которое кажется ужасным, ведущим к какому-то крушению, наоборот, оказывается несказанным счастьем. Вот я папин запрет вернуться в немецкую школу и пойти туда в седьмой класс воспринимала как катастрофу. А на самом деле это обернулось таким счастьем, что я обрела эту изумительную школу, этих замечательных педагогов — Клавдию Васильевну, Петра Яковлевича, Петракла дорогого, а главное — моих товарищей. Мы все же больше, чем об учителей, как камушки, шлифовались друг об друга. Конечно, это была колоссальная работа взаимоформирования. Одна встреча с Дезиком Самойловым чего стоит. И с Толей, и с Жоржиком, со всеми этими ребятами; с Эсей Чериковер, которая так рано ушла из жизни и которой Дезька написал эпиграмму, сразу характеризующую человека:

Душа из самой тонкой ткани
и силится поймать кита в стакане.

Вот все эти ребята друг об друга именно шлифовались и как бы прорастали друг в друга своими личностями, своими духовными ценностями. Здесь, пожалуй, каждый человек — просто нет возможности и времени всех назвать и вспомнить — был яркой индивидуальностью, нес в себе что-то совершенно своеобразное. И без моей любимой школы я была бы другой, я бы совсем иначе, наверное, прожила бы свою жизнь, — школа мне исключительно много дала. А восприняла я это поначалу как катастрофу. И такие примеры будут дальше, я буду стараться это каждый раз подчеркивать, потому что это утешительная мысль: встречаясь с какой-то неудачей, с тем, что не так получается, как ты задумал и хотел, не надо сразу считать, что это обречено. Нет, никогда не знаешь, чем оно обернется. Это молодым особенно важно помнить.

18

Петр Яковлевич мне сказал: Лиля, ты должна идти на мехмат. И я уже была готова послушаться. Но, к счастью, все-таки ослушалась, и мы с Дезиком, взявшись за руки, пошли в ИФЛИ — в Институт истории, философии и литературы, такой элитарный вуз типа пушкинского лицея, созданный советской властью в тот момент, когда стало ясно, что нужны высокообразованные люди, чтобы иметь сношения с иностранными государствами. Мы поступали в тридцать восьмом году, к тому времени он существовал уже два года. И был немыслимый конкурс, по шестнадцать человек на место. Причем тогда сдавали не специальные предметы, а все. Все, что сдаешь в школе, все школьные экзамены снова сдаешь. Математику, физику, химию... К счастью, я закончила школу с аттестатом отличника, что потом стало соответствовать золотой медали, поэтому мне надо было пройти только собеседование. А Дезик сдавал все. И мы вместе пришли в приемную комиссию.

Меня поразило, что собеседование проводили не профессора, не преподаватели, а совсем молодой человек, которого, как я вскоре узнала, зовут Яша Додзин и который был одновременно — это все я узнала только потом —

начальником отдела кадров и начальником спецотдела ИФЛИ. Вот через его фильтр и проходили поступающие. Собеседование заключалось не в выяснении каких-то знаний, как я предполагала; главный вопрос был: зачем мы хотим сюда поступить. Разговаривал он со мной вполне мило. И я рассказала, что была во Франции, навсегда полюбила французскую культуру и хочу ее изучать, а потом, может быть, ее преподавать. Но так как я не дала никакой политической характеристики, то боялась, что, может, и не прошла, потому что у меня все-таки достаточно разумения было, чтобы понимать необходимость этого. Но мне не хотелось начинать новый путь с каких-то неискренних слов. А потом вышел совсем уже молодой мальчик, мой ровесник, и сказал: “Можешь не волноваться — тебя примут”. Этот мальчик был студент, кончивший первый курс, потом он стал моим очень близким другом и замечательным переводчиком, мы вместе работали — звали его Нёма Кацман.

А потом мне и вправду сказали, что я принята. И я, даже не получив повестки, уехала в Коктебель, и почему-то обратные билеты мы взяли на первое число, и поезд приходил так, что я опаздывала на первые две лекции. С нами ехал Юра Шаховской, он меня посадил на такси, и я, загорелая, с красным облезлым носом, в таком совсем летнем платье, попала на вторую пару, как это называлось, в ИФЛИ. Это была лекция старого профессора, совершенно седого, с седой бородкой, — профессора Радцига. Он пропел гекзаметром песню о лошадке. И нам ужасно понравился. К сожалению, во время кампании посадок старый профессор Радциг повел себя очень плохо. Каялся, выступал, на кого-то доносил. Но первое впечатление было пленительное. Значит, первая пара — античная литература, Греция, гекзаметры, а потом была почему-то физкультура.

ИФЛИ находился в Сокольниках. От метро "Сокольники" пять остановок на трамвае. Стоял дом в лесу. Осень тридцать восьмого года была исключительно красивой, настоящее бабье лето — было очень тепло, было все уже рыже-желтое. И вот с первого дня началось то, что оказалось главным в ИФЛИ, хотя важны были и лекции и профессура, но главное — началось это бесконечное общение, это — иное, чем в школе, но все равно — оттачивание друг об друга. Мы всегда шли назад пешком — утром, конечно, опаздывали и мчались на трамвае, а назад, до метро, всегда ходили пешком, через лес. А иногда продолжали гулять еще и возвращались поздно, в шесть, в семь часов. Гуляли по этому изумительному лесу и узнавали друг друга.

В первые два-три дня сбилась у нас компания. Это был Юра Кнабе, Георгий Степанович Кнабе[1] — он потом стал завкафедрой иностранных языков во ВГИКе, и у него многие кинематографисты учились.

Юрочка Кнабе, который нас потряс тем, что буквально в первые дни, когда мы сидели в гостях у одной из девочек этой компании, Ани Гришиной[2] (она до сих пор моя подруга), он заказывал по телефону, громко, чтобы мы все слышали, латинские книжки в Ленинской библиотеке. Демонстрируя, что читает по-латыни. Он и правда потом очень хорошо выучил латынь и греческий, но это уже в дальнейшем.

Марк Бершадский учился на русском отделении, до этого (он был старше нас на год) проучился год в консерватории, решил, что это не для него, и вот поступил в ИФЛИ.

Женя Астерман, мой ифлийский друг, учился в английской группе. Он сразу, видимо, обратил на меня вни-

1 *Г.С.Кнабе* (род. в 1920) — историк, филолог, культуролог, доктор исторических наук. Перевел на русский язык труды, речи и письма Цицерона.

2 *А.М.Гришина* (ум. в 2000 г.) — историк, учредитель польской секции общества "Мемориал", координировала архивные разыскания о поляках — жертвах ГУЛАГа.

мание, потому что на Новый год первого курса я получила от него изумительный подарок. Что мальчики тогда дарили, когда хотели понравиться девочкам, — он сумел достать томик Пастернака и Ахматову "Из семи книг" и эти две книжки мне подарил. А еще он переписывал стихи Цветаевой, неизвестно где, делал такие маленькие книжечки и дарил их мне. И еще он обещал найти Люсю Товалеву.

У меня есть фотография Марка и Жени, которую я чудом получила через много лет после войны.

Это были совершенно замечательные по чистоте, по какой-то душевной прелести ребята. Женя наверняка стал бы писателем, он уже тогда писал кусочки прозы, записывал всякие забавные, смешные выражения... И разговаривали они как-то немножко причудливо. Сейчас вышла книжка Аркадия Белинкова[1], роман, из-за которого он был арестован и так ужасно много лет просидел в тюрьме. Вот там воспроизведен этот несколько птичий, ассоциативный, образный язык. Бабеля читали запоем, знали наизусть, Юрия Олешу. Искали какие-то новые выразительные средства языка. Вот этим ребята были заняты, как-то внутренне подходя к писательству, безусловно.

Ифлийская атмосфера определялась неуемной жаждой знаний. Это стремление глубоко исследовать предмет, доходить до сути вещей было новым явлением для советского общества. Ведь совсем еще недавно торжествовали лозунги РАПП[2] и Пролеткульта[3] — "Выбросим

1 *А.В.Белинков* (1921–1970) в студенческие годы получил 8 лет тюрьмы за роман "Черновик чувств", потом еще 20 за антисоветские памфлеты, написанные в лагере. Выйдя на свободу, написал книгу "Сдача и гибель советского интеллигента. Юрий Олеша". После многочисленных неудачных попыток опубликовать книгу в 1968 г. эмигрировал в США.

2 РАПП — Российская ассоциация пролетарских писателей (1925–1932).

3 *Пролеткульт* (Пролетарская культура) — культурно-просветительская организация (1917–1932).

классиков за борт корабля современности" и так далее. Эту жажду познания поддерживали наши преподаватели, в большинстве настоящие ученые, например Дживелегов или Гудзий, известные еще до революции, и другие, либо избежавшие ссылки, либо недавно вернувшиеся.

Были у нас и совсем молодые профессора. Ну, первый год западную литературу читал Михальчи — очень академично, хорошо, но старшекурсники все говорили: вот подождите, на втором курсе вам будет читать Владимир Романович Гриб, и вы увидите, что это такое.

И мы увидели.

Грибу было тогда тридцать два года. Он сидел или на стуле верхом, или на краю стола, он курил во время лекций и необычайно вдохновенно, увлеченно, очень както красиво говорил. Он показывал нам западные альбомы, огромные репродукции — впервые, мы же ничего этого прежде не видели. Мы совершенно обалдели, но это оборвалось. Владимир Романович прочитал нам всего два раза по четыре часа "Введение в Возрождение", а потом заболел. Это было заболевание крови, осложненное депрессией, которая мучила его с тех пор, как он стал свидетелем коллективизации и голода в украинской деревне, где он вырос и где мать его была учительницей. Все ифлийцы ездили в больницу, дежурили там, доставали лекарства. Но в октябре сорок первого он умер. Маленький сборник лекций — "Испанское барокко и французский классицизм" — единственная книга, после него оставшаяся.

Когда он попал в больницу, курс Возрождения стал читать Леонид Ефимович Пинский, который после опьяняющих, как шампанское, адресованных прямо нам лекций Гриба показался невыносимо скучным. Он стоял спиной к аудитории, у окна обычно почему-то, наматывал на палец прядь волос и очень невнятно, медленно, как бы мучительно, как бы под пыткой, что-то говорил. Его не слушали. Никто его не слушал, все занимались чем попало — играли в морской бой, читали какие-то книги, болтали. Ну, так прошла первая лекция, вторая, а потом кто-то что-то стал слушать немножко, потом пошел слушок, что интересно вроде... Через месяц все ловили каждое его слово, и ходили ребята с других курсов, — в общем, при своей крайней некрасноречивости он совершенно покорил аудиторию.

Подобного я никогда в жизни не видела. Конечно, он приходил абсолютно подготовленным к лекции, но притом как бы каждый раз заново думал. Его невнятное бормотание — это был процесс мысли. Мы впервые видели, слышали, как человек мыслит, как он ищет новые формулировки, как уточняет какое-то художественное впечатление. И то, что мы прослушали до начала войны этот курс Возрождения, а потом шестнадцатый и семнадцатый век, было колоссальным событием для всех ребят, поступивших вместе со мной.

Это был совершенно новый подход к литературе. Леонид Ефимович обладал удивительным даром — он заражал наслаждением, которое испытывал сам, вникая в каждую деталь текста, постепенно подводил нас к самой сути мысли того или иного автора и потом еще умел его поставить в соответствие с эпохой, и получался такой глубокий и широкий взгляд на время, на его художественную суть, что мы как бешеные кинулись всё читать, готовились, безумно боялись экзаменов и вместе с тем мечтали как-то ближе к нему подойти.

Эрудиция старых профессоров восхищала, но встреча с Грибом и Пинским стала для нас настоящим потрясением. Каждый из них был блистателен по-своему, и оба были людьми одного закала — одинаково горячо, страстно, беззаветно увлеченные своим делом. Гриб, которому не терпелось узнать мнение Пинского, мог глубокой ночью отправиться к нему пешком через всю Москву, чтобы прочесть ему работу своего студента Гриши Померанца о Достоевском.

Как я узнала много позже, Леонида Ефимовича уже в те годы раздирали сомнения. Но он, как многие интеллигенты, как, например, Пастернак, прилагал героические усилия, чтобы найти оправдание нашей системе. Тогда он еще внутренне не порвал ни с марксизмом, ни с советской властью.

Домашней жизни почти не было. Либо мы были в ИФЛИ, либо мы гуляли, либо мы сидели в библиотеке. Все мы почему-то ходили в Ленинскую библиотеку — знаменитый Большой зал Ленинской библиотеки, который я нежно люблю, потому что он связан с такими замечательными воспоминаниями. Там по периметру идет балкон, где можно было разговаривать, и половина времени проводилась на этой галерее или в курительной. Шел бесконечный разговор.

Я, конечно, сделала большую ошибку, что пошла во французскую группу, я французский и так знала. Но там образовались две французские группы: одна для тех, кто только учил язык, а другая для сильных. И я смалодушничала — вместо того чтобы учить английский, который я так и не знаю, пошла в эту сильную французскую группу. И мы как-то все очень дружили, и здесь тоже у нас с ребятами было несколько прорывов в другой мир. С нами училась девочка, которая приехала в год поступления из Америки. Ее отец и мать привезли много альбомов. Мы же ничего к тому времени не видели, не знали. Степень глухоты, стена, которая нас отделяла от европейской культуры, — она теперь для людей даже трудно представляема. Западная культура, западная живопись были гонимы уже в довоенные годы.

Отец той девочки, Миры, как выяснилось в дальнейшем, был самым обыкновенным советским шпионом. Жил в Америке как часовщик и работал шпионом. А в предшествующие годы он был в Испании, и у Миры на книжной полке стояла бутылка испанского вина, привезенная, чтобы распить в день победы республиканцев в Испании. То есть, значит, она распита никогда не была, поскольку республиканцам победить не удалось.

А на втором курсе к нам пришел учиться сын советского посла в Америке Олег Трояновский.

Он был очень милый парень, довольно плохо говорил по-русски и знал не все слова. До сих пор помню фразу, которой мы его дразнили. Он как-то спросил: а что такое “karapooz”? И этот “карапууз” остался фольклорной легендой нашего ИФЛИ. Сам Олег в дальнейшем стал дипломатом и в какой-то момент нашим представителем в ООН. Между прочим, Ильф и Петров написали книжку “Одноэтажная Америка”, когда-то известную всем. Так вот Олег был их шофером, именно он их возил по Америке. Он был очень симпатичный мальчик и нас тоже возил иногда на машине, имел права, что было тогда абсолютно в диковинку. Как когда-то ко мне в конце недели, мы все ходили к нему, у него была очень хорошая квартира, на западный лад. Мягкая мебель, кресла, а главное — музыка.

Там мы приобщились к миру музыки. Они привезли очень много пластинок. Альбомы, пластинки по субботам — мы как-то вживались, именно вживались в ту культуру. Это было уже времяпрепровождение другого типа, чем прежде.

19

В ноябре тридцать восьмого года умер мой папа. Умер в больнице, от бирмеровской анемии. В тот момент казалось, что жизнь вся оборвалась. Только в момент его смерти я осознала, как непростительно плохо себя вела: упоенная, захваченная ифлийской жизнью, мало ходила в больницу, ходила, но не так, как надо было, не использовала эти последние месяцы его жизни, чтобы как-то подойти к нему ближе, ближе его узнать. Но я не понимала, конечно, что он умирает...

Мама без конца ходила в больницу, ухаживала за папой. Разумеется, ни о каких сложностях и конфликтах уже разговора не было.

Я испытывала страшное, глубочайшее недовольство собой, была подавлена его смертью и своим непониманием происходившего. Это был очень тяжелый для меня момент жизни. Женя Астерман как-то мне помог из этого выйти, вернуться в ИФЛИ, но у меня осталось на всю жизнь чувство глубокой вины и тупости эмоциональной, что ли, которая была мною проявлена. Если я говорю о своей жизни, об опыте, то это тоже опыт. Надо помнить, что такие вещи очень больно отзываются на всю жизнь. Это не проходит. Странным образом это чувство своей неполноценности в какой-то важный момент жизненного испытания не уходит никуда. Оно остается. Я была девчонкой, тридцать восьмой год — мне восемнадцать лет. И до сих пор — вот я древняя старушка почти — я это живо эмоционально помню, это прошло со мной через всю жизнь. Так что надо стараться даже в минуты самого большого увлечения и самоутверждения в юности не забывать о родителях. Это потом очень больно отзывается, просто очень мешает дальнейшей жизни. Даже не из соображений морали, а из гуманности по отношению к себе, ради самосохранения, скажем вот так.

Весь тридцать восьмой и тридцать девятый год свирепствовала волна сталинского террора. В ИФЛИ начались ужасные собрания. Мне помнится, что почему-то для них снимали зал консерватории — в ИФЛИ, вероятно, не было достаточно большой аудитории, — и там старшекурсники с необычайным восторгом и энтузиазмом занимались самобичеванием, бичеванием своих родителей и произносили страшные покаянные речи. Каялись они в том, что отец их арестован, мать арестована, а они сами виноваты перед партией и страной, что вовремя не разоблачили родителей. Какую ахинею, какую чушь, якобы покаянную, плели эти хорошие, умные, интеллигентные ребята, читавшие уже все западные классические произведения, слышавшие того же Гриба и Пинского, в общем, люди с расширенным, культурным взглядом на мир, — что они там несли, бия себя в грудь и каясь, что они не смогли вовремя, первыми, до КГБ, разоблачить своих родителей.

Одну девочку из тех, кто выступали, я уже знала. Она была на два курса старше нас. В ИФЛИ была такая система — старшие комсомольцы брали шефство над младшими. Отец этой девочки тоже был арестован. И я ее спрашивала: "Аня, почему ты все это говоришь?" Она отвечала: "Ну, я так думаю искренне, я должна очиститься перед партией. Я должна, это мой долг. Я чувствую в этом потребность. — И все нас призывала: — Вы тоже подумайте, может, вы что-то слышали? Может, слышали какие-то разговоры нездоровые? Про это надо сказать, важно это вовремя остановить". То есть она, будучи с нами в приятельских отношениях, призывала нас доносить друг на друга. Этот дух доносительства как бы воцарялся, внушался, передавался от старших ребят к нам.

Я думаю, психологически это было сродни чему-то религиозному. Покаянию, исповеди. Это было абсолютно мистическое, вне логики, искреннее, но очень страшное состояние души. Видимо, наступает какой-то момент, какой-то гипноз покаяния, когда это как пущенная стрела. Остановить ее нельзя. Но, повторяю, с точки зрения нормального человеческого разума, это один из страшных моментов массового ослепления. Иначе я это назвать не могу.

К слову сказать, потому что здесь это будет к слову, гораздо позже, на этапе борьбы с космополитизмом, такие же хорошие девочки — театроведки в ГИТИСе — вели себя почти так же. Только там они клеймили не себя, а своих обожаемых профессоров. Но тоже с большой охотой. Не хочется даже называть имена, потому что это имена известных теперь критиков, — но все это было.

Мы недоумевали. Понять это было невозможно. Больше всего мы об этом разговаривали с Женей Астерманом. Юра высказывался более неопределенно, говорил, что, может, они действительно так чувствуют, что, может, им нужно это покаяние... А Женя своим путем отчасти, отчасти через наши разговоры — мы с ним очень дружили — пришел к полному отрицанию всей системы. Между прочим, мы свободно разговаривали в нашей компании, как до этого в классе, и никого не арестовали.

Все эти ужасные собрания проводились под эгидой уже упомянутого Яши Додзина. Я хотела бы сказать о нем еще несколько слов.

Он был кагэбэшник, конечно, и главным образом кагэбэшник, и вместе с тем это был исключительной души, и благородства, и честности парень, который очень многих в дальнейшем спас. Вплоть до того, что он предупреждал ребят, советовал уезжать из Москвы. Назначал свидание на улице, чтобы никто не подслушал, и говорил: если можете, перебирайтесь в другой город, идите на завод, бросайте учебу — попытайтесь таким способом избежать ареста. Тогда мы этого до конца не понимали, но все-таки что-то просачивалось постепенно, и мы узнавали. Мне рассказала подруга, что она потом, через много лет, в Абхазии встретила человека, абхазца, который тоже учился в ИФЛИ. Яша специально летал в Абхазию, чтобы предупредить его, чтобы он не возвращался в Москву на третий курс: его немедленно арестуют.

Яша прошел всю войну, его, конечно, исключили из партии — он был человек неудобный для этой власти. Однажды я его встретила после войны. И спросила: "Ну почему ты все это делал?" Он говорит: "Ну, я же верил во все, поэтому я считал, что все должно быть справедливо и гуманно, я считал, что это перегибы, преувеличения, я же этих ребят знал, я же знал, что они честные и ни в чем не виноваты. Я не мог поступать иначе".

Мне хочется сказать, что были какие-то люди и такие. Вот был следователь, который отпустил через полгода Нину Гегечкори, мою одноклассницу; был Яша Додзин, который помогал как мог.

20

Ифлийские годы пролетели необычайно быстро. Они были очень наполнены общением и занятиями — много занимались, старались тогда все прочесть. В том числе, — "Иностранку"[1], которая печатала Олдингтона, Ремарка, Хемингуэя. Хемингуэй, когда принял сторону Испанской Республики, стал для нас настоящим героем. Самым популярным было "Прощай, оружие!" — его роман о Первой мировой войне. Рассказы Хемингуэя мы знали наизусть, а после войны его фотография висела в комнате чуть не каждого интеллигентного молодого человека — иногда рядом с портретом Сталина. Кроме того, я думаю, именно под влиянием персонажей Хемингуэя и вообще атмосферы его романов изменились отношения в молодежных компаниях. Они стали более раскованными. Начали курить, пить вино, танцевали танго и фокстрот, играли джаз на фортепиано.

В конце лета тридцать девятого года мы с мамой и моей ифлийской подругой Бусей, Беатрисой Олькиной, поехали в Теберду, на Кавказ. К нам туда приехали Женя Астерман и Марк Бершадский, мы побыли несколько дней

1 *"Иностранка"* — журнал "Иностранная литература".

вместе. Встречали рассветы, смотрели, как солнце поднимается над ледниками, слушали, как шумят горные потоки, и как-то забыли о прошлой зиме. И вообще все внушало надежду, что "чистки" закончились. Думали — может, начнется нормальная жизнь? К тому времени немало людей вернулось из тюрем. Например, отец одной моей подруги по немецкой школе, ее звали Рут Наглер. Она прибежала ко мне в тот же день, чтобы рассказать. Отца выпустили утром. У него не было ни копейки, и через всю Москву он шел пешком. Он уже несколько месяцев не брился, оброс большой седой бородой, и по дороге мальчишки ему кричали: "Дядя Маркс идет, глядите, Карл Маркс идет!"

В общем, у нас в Теберде было счастливое лето. А потом мама осталась на юге, а мы вернулись в Москву, в ИФЛИ.

И первым делом узнали новость о подписании германо-советского пакта. Во всех газетах на первой полосе Сталин жал руку Риббентропу, а ниже приводился его тост: "Я знаю, как любит немецкий народ своего фюрера, и пью за его здоровье". Это не укладывалось в голове. То есть Гитлер теперь наш друг? А как же война в Испании? А антифашисты, которые бежали к нам? Этот союз с фашистской Германией казался невероятным предательством. Разве нам не твердили годами, что фашизм — величайшее зло?

К тому времени мы с мамой, чтобы как-то прожить, были вынуждены сдавать одну комнату. Сдавали некой даме, которая куда-то уехала и оставила ее своему приятелю. Я заболела гриппом, и этот мало мне знакомый человек, про которого помню только, что его звали Сашей, даже фамилии не помню, — он был журналист и печатал все время на машинке, — он, естественно, заглядывал ко мне, мы как-то с ним подружились. Каждый день после занятий в ИФЛИ ребята — Женя, Марк, Юра — приходили ко мне, приносили еду, и мы проводили вечера вместе. Мамы не было. И вдруг на шестой-седьмой день болезни мне позвонил Яша Додзин.

— Нужно, — говорит, — перевести один французский текст, ты сможешь?

Я говорю:

— Смогу, наверное, а какой текст?

— Я точно не могу сейчас сказать. Приезжай в ИФЛИ. Только не забудь взять паспорт.

Я говорю:

— Знаешь, у меня еще температура, еще нельзя, наверное, выходить.

— Хорошо, мы пришлем за тобой машину.

Это было четвертое октября, запомнила на всю жизнь. Было солнечно; когда раздался звонок, я читала книжку Пастернака.

За мной действительно через некоторое время приехала машина, поднялся какой-то молодой человек невыразительного вида. Мы доехали до ИФЛИ, я пыталась вступить с ним в разговор, но он разговора не поддерживал. Поднялась к Яше в отдел кадров. Говорю:

— Давай текст.

— Нет, знаешь, это нужно сделать не здесь, а в другом месте. Я тебя познакомлю с товарищем, для которого ты должна это сделать.

Появился другой, тоже совершенно безликий молодой человек. Он говорит:

— Ну, поедем со мной.

Мы спустились на улицу, сели в эту же машину теперь с ним. Я спрашиваю:

— Куда едем?

Он говорит:

— Увидите.

И мы поехали к Лубянке. И я поняла, что меня арестовали, очевидно. Как это можно было понять?

Мы подъехали к Лубянке, вышли, он у меня попросил паспорт, мне выписали пропуск, но не в главные ворота, а в какой-то боковой вход. Мы поднялись на лифте на какой-то высокий этаж — не помню, шестой, седьмой, восьмой. И коридор — вот это я помню. Коридор со множеством одинаковых дверей, на которых не было номеров. Ничего на них не было. Вот коридор и двери, двери, двери. Довольно впечатляющее зрелище.

Он меня завел в какую-то из этих дверей, посадил на стул, сказал: подожди, сейчас тобой займутся, и вышел.

Маленькая комната, письменный стол канцелярский и кресло по ту сторону стола, а по эту сторону, куда меня посадили, — стул, большой шкаф и окно на Лубянскую площадь.

Как появился другой человек, я не знаю. Видимо, он вышел из шкафа. Видимо, это был не шкаф, а дверь. Я этот момент не засекла — я смотрела в окно, и вдруг вижу, что в кресле передо мной сидит кто-то такого же типа... Вот это впечатление тоже на всю жизнь: они все на одно лицо. Я ни одно из этих лиц не запомнила. Никогда бы в жизни, под страшной пыткой, не узнала бы. Они все были 26–28 лет, одинаково стриженные, в полувоенной форме. Тогда многие носили гимнастерки, это была не военная, но именно полувоенная форма. И какие-то абсолютно белесо-безликие.

И вот этот человек, который таинственным образом вышел из шкафа и оказался сидящим в кресле напротив меня, сказал:

— Ну что ж, давай знакомиться. Как тебя зовут?

Я говорю:

— Вы это знаете, перед вами лежит мой пропуск.

— Нет, я буду задавать вопросы, а ты будешь отвечать. Так положено. Назови себя.

Я назвала. И говорю:

— Простите, мне Яша объяснил, что я должна что-то переводить, дайте мне работу.

— Да какие переводы? Это мы просто сказали, чтобы тебя сюда вызвать, — сказал он мне. — И почему ты мне говоришь "вы", мы же с тобой товарищи?

— Знаете, я незнакомым людям не умею говорить "ты".

Я подумала вдруг, что для меня это страшно важно — говорить ему "вы". То есть не вступать в какие-то фамильярно-панибратские отношения.

— Не хочешь?

— Да. Не могу.

— Ну расскажи, в каком окружении ты живешь, кого ты видишь, о чем вы разговариваете?

Я говорю:

— О литературе, о живописи. Вот мы увлечены картинами, нам очень интересные лекции читают.

— И что в этих лекциях?

— Ну как что? Это все относится к глубокой древности.

— А никаких аллюзий там нет?

Я говорю:

— Какие аллюзии? Какие могут быть аллюзии, когда речь идет о Возрождении, о барокко?

А весь курс барокко был построен у Пинского на аллюзии, полностью. Он нас учил думать. Не выходя никогда в политику, но так ставя вопросы того времени, что невозможно было самим не проводить ассоциации и не начать думать о том, что происходит с нами. Мы так увлекались его лекциями — кроме того, что было безумно интересно, как он открывал сам материал, — потому что это были уроки думания. И в частности, я именно тогда научилась проводить какие-то аналогии. Под влиянием даже не Возрождения, а барокко. Дисгармоничный барочный мир очень хорошо накладывался на нашу действительность, и это были настоящие уроки по раскрытию той социальной среды, в которой мы жили.

Но я, конечно, с наивным видом сказала: ну что вы, какая может быть аналогия, в чем аналогия, это же совсем другая эпоха, совершенно другое время.

Он спросил о редакторе ифлийской стенгазеты — она называлась "Комсомолия" — Шелепине[1]. Тут отвечать было легко, Шелепин был секретарь институтского комитета комсомола по кличке "железный Шурик". Когда его спрашивали: "Кем ты хочешь стать?" — он, не задумываясь, отвечал: "Вождем".

Он не задавал никаких конкретных вопросов, а все время старался из меня что-то выжать. Разговор был тем более утомителен, что я очень следила за тем, что говорю. И считаю, проявила большую изобретательность. Он жал, жал, но я все время оставалась в сфере общих вопросов и — надеюсь, думаю — ничего плохого ему тогда не сказала.

— Ну, а кто живет у вас в квартире теперь?

Потом-то мне стало ясно, что это не в погоне за моими ифлийскими товарищами, а из-за нашего жильца — потому что его через месяц арестовали. Не у нас дома, он уже переехал, но мы узнали об этом. И даму, которой мы сдавали квартиру и которая впустила его, этого Сашу, тоже арестовали. Так что, видимо, все было с этим связано. Но он бесконечно вертелся в разговоре вокруг ифлийских дел, ребят и в какой-то момент сказал:

1 *А.Н.Шелепин* (1918–1994) — советский партийный деятель, председатель КГБ при Хрущеве, член Политбюро с 1964 г.

— Ну, знаешь что? Вы так много общаетесь, твое сотрудничество нам будет очень полезно, пожалуйста, подпиши вот бумажку, что ты будешь с нами сотрудничать.

Я сказала:

— Не подпишу.

— Почему не подпишешь? Ты что, против советской власти?

Я говорю:

— Нет, я не против советской власти, но я не могу эту работу делать. Это не для меня. Я человек впечатлительный, нервный, я не смогу тогда ни с кем общаться.

— Что же, а если ты увидишь врагов?

— Ну, если я увижу, что это реальные враги, тогда я сама приду и скажу, а подписки я вам никакой давать не буду.

— Ты подумай, прежде чем отказываться. Это серьезный шаг в твоей жизни.

Я говорю:

— Мне думать тут нечего, я не могу, нет у меня внутренних возможностей.

В общем, так это длилось долго-долго, мучительно. Я, конечно, была абсолютно уверена, что отсюда уже не выйду.

— Это твое окончательное и последнее решение?

— Да, — говорю, — это мое окончательное решение. Я не могу этого делать.

И вдруг он говорит:

— Ну ладно, давай я подпишу тебе пропуск.

И вот это чувство... Два здесь было момента. Во-первых, я спустилась вниз и на минутку заглянула в шахту соседнего лифта. Несколько лифтов, и соседний был наверху. И я увидела, что там, внизу, не меньше восьми-десяти этажей. Это было такое страшное впечатление! Там огромное помещение находится под землей. Это первое мое впечатление. А потом чувство, когда ты выходишь на улицу. Это передать невозможно. Это и опьянение, и... вот настоящий страх я испытала в тот момент, когда вышла на улицу. Я помню, что стояла и не могла даже шагу сделать, не могла понять, что же случилось.

Да, еще с меня взяли подписку о неразглашении. И само собой разумеется, несмотря на подписку о неразглашении, я все рассказала своим ребятам. Но должна признаться, что дома говорить уже боялась и, чтобы им рассказать, выходила на улицу. Это был такой сильный урок страха, что я стала намного осторожнее.

Когда я рассказала все Юре Кнабе, он сказал: "Ты знаешь, меня ведь тоже вызывали. Я только не хотел говорить, поскольку дал подписку, но раз ты мне рассказала, я тебе тоже должен рассказать". Его вызывали иначе, к нему подошли на улице, что было, наверное, еще страшнее. И сказали "проверка документов". А Женя сказал, что его это ничуть не удивляет, он каждую минуту этого ждал — для себя, для меня, для всех, что это абсолютно в логике событий. Я говорю ему, что для меня это было неожиданно, а он: "Ты знаешь, я все время думал, даже хотел тебе сказать, что это может случиться, чтобы ты как-то подготовилась, но вот не успел". Вот реакция моих мальчиков. Мама приехала через два дня после этого. Она меня, разумеется, полностью одобрила, абсолютно. Но была очень напугана и все говорила: "Перестаньте говорить о политике, вы должны исключить эту тему". Но мы уже не могли, мы уже...

Если на весы положить, то эта встреча, эта беседа весила почти столько же, сколько все ифлийское обучение. Вот тогда, хотя еще о Кафке я ничего не знала, я поняла, что такое кафкианская действительность. Это мистическое появление из шкафа... И то, что Яша Додзин, который, как я знала, всем помогает, запустил меня в этот страшный мир — не захотев предупредить, а может быть, и не сумев, — не знаю. Я потом к нему подошла и спросила: "Что же это было?" — "Мы это обсуждать не будем, — ответил он мне очень холодно и жестко. — Это твой опыт".

В понимании нашей действительности это было огромным шагом — увы, вперед.

21

В ИФЛИ была очень сильная группа молодых поэтов. Во главе ее стоял Павел Коган, одна строчка которого выражает всю его сущность, а строчка такая:

Я с детства не любил овал,
Я с детства угол рисовал.

Он был очень резкий, угловатый, горячий, страстный, вспыльчивый и казался нам невероятно талантливым. К этой же группе принадлежал Сергей Наровчатов, который, к сожалению, стал после войны казенным, официальным поэтом. А в то время был немыслимой красоты парнем — такой голубоглазый викинг — и писал очень хорошие стихи. К этой же группе принадлежал Савик Гудзенко, еще несколько человек. И нашего Дезика Кауфмана, в дальнейшем Самойлова, с его "Плотниками о плаху" — это знаменитое стихотворение, которое он написал еще в восьмом классе, теперь считается классическим, — они приняли с распростертыми объятиями.

Они противопоставляли себя поэтам старшего поколения, которые, по их мнению, писали слишком бытовые стихи. Милые бытовые стишки. В те годы не было никакого напряжения в культурной жизни. А ребята, в каком-то смысле, предчувствовали грядущее.

В аспирантуре ИФЛИ в это время учились Твардовский и Симонов. Вокруг них вертелся Долматовский.

Вот этим поэтам — ну, конечно, в первую очередь Симонову и Долматовскому, Твардовский стоял всегда особняком — противопоставили себя ифлийские ребята. Симонов со своими лирическими "Пятью страницами" был тогда самым популярным поэтом. Долматовского тоже все знали. И наши молодые ифлийцы дали им бой. И был знаменитый вечер, почему-то в юридическом институте, такой как бы поединок поэтов двух направлений, двух поколений, Полным-полно было народу, стояли во всех проходах. Молодежь чувствовала, что это что-то очень важное, что это отвоевывание каких-то собственных, новых позиций, что можно в этой же системе гораздо серьезнее и глубже работать.

В те годы к поэзии был гораздо больший интерес, чем потом. Хорошо знали и читали Пастернака, Асеева, Кирсанова. Я думаю, бригада Маяковского, которая в свое время ездила по заводам и повсюду выступала, утвердила этот интерес к стихам, действительно кинула стихи в широкие массы. Стихи эти были очень связаны с борьбой, с общей жизнью того времени. Думаю, если бы сейчас Бродский поехал читать стихи по заводам, такого интереса бы не было. Может, сказывалась и стена, ограждавшая нас от Запада, — ведь никаких притоков той культуры не было. В общем, интерес к культуре, к проявлениям духа тогда, безусловно, был, но вот в тридцать седьмом-восьмом воцарилась некая успокоенность, и ифлийская группа поэтов восстала против этого.

Того же рода явлением была организация театральной студии. Театральная молодежь тоже считала, что в театре застой, какая-то излишняя успокоенность. Классику много тогда стали играть. МХАТ был в кризисе, он с годами погрузился в своего рода академизм. Театр Мейерхольда закрыли, потому что искусству навязывалось куцее жизнеподобие, над которым Мейерхольд от души издевался. Надо сказать, что Станиславский, невзирая на страх перед Сталиным, позвонил Мейерхольду в тот же вечер, как только закрыли его театр, и предложил работать во МХАТе. Тогда об этом отважном поступке говорила вполголоса вся Москва.

И вот молодой актер Плучек и молодой драматург Алексей Арбузов создали студию.

Они считали, что профессиональные актеры, даже из актерских училищ, не годятся. Что свежая волна, живая жизнь может прийти только от ребят, еще ничего не начавших в театре. Только любовь к театру, больше ничего. Они кликнули клич и набрали молодых ребят. Большинство работали на заводах и вечерами после тяжелого дня спешили в студию.

Сперва ютились в каком-то домоуправлении, а потом им разрешили по вечерам репетировать в школе на Каретном. Ребята хотели сами создать пьесу, в которой будут играть. Думаю, это было какое-то желание подстегнуть комсомольский энтузиазм, который, очевидно, уже немножко угасал, убаюканный некоторым относительным благополучием последних лет. И задумано было так, что каждый придумает себе образ, кем бы он хотел быть, и напишет заявку на свою роль. А потом группа более литературных ребят соединила эти заявки в единый сюжет, и так родился спектакль, названный "Город на заре". Он рассказывал о том, как группа комсомольцев приехала в тайгу и начала строить свой город.

Все недоедали, были плохо одеты — и безраздельно преданы театру. Коля Потемкин работал токарем на заводе. У него были светло-голубые глаза, льняные волосы, он потрясающе играл кулацкого сына. Он стал бы, вероятно, большим актером, если бы не погиб на войне.

Саша Гинзбург (позже он стал знаменитым поэтом Александром Галичем) ради этой никому не известной труппы бросил школу МХАТа. Играл одного из начальников стройки, чересчур требовательного к своим подчиненным — подразумевалось, что он троцкист.

Сева Багрицкий был маленького роста, с черными-пречерными глазами, длинноволосый и лохматый. Его отец, поэт Эдуард Багрицкий, к тому времени умер, а мать, сестра жены Бабеля, была арестована. Для Севы, оставшегося сиротой, театр заменял дом. Вместе с Сашей Галичем они составляли окончательный текст и писали слова песен.

Аня Богачева была дочкой прислуги. Угловатая, с большими грустными глазами девочка в дырявых черных чулках. Она играла роль молодой рабочей, приехавшей из глубинки строить город своей мечты, и в итоге вышла замуж за Алексея Арбузова. Еще были Исай Кузнецов, будущий знаменитый драматург, и Зиновий Гердт, Зяма, игравший такого одновременно романтического и комического персонажа — немножко в духе Вуди Аллена.

Когда я узнала о студии, то пришла к ним, сказала, что мне интересно поглядеть поближе. Со мной было еще несколько человек. Нам разрешили присутствовать на репетициях. Звали нас "опричниками". Потом я привела туда знакомиться ифлийских поэтов. Мне казалось, это явления одного типа. Но слияния не получилось. Я даже понимаю почему. Поэты были, так сказать, на более высоком уровне, были слишком сложны для этих ребят, очень простых — но очень искренних. Многие из них жили за городом, почти не спали, ездили в электричках, и все, что было в студии, было святым. У них был настоящий культ студии.

Наконец спектакль вышел. И когда объявили первые представления, толпа стояла на улице. Это было невероятно важное театральное событие. Это был живой, исключительно жизненный спектакль. Слух о том, что ребята сами что-то создали, написали, сыграли, довели до конца, необычайно взволновал молодежь в Москве. Просто с бою врывались туда. И были изумительно... живые спектакли — другого определения не найду. Там было сказано искреннее, человеческое слово.

Мне захотелось, чтобы об этом шире узнали, и вот тогда я написала свои две первые статьи. Тоже прямо с улицы пошла в "Московский комсомолец", там сидел такой пожилой господин по фамилии Кронгауз. Он спрашивает:

— А вы от кого?

Я говорю:

— Ни от кого.

— Да кто вас прислал?

Я говорю:

— Да никто меня не присылал.

— Как вы пришли?

Я говорю:

— Ну просто взяла и пришла.

— А вы писали?

Я говорю:

— Нет, никогда не писала.

— А почему вы думаете, что сумеете написать?

Я говорю:

— Я напишу, а вы прочтете, и вы решите, могу я или не могу. Просто явление такое новое, интересное, что, по-моему, надо написать. Я вам предлагаю.

Он с изумлением на меня посмотрел и говорит:

— Ну что ж, давайте, если вы такая рисковая — попробуем.

Так я написала первую свою статью, "У колыбели театра" называлась, весьма банально. И без единой поправочки он ее действительно напечатал. А потом я пошла таким же решительным образом в "Комсомольскую правду", решив, что аудитория "Московского комсомольца" для меня слишком мала и о театре нужно шире оповестить. И точно так же была напечатана моя вторая статья. Обе газеты предложили дальше писать, и я была очень горда, что стала немного зарабатывать, приносить маме какие-то деньги. А кроме того, у меня было приятное чувство, что я что-то полезное сделала. Потом был ряд других статей об этом спектакле, в общем, театр с невероятным успехом вкатился в московскую театральную жизнь. Но очень скоро началась война. Лучшие ушли солдатами и погибли. Коля, Сева, Кирилл Арбузов, замечательный мальчик, племянник Арбузова, который играл главного положительного героя в этом спектакле, — он был убит в первый месяц войны.

Зяма и Исай прошли всю войну и чудом выжили. Зяма, тяжело раненный в ногу, все же стал одним из лучших наших актеров.

Оставшаяся часть труппы преобразовалась во фронтовой театр, но это было уже не то.

22

В середине зимы сорок первого года организовался у нас в ИФЛИ семинар работающих ифлийцев-журналистов, которым руководил Корнелий Зелинский. Был такой очень растленный, продажный литературовед. В те годы знаменитый.

Он заигрывал с ребятами, ему очень хотелось нравиться, — это была самая активная часть ифлийцев, которой предстояло вписаться в общее явление культуры. Он с нами всячески изображал себя и либералом, и интересным, и таким, и сяким. Человек он был образованный.

Это был тот момент, когда Марина Цветаева и ее семья вернулись в Россию. И вот Цветаева составила сборник стихов и отдала его в "Советский писатель" с надеждой, что он будет напечатан. Это был для нее вопрос чрезвычайной важности — всей ее дальнейшей жизни. И этот сборник попал в руки к Зелинскому. Как к рецензенту. И он настолько на самом деле плохо понимал настрой молодых, что думал покорить нас тем, что прочтет нам эту внутреннюю, не для печати предназначенную рецензию, в которой он отдавал должное Цветаевой как талантливому поэту. И этим гордился. Но нам это было нипочем, мы это и сами понимали. А в остальном он совершенно убил сборник, написав, что идеологически это вещь невозможная в советской культуре и что издавать его никак нельзя.

Вот тогда я впервые поняла, что идеологически не подходят не только мысли "антисоветские", а манера, стиль. Он считал, что так писать, как Цветаева, нагнетая напряжение, создавая нереалистические образы, — это противоречит соцреализму, а все, что вне соцреализма, враждебно советскому строю. И он отвергал сборник (потому что Цветаева, естественно, никаких стихов на политические темы туда не включила), с одной стороны, за "мелкотемье", то есть слишком много личных чувств и личных переживаний, с другой же стороны — и это главное, — за манеру, стиль, который противоречит эстетическим принципам соцреализма.

Соцреализм определялся каким-то уровнем примитивного изображения жизни. Где сложно — там неоднозначно, а все должно быть однозначно. Они очень тщательно охраняли примитивную однозначность стиля. Это было необходимо для сохранения их власти. И кроме того, отвечало уровню людей, занимавшихся идеологией. Сохранить простейшую, азбучную ясность. Опасен был момент толкования. Скажем, им в тот момент очень подходило поколение лириков, которым противостояли ифлийские поэты, — Симонов, Долматовский, Маргарита Алигер, в каких-то худших своих проявлениях Твардовский (потому что он ушел потом в крестьянскую тему), — вот это все их очень устраивало, потому что было как бы и свежо, и вместе с тем однозначно.

Конечно, безусловно: это — победа усредненного сознания. Усредненного, без всяких темных и тайных моментов. Ведь я думаю, против Достоевского так были настроены тоже не потому, что Достоевский придерживался реакционных взглядов. Это, в конце концов, никого и не интересовало. А потому, что у Достоевского всегда был какой-то момент не до конца ясный, двузначный, непонятно было, кто положительный, кто отрицательный. Вот это не допускалось: должна быть полная ясность, кто хорош, кто плох. То есть ведение за ручку было в культуре не менее сильно, чем в других сферах. Это было такое отцовское отношение: вот, мы родные отцы вам, и мы вам указываем, как надо думать, чтобы не было никаких возможностей разнотолков. Не хотели разнотолков. Даже Блок до какого-то момента был нежелателен, потому что у него, как у всякого большого поэта, было что-то не до конца ясное. Тютчев. А Пушкин годился. Потому что Пушкин велик, но он ясен. Он прозрачен. Его отношение к своим героям всегда ясно. Поэтому Пушкин устраивал. И Толстой устраивал. Толстой тоже писатель, у которого нравственные акценты однозначны. А вот всюду, где было что-то, что надо домыслить и можно повернуть в разные стороны, не годилось. Я так это понимаю, во всяком случае.

Я выступила. Я сказала, что такая статья — великий позор. Человек приехал, вернулся, это великий поэт, и вы сами это понимаете, поскольку в первой части воздаете ей должное и говорите сами, что она великий поэт. Как же можно ставить подножку? Это же чудовищный акт злодейства. И сказала, что я больше в семинаре быть не хочу. И еще несколько человек встали вместе со мной, и мы ушли. Мы бы наверняка поплатились, но через несколько месяцев началась война.

Может быть, Цветаева в этой Елабуге не покончила бы с собой, если бы эта сволочь Зелинский так не написал и если бы ее сборник вышел[1]. Он мог выйти! Если бы он попал в более чистые руки, если было бы два хороших отзыва... Ведь все эти люди, которые разрешали или запрещали, сами были не очень сильны, им надо было разжевать и растолковать; и если бы им растолковали, что вот она проделала путь, пришла к реализму, к соцреализму, и что наша поэзия только и ждет ее сборника, — это было абсолютно в тот момент возможно, — то, может быть, ее путь дальнейший не был бы таким ужасно трагическим.

Ведь ее встретили очень хорошо. И конечно, поскольку в поэтических кругах все понимали, что она великий поэт, то хотели к ней приблизиться. Ей разрешили въехать в страну, дали ей в пригороде, в Болшеве, дачку, она сделала сборник, она отдала его в "Совпис" — вот до этого момента, казалось, была надежда. Но когда сборник зарезали, люди от Цветаевой сразу отхлынули. Если бы ее впустили в эту стайку советских писателей, то, может, все было бы иначе. Ведь когда началась война и эвакуация и все писатели поехали в Чистополь, то ее не прописали в Чистополе, ей не разрешили жить в Чистополе. Ее отправили в эту Елабугу, где она оказалась абсолютно одинока, и она не выдержала этой жизни. Но, конечно, если бы ее сборник вышел, она бы осталась в Чистополе, и вполне допускаю, что это не кончилось бы так трагично.

1 "Истинная трагедия Марины Цветаевой заключается в том, что, обладая даром стихосложения, она в то же время не имеет что сказать людям. Поэзия Марины Цветаевой потому и негуманистична и лишена подлинно человеческого содержания", — писал Зелинский.

23

С зимы сорок первого года в печати — в “Литгазете”, в журнале “Литкритик” — шла литературная дискуссия, которая вылилась в дискуссию политическую, мировоззренческую. Она условно называлась дискуссией между “вопрекистами” и “благодаристами”. Между точкой зрения, что писатель, вопреки своему реакционному мировоззрению, может глубоко и проникновенно описывать действительность, и точкой зрения, что постичь действительность можно только благодаря революционному мировоззрению. Эта дискуссия развивалась главным образом на материале сравнительного анализа Бальзака и Виктора Гюго. Значит, Гюго был человеком прогрессивного мировоззрения — и вот его романы, а вот романы Бальзака, роялиста и реакционера. В марксизме тогда пробилась живая струя. Представляли это направление двое ученых, венгр Георг Лукач, один из крупнейших тогда марксистов в мире, и Михаил Александрович Лифшиц, блестящий, талантливый философ, совсем молодой — он был учителем Гриба и Пинского, но всего на два-три года старше их.

В тридцать седьмом году под редакцией Лифшица вышла антология “Маркс и Энгельс об искусстве”, и это стало настоящим событием. Люди бегали по букинистическим магазинам в надежде напасть на случайный экземпляр. Эта книга сводила счеты с вульгарной социологией, которая все объясняла классовой борьбой. Лифшиц и Лукач полагали, что реакционное мировоззрение совершенно не мешает, а часто даже помогает более глубоко и полно отразить действительность и что какой-нибудь Бальзак в сто раз более ценен в постижении того мира, чем романтический Виктор Гюго. А в современной литературе, допустим, Селин, хотя и придерживается почти фашистских взглядов, но очень глубоко рассказывает о сегодняшнем буржуазном мире. Они защищали Достоевского, которого тогда не издавали. Идеи идеями, утверждал Лифшиц, но он сумел с несравненной глубиной описать сложность русской души. Это была попытка на уровне современной философской мысли заново обосновать марксизм. Идеологами противоположной точки зрения были Евгения Книпович[1] и Ермилов[2], печально знаменитый критик.

Борьба, в центре которой стояла проблема отношений между революционной идеологией и свободой творчества, развивалась главным образом в журналах и газетах. В виде обмена статьями. А потом, где-то в начале апреля, решили устроить устную дискуссию в аудитории ИФЛИ. И вот в течение недели вся литературная, мыслящая Москва и все студенты съезжались в ИФЛИ и слушали, как эти люди выступают. Накал страстей был такой, что свистели, хлопали, кричали, сидеть было не-

1 *Е.Ф.Книпович* (1898–1988) — советский литературовед, литературный критик. Автор многочисленных статей, книг о Гейне, А.Фадееве и воспоминаний об А.Блоке.

2 *В.В.Ермилов* (1904–1965) — литературный критик, лауреат Сталинской премии (1950). Один из лидеров РАПП. Его доносы и статьи стали причиной ареста многих литераторов. В 1946–1950 гг. — главный редактор "Литературной газеты".

где, стояли во всех проходах в самой большой ифлийской пятнадцатой аудитории-амфитеатре. Это был взрыв страстей. Ну, мы все, естественно, сочувствовали Лифшицу и Лукачу. Лукач так смешно говорил, выступал со своим венгерским акцентом... Его точка зрения была весома, но в конце концов разошлись непонятно с чьей победой и ждали статьи в "Правде". Было известно, что готовится такая статья, которая подведет итог дискуссии. Кончался апрель. И еще до статьи появилось постановление о закрытии "Литкритика". И это был как бы ответ, что ермиловцы и сторонники Книпович взяли верх. А потом вышла и разгромная статья в "Правде", написал ее такой идеолог Лебедев.

Вот на этом поражении попытки обновить марксистскую мысль и кончился наш ИФЛИ. Мы, наш курс, успели проучиться три года.

Думаю, я именно в ИФЛИ обрела какое-то настоящее видение и мира, и людей, и культуры, — это все ИФЛИ. Я очень многим обязана профессорам, даже этим восьми часам Гриба, изумительному курсу Пинского, дальнейшему знакомству, а потом и дружбе с ним. Я была уже и гуманно настроена, и человечно, — мир мой расширился. Это все подарило мне, в общем, доступ в мировую культуру. Я почувствовала себя там дома. Я научилась оперировать другими категориями. И возможно, без этого понимания я бы против Зелинского не выступила. Я поняла еще, что надо защищать какие-то вещи. Может быть, в тот момент заглох и страх, не знаю.

24

В июне мы сдавали сессию. Предстоял, в частности, экзамен по литературе девятнадцатого века. Занимались по нескольку человек вместе. И Олег Трояновский, который должен был принести мне и той группе, которая занималась у меня дома, тетради с записями лекций, сказал по телефону:

— Ты знаешь, Лилька, я слушал ночью радио... — А у Трояновских радио было не черная тарелка, как в каждой квартире, а огромный, роскошный комбинированный аппарат, привезенный из Америки, где было и прослушивание пластинок, и что-то еще, и он очень хорошо ловил западные радиостанции, и Олег говорит: — Ты знаешь, Лилька, я не уверен, я плохо расслышал, но, по-моему, сегодня ночью началась война, по-моему, Гитлер пересек границу.

Я говорю:

— Да Олег, что ты несешь?

— Ну, не поручусь, но насколько я понял, все-таки да.

Он завез нам тетради.

— Олег, ты что нам рассказывал?

Он говорит:

— Я, знаешь, пытался утром снова ловить, но утром все глушили. Вы в двенадцать часов послушайте "Последние известия".

Мы включили радио, и вот эти "Последние известия" в двенадцать часов, и были рассказы, что колхозники победили в соревновании там-то, а стахановцы дали столько-то тонн угля и так далее. Мы все это прослушали и говорим: что это Олег выдумал, чего он нас пугает? И вдруг: "Через пятнадцать минут будет выступать Молотов". Он выступил и сообщил, что началась война.

И все в едином порыве поехали в ИФЛИ. Мы все там съехались, и стояла наша латинистка Мария Евгеньевна Грабарь-Пассек — она была человеком строгим, сухим, очень деловым, — она стояла на лестничной площадке и плакала навзрыд, у нее градом по лицу текли слезы. Мы все в недоумении:

— Почему вы плачете?

— Дети мои, — она тоже говорила нам "дети", — вы не знаете, что такое война. А я пережила Первую мировую войну. Это ужас. Это начинается страшнейшая эпоха.

А мы, конечно, все думали: ну что война, мы так сильны, через неделю-две, через месяц все будет кончено. Но этот образ рыдающей на лестничной клетке Грабарь-Пассек — вот это для меня первый образ войны.

Никто не понимал, где Сталин. Он молчал. Теперь известно, но мне все же хочется рассказать молодым, которые могут не знать, что меньше чем за два месяца до войны Сталин уничтожил остатки высшего военного командования. Одна моя подруга жила в Лефортове, рядом с тюрьмой. Это была самая страшная московская тюрьма, где содержали арестованных офицеров. Подруга рассказывала мне, уже после победы, что две ночи в начале мая сорок первого никто в этом районе не спал из-за неумолкавшей, непрерывной ружейной канонады. Это расстреливали тех, кто по большей части был посажен в 1937 году, когда расстреляли маршала Тухачевского, ложно обвиненного в том, что был предателем и работал на Германию.

Только в начале июля Сталин выступил с речью по радио и называл нас уже не товарищами, а братьями и сестрами.

Вскоре начались бомбежки, воздушные тревоги в Москве, и мама моя почему-то безумно испугалась. Страшно, невероятно испугалась. Бомбежек, вообще войны. И передо мной встал выбор: поехать на трудовой фронт, как большинство моих подруг, потому что мальчики все ушли добровольцами, Женя Астерман, Марк Бершадский, — они тут же записались добровольцами на войну, а девочки поехали копать окопы. Или подумать о маме. И, к великому осуждению моих товарищей, я все-таки решила, что обязана о маме подумать. И что мне надо маму увезти. Конечно, повторю, никто не помышлял, что война продлится так долго, все думали, это вопрос летних месяцев. Я пошла в "Московский комсомолец", благо стала их автором, и говорю Кронгаузу: так и так, мне нужно увезти мать. Он сказал: хорошо, можешь уехать с нашим эшелоном. И мне это организовал. Они ехали в Казань.

Мы всё сделали исключительно бездарно, конечно. Правда, пальто зимнее в последнюю минуту кто-то меня уговорил на всякий случай взять, но, в общем, теплых вещей толком не взяли, ничего не убрали, закрыли квартиру, как будто поехали в Голицыно, и уехали. По чемоданчику. И с той минуты, как мы сели в этот эшелон, чувствовалось, что мама — ребенок, а я — взрослая и я в полном ответе за все.

25

Вокзал в Казани был уже страшным. Я сейчас зажмурилась, потому что вспомнила степень забитости людьми, эту толпу, которую качало, как прибой, то в одну, то в другую сторону. Люди стояли, как в трамвае стоят, тесно прижавшись друг к другу. Мама боялась оставаться там одна, но делать нечего, я ее оставила и пошла, как мне было сказано, в профсоюз журналистов, где как-то людей распределяли. Что мне предложили, то я, естественно, безо всякого разговора взяла. Мне предложили пост ответственного секретаря (смешно сейчас говорить, потому что там и было-то два человека) в районной газете в Набережных Челнах, которые тогда были деревней, это сейчас стал город. Газета называлась "Знамя коммунизма".

Чтобы попасть в эти Набережные Челны, нужно было сесть на пароход, потому что железной дороги туда еще не проложили. Мне как-то помогли купить билет, я была совсем молодой, маленькой — двадцать один год, какая-то голубоглазая, — в общем, мне люди помогали.

Двое суток мы на пристани не спали, не сидели — стояли, потому что даже и сидеть-то не на чем было. Чемодан стоял торчком, не было места его положить. Попали на пароход.

Вообще до Челнов два дня, но мы тогда плыли четверо суток. И в этой поездке на пароходе было даже что-то романтичное. Южная ночь, лето, звезды, ходишь всю ночь по палубе... Там какой-то был интересный польский мальчик, бежавший из Польши, мы с ним разговаривали. В общем, авантюристическая жилка, которая во мне есть и живет... Навстречу этой полной неизвестности, потому что я никакого не имела представления ни что такое районная газета, ни что такое русская глубинка, а это вообще Татария к тому же... Вот, я это чувство помню, я его сохранила в себе: темная звездная ночь, широкая река Кама — было ощущение огромного мира и нашей затерянности в нем. В этом было что-то пленительное. Хотя и страшновато.

Приплыли в Набережные Челны. Маму я оставила сидеть на причале, а сама пошла искать районную газету.

Маленькая деревня с одной главной улицей, то есть на одной улице было несколько двухэтажных домов. Как тогда строили — первый этаж каменный, второй все равно деревянный. Там райком был такой, исполком, еще что-то, а в остальном — настоящая деревня. Пыльная, на высоком берегу Камы, кругом леса. Красиво.

И еще раз жизнь мне улыбнулась. Главный редактор, единственный редактор этой газеты, оказался совершенно замечательным человеком. Даричев. Я его помню. Он был настоящий самородок, абсолютный самоучка, грамоте сам научился. Очень умный, талантливый, яркий человек гуманных взглядов, с собственными мнениями, либерал, и ко всему еще художник-примитивист, он мне очень нравился как художник.

Надо было искать комнату. Никто не хотел сдавать: боялись москвичей. Я обошла, наверное, двадцать домиков, — не пускают. Это был очень неприятный момент, но Даричев меня все утешал, говорил: ничего-ничего, Лиля, найдем. И действительно, наконец мы сняли на главной улице, на втором этаже, комнату, — только на вещи. Деньги брать никто не хотел. Эта моя ужасная хозяйка мне сказала: ты каждый месяц будешь мне дарить какую-нибудь свою вещь — туфли, платье, свитер. Вот на этих основаниях будешь жить у меня. Я говорю: а когда все кончится? — Тогда ты уедешь. Мне твои деньги не нужны, что стоят эти деньги?

Но выбора не было. Мы поселились в этой комнатке. Даричев меня спрашивает: ты лошадь запрягать умеешь? Я говорю: господь с вами, откуда мне уметь запрягать лошадь? — А без этого здесь нельзя, ты должна каждый день ездить в другую деревню, в другой колхоз и собирать данные. — Я говорю: ну хорошо, покажите как. В общем, день он меня учил запрягать лошадь. Оказалось, это не так уж безумно сложно, и буквально на второй или третий день, дико волнуясь, потому что я боялась, что она распряжется... я не понимала... я вообще ничего не понимала. Ну представляете, такая городская девочка, да еще с парижским прокладом, вдруг по этим диким лесам едет в какую-то татарскую деревню. Повозка, телега была и лошадка. Вот так я поехала. Поехала. Доехала. Попала в татарскую деревню. Еле-еле говорят по-русски. Но тем не менее достаточно, чтобы объяснить мне в правлении колхоза, что хлеб не убран, что убрать его фактически невозможно, потому что все парни, естественно, взяты в армию, а девчонки мобилизованы на торфяные разработки, что работают одни старухи кое-как, что не хватает кормов, — в общем, нарисовали страшнейшую картину полного упадка хозяйства.

Я записала все, что они рассказали. Мне перепрягли лошадь, поехала назад. В какой-то момент она остановилась, и я не могла ее сдвинуть с места. Вот стала и стоит. И что мне с ней делать? А там леса глухие, страшно. Стало темнеть. Гул какой-то пошел, ветер. Я думала, что сойду с ума, если останусь тут ночевать. Уткнулась ей в шею, плачу, не знаю, ну что мне делать? И вдруг она пошла. По-моему, просто меня пожалела. И кое-как мы с ней добрались домой. Мне помогли ее распрячь, я с трудом еще все это делала. Но потом, между прочим, хорошо научилась, это оказалось совсем не сложно. Вообще, все достигается упражнением — это великая формула. Помните у Булгакова? "Как вы ловко опрокидываете! — Достигается упражнением". Так вот, все достигается упражнением. Оказывается, может такая французско-еврейско-русская девочка и лошадь запрягать, и ездить, — все может.

Наутро прихожу к моему Даричеву и говорю: знаете, такое плохое положение в этом колхозе, надо поднять тревогу... Он говорит:

— Да что ты! Кому это интересно? Ты все это забудь, сейчас мы напишем с тобой статью. "Вовремя убран хлеб..."

Я говорю:

— Вы шутите?

Он говорит:

— Нет, я совершенно серьезно.

Я говорю:

— Зачем же вы тогда посылали меня?

— А ты все забудь, в газете должны быть только жизнеутверждающие, полные надежд и хороших перспектив статейки.

Я говорю:

— Так зачем же вы меня туда посылали, это ведь можно писать и так?

Он говорит:

— Как зачем? Надо знакомиться с материалом.

Я говорю:

— Вы что, смеетесь?

— Нет, надо ездить, чтобы на вопрос, ездите ли вы по колхозам, я мог ответить начальству: да, мы ездим. А потом пишем то, что нужно писать. Вот и все. И так мы с тобой будем работать.

Я до такой степени растерялась, он увидел ужас у меня в глазах... Говорит:

— Ну, я сперва тоже был несколько смущен. Но если мы до начала войны еще иногда кое-что могли себе позволить — тоже очень мало, всегда должен был быть оптимистический тон, то сейчас — только положительное. Нам на совещании прямо сказали: только положительное. Но ездить по колхозам. Вот мы будем ездить по колхозам и писать положительное.

Надо сказать, что в моем понимании советской системы работа в этой районной газете и жизнь в Набережных Челнах сыграли огромную роль. Потому что до этого я себе представляла дело так, как и многие, впрочем, что аресты и террор — это все касается города, где есть промышленность, где есть хотя бы какой-то уровень сознания. А вот тут я обнаружила, что ничего подобного. Что вся страна — это одна территория для арестов, для изъятия каждого второго, в лучшем случае — третьего человека. Не было дома в этих русских, полутатарских, а главным образом татарских деревнях — они смешанными никогда не были, это была либо русская деревня, либо татарская, — не было ни одного дома, где бы кто-нибудь не сидел. Сидели за чушь, за бог весть что. За горсть унесенной пшеницы, за опоздание. Тогда ведь был декрет, что за десять минут опоздания на работу... Сидели потому, что была — как мне объяснил Даричев, вхожий во всякие районного уровня тайные совещания, — была “разверстка”, то есть план на район, сколько человек заключенных надо поставить каждый месяц. Мне хочется об этом сказать, чтобы люди, которые забыли, вспомнили, а кто не знает, молодые, узнали: был план на аресты. По районам. Вне всякой зависимости от того, кто что совершил. Поэтому любой мельчайший проступок годился. А сеть запретов была такая густая, что невозможно было где-то не наткнуться на нее. Каждый фактически совершал противозаконные действия. Неизбежно, каждый. Поэтому они спокойно брали то количество людей, которое им надо было, и каждый месяц местный КГБ (НКВД) успешно выполнял свой план.

Набережные Челны стоят на старом кандальном пути сибирском. И там есть старинная, дореволюционная, очень страшная, потому что с очень толстыми стенами, небольшая, но вполне вместительная тюрьма. А дом, где мы сняли на втором этаже комнатку, выходил окнами на эту тюрьму. И по-прежнему по кандальному пути гнали заключенных, как и раньше. И вот когда я первый раз увидела, как пришел этап, сопровождаемый конвоирами на лошадях, а измученные страшные люди — это был женский этап, — почти все босиком, ноги обмотаны тряпками, с какими-то котомками, с какими-то авоськами, и вокруг свора собак, — впечатление, что ты смотришь какой-то дикий фильм. А что это можно увидеть в жизни, даже при том, что я бог весть что думала про нашу систему... Вообще, между умозрительным восприятием, мне это тоже хочется сказать, и чувственно-зримым есть какая-то непроходимая стена. Одно дело — я вам все это рассказываю в этой комнате... Я, конечно, понимала, что где-то гонят по этапу людей, что они, наверное, полубосые, они падают, даже слышала, что их сопровождают конвоиры на лошадях и собаки, но увидеть это... Ну как бы сказать, что это такое? Ну, на какой-то момент, хотя тебе двадцать один год, больше не хочется жить. Какое-то ощущение, что злодейство людское достигло такого накала, когда одни люди равнодушно смотрят на других вконец истерзанных под пыткой людей, кажется, что ты больше ни в чем участвовать не хочешь. Вот у меня это чувство было: что жить не хочется. Потом я привыкла. Я повторяю, ко всему привыкаешь. Но первый конвой — я его не забуду. А потом они же были и зимой. В общем, что об этом говорить!

26

В середине зимы оказалось, что нам больше платить нечем. Все, что хозяйка принимала как плату за комнату, ушло ей, и нам надо было куда-то переезжать. У нее была девочка моего возраста, которая щеголяла в моих нарядах и прекрасно себя чувствовала. Не было и тени смущения. И она мне так говорила, эта девчонка, Катя: "Раньше вы хорошо жили в Москве, а теперь мы за ваш счет хоть немножко поживем. Это только справедливо".

Того, что я зарабатывала, едва хватало на полуголодную жизнь. Карточки были, и мы едва могли выкупить то, что полагалось по карточкам. Там полагалось немножко сахара, немножко водки — это мама стала менять на хлеб. Но тут выручил Даричев. Он из редакции изъял одну комнату. Было три комнаты, и вот в самой маленькой он прорубил дверь на выход и поселил нас. Надо сказать, это был акт великой милости, потому что иначе вообще непонятно было, что делать. Мы пытались что-то снять, но никто не сдавал, понимая, что платить нам нечем. Никто абсолютно не сдавал. И он отдал нам эту маленькую комнатку редакции. Но здесь возникла новая страшная проблема — топить. Редакцию почти не топили. Но жить-то мы не можем в нетопленом помещении. Набережные Челны — это вполне солидно в смысле морозов и холода. Ничто так трудно не переносится, как жизнь в нетопленом помещении. Это, может быть, в каком-то смысле даже тяжелее голода. Тем более что совсем голодно не было. Было голодновато, скажем так.

И он же, Даричев, пошел в какую-то контору и выписал мне два огромных бревна, лежавших замерзшими в реке Каме. Их надо было как-то выколоть. Он пошел со мной. Но даже он, мужик, с невероятным трудом неделю выколачивал эти два бревна. Я все время плакала. Мне было очень стыдно. Значит, мы день работали в газете, а вечером, уже в сумерках, в темноте, ходили колоть этот лед. Вообще, почему он должен это делать для меня, было совершенно непонятно, и все похихикивали над ним, подсмеивались. Все говорили: ах, влюбился. Но я думаю, что не влюбился. Он просто очень меня жалел. И между прочим, меня не пожалеть было трудно. Но, кроме него, меня никто там не пожалел.

Мы ходили, ходили на реку день за днем, и мне казалось, что даже с его помощью мы не сумеем никогда эти два бревна получить. А если не сумеем получить, то, значит, что — умрем? У мамы уже зуб на зуб не попадал, все, что было, было навьючено, встать было нельзя с постели. Положение ужасное. Постель! Не постель, а две раскладушки, которые тоже он мне где-то достал. Вообще, без него мы бы там совершенно погибли.

Но тем не менее кое-как эти два бревна огромных были добыты, он кого-то нашел, помогли ему положить бревна на телегу и довезли до нашей редакции. Одно он успел мне распилить и расколоть. А второе уже не успел, потому что его как человека, неугодного местному начальству, взяли в армию, несмотря на бронь, и отправили на фронт.

Второе бревно мне согласился распилить конюх в обмен на последнюю вещь, принадлежавшую моему папе, — красный перочинный ножик с десятью лезвиями и папиной факсимильной подписью. Согласился с таким расчетом: одну треть себе, две трети — мне. Поскольку выбора не было, я, конечно, согласилась. Надо сказать, что еще треть из тех, которые он мне перепилил (колоть маленькие я уже научилась сама), он у меня тоже украл. В общем, мы к весне оказались опять без дров.

27

Зимой это место абсолютно оторвано от всего мира — только телефонная и радиосвязь. Поэтому, когда начинается судоходство и приходит первый пароход, а пароходы там шли по Волге и по Каме изумительные — белые, многие дореволюционные, красавцы, их еще как-то поддерживали, — это такое веселое, радостное и жизнеутверждающее событие, что все Набережные Челны, и стар и млад, выкатывают на пристань встречать. Это основное событие года — первый пароход.

И вот, кроме счастья, ликования, что он пришел, что какие-то люди там стоят и что где-то есть жизнь, которая проходит мимо нас, но задевая и нас, я вдруг увидела на верхней палубе знакомое лицо. Я увидела девочку, которую звали Ася Гольдина и которая была подружкой Марка Бершадского. Я, как безумная, закричала "Ася!", стала махать, боялась, что не увидит, она увидела, узнала, замахала в ответ.

На пароходы не пускали, потому что там был буфет, в котором что-то можно купить, но я умолила, проскользнула к ней, и она схватила свой чемоданчик и сошла. И конечно, это было немыслимое счастье — в таком затерянном месте вдруг увидеть родного человека.

Она мне рассказала, что Марк и Женя погибли в первых боях Отечественной войны.

Томик Пастернака с надписью — все, что у меня от Жени осталось. Но образ его прошел через всю мою жизнь. Я о нем никогда не забывала. Он как-то присутствовал в моей жизни всегда. Женя, мой младший сын, назван в его честь. И Павлик был бы Женей, но Сима очень хотел назвать первого сына в честь своего деда, и когда Павлик родился в день Петра и Павла, я решила, что сама судьба распорядилась, как его назвать, и он стал Павликом. Второй, естественно, стал Женей.

Ася договорилась в военкомате в Москве, что поедет в часть Марка, она хочет там быть медсестрой, и вот теперь плыла навестить своих родителей, которые жили выше по Каме, в Бондюге, чтобы с ними проститься. Потом я к ней поехала на несколько дней, отпросившись в своей газете, и она уехала. Ася действительно стала медсестрой в части, где погибли Марк и Женя — они были вместе, — и провоевала до конца войны.

Второе событие весны — появление другого знакомого мне человека, а именно Маргариты Алигер[1]. Оказалось, ее старшая дочка Таня с бабушкой, ее матерью, тоже жили в Набережных Челнах. Мы были немножко знакомы. Рита приехала их проведать.

И я — здесь мой авантюристический нрав сказался — твердо решила, что уеду с ней. В Москву. Не насовсем, а ненадолго. Но была настолько слабодушна и труслива, что не посмела сказать маме. И сказала: мама, я поеду с Маргаритой до Чистополя, где писательская организация, может, мы сумеем перевестись куда-нибудь, в общем, попробуем как-то улучшить нашу жизнь, отпусти меня на

1 *М.И.Алигер* (1915–1992) — поэтесса.

В Москву мы приехали четвертого мая тридцать четвертого года. Первые впечатления. Квартира. Знаменитый дом Каляевка, пять, построенный на деньги людей, работавших за границей. За валюту, которую папа заработал в Берлине, он получил квартиру. Номер 215, на седьмом этаже. Лестниц еще не было, а о лифте и говорить нечего, — были настилы. И вот нужно на седьмой этаж подниматься по таким настилам.

2.01

После долгих поисков решили, что меня отдадут в немецкую школу. Это была школа для детей коммунистов, бежавших от Гитлера, и специалистов, которые помогали строить эту новую социалистическую державу.

2.02

Что меня поразило: до какой степени все ребята думают одно и то же. Меня поразил конформизм, единство, отсутствие индивидуальных черт у ребят. И мне очень хотелось быть как все.

…ende, politische Genossen wie
…alinin, Schmidt und andere an…

DEUTSCHE SCHULE

2.04

Когда я вернулась из лагеря, то назад меня папа в немецкую школу не пустил. Я была убита этим, но он, всегда очень мягкий со мной, здесь был совершенно железен, и я очень скоро поняла, насколько он был прав, потому что в тридцать шестом году всю эту школу разогнали, всех учителей, очень многих родителей и немало детей арестовали, и вскоре школа перестала существовать.

2.05

2.06

Все его товарищи по объединению, где он работал, — оно называлось "Технопромимпорт" — уже были арестованы. Папа по болезни... к счастью, он заболел, это страшно говорить — "к счастью", но тем не менее только его болезнь дала ему возможность умереть в собственной постели, а не в камере.

В седьмом классе я попала в школу, которую потом и кончила. Это была в моей жизни двенадцатая школа. Самая главная и любимая. Называлась она очень торжественно: “Первая опытно-показательная школа Наркомпроса”.

У нас был действительно замечательный класс, из которого вышло много интересных ребят. Не пойти в школу было страшным наказанием. Когда поднималась температура, мы сбивали градусники. Потому что, хотя у нас были очень хорошие учителя, самым интересным было живое общение. [illegible]

Все эти ребята друг об друга шлифовались. Здесь, пожалуй, каждый человек был яркой индивидуальностью, нес в себе что-то совершенно своеобразное. И без моей любимой школы я была бы другой, я бы совсем иначе, наверное, прожила бы свою жизнь, — школа мне исключительно много дала.

2.09

Другое сильное впечатление тех лет. Папа дружил со всемирно знаменитым шахматистом Эмануилом Ласкером, и по воскресеньям, два-три раза в месяц, мы ходили всей семьей к ним обедать. Он жил здесь в эмиграции, бежавши от Гитлера, он был еврей, как известно. Чувствовал себя здесь неуютно, мало кого знал, очень привязался к папе и даже играл с ним в шахматы после этих обедов. На каком-то очередном обеде он нам сказал: все, мы попросили визу, уезжаем в Америку. Мы боимся здесь оставаться.

EMANUEL LASKER
LEHRBUCH DES SCHACHSPIELS

Meinem alten
lieben Schüler
S. Max Korowitsch
Em Lasker
14 Sept 1937
Москва.

2.10

2.11

Мама вела кружок кукольного театра при Союзе писателей. Поэтому ей продали путевки в писательский дом в Коктебеле. Эта земля растрескавшаяся, этот изумительной красоты абрис одной из самых древних в Европе горных цепей — Карадага, — все это было пленительно. А дополнением к этому, гармоничным и поэтичным, был Дом поэта, дом Волошина.

Тогда же я познакомилась с другом, который потом прошел через всю мою жизнь, — с Ильей Нусиновым, Элькой, как его все звали.

2.12

Ее звали Алена Ильзен. Ее родителей арестовали в течение двух недель, сперва отца, потом мать, и она с младшей сестрой Лиликой осталась одна.

2.13

Во время войны Алена была арестована, провела в лагере двенадцать лет и выжила среди урок только потому, что *ро́маны* рассказывала. Они ее подкармливали и оберегали и не давали ей причинить никакого зла, потому что она была прекрасный устный рассказчик, а это там очень высоко ценилось.

2.14

Я, в своем стремлении всех перезнакомить, немедленно познакомила их с Люсей Товалевой, моей одноклассницей по немецкой школе: у нее к тому времени мать тоже арестовали. И Люська перебралась жить к Алене. И под Новый тридцать восьмой год у Алены в квартире арестовали Люсю.

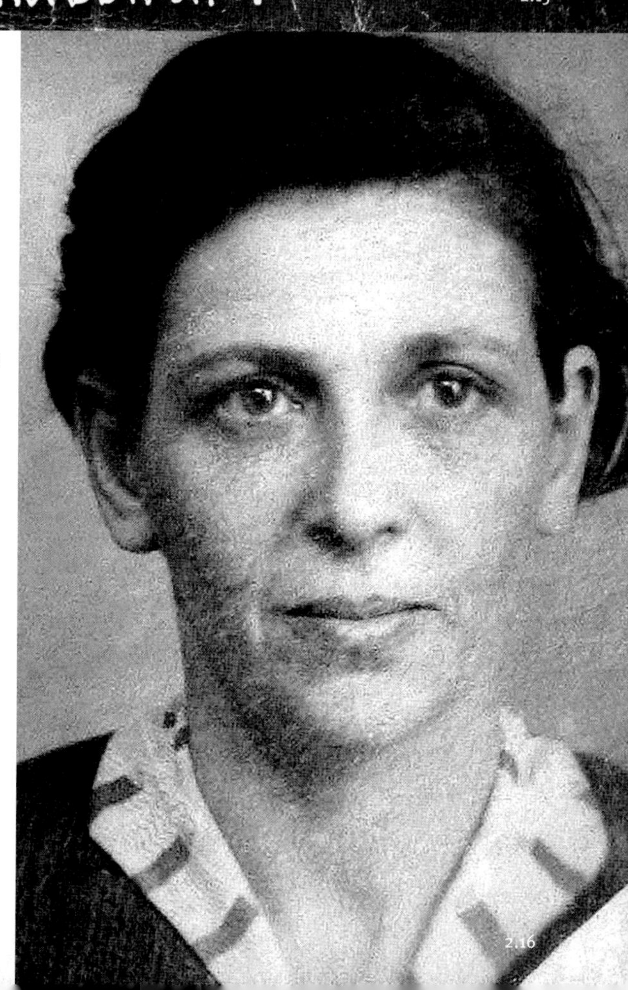

Люся провела десять лет в карагандинском лагере. Она мне сказала как-то: “Мне казалось, меня больше нет. Это кто-то другой живет в моем теле. Я запретила себе вспоминать о прошлом”. Когда Люсин срок кончился, она не испытала никакой радости.

2.17

Я закончила школу с аттестатом отличника, что потом стало соответствовать золотой медали, поэтому мне надо было пройти только собеседование. А Дезик Самойлов сдавал все…

2.18

7 с Маркович Лилиане Зиновьевне, — 10
рождения 1920 г. ......, об окончании
школы в 1938 г. 20/VI. Поведение отлично.
Русский язык – ~~хорошо~~ отлично. Литература –
отлично. Арифметика – отлично.
Алгебра – отлично. Геометрия – отлично. Тригонометрия – отлично. Естествознание – отлично.
История – отлично. География –
отлично. Физика – отлично. Химия –
отлично. Геология – отлично.
Астрономия – отлично. Немецкий — 9/VII
язык – отлично. Черчение – хорошо. — ~~24/VI~~ 193

Мы с Дезиком, взявшись за руки, пошли в ИФЛИ — в Институт истории, философии и литературы, такой элитарный вуз типа пушкинского лицея, созданный советской властью в тот момент, когда стало ясно, что нужны высокообразованные люди, чтобы иметь сношения с иностранными государствами.

2.19

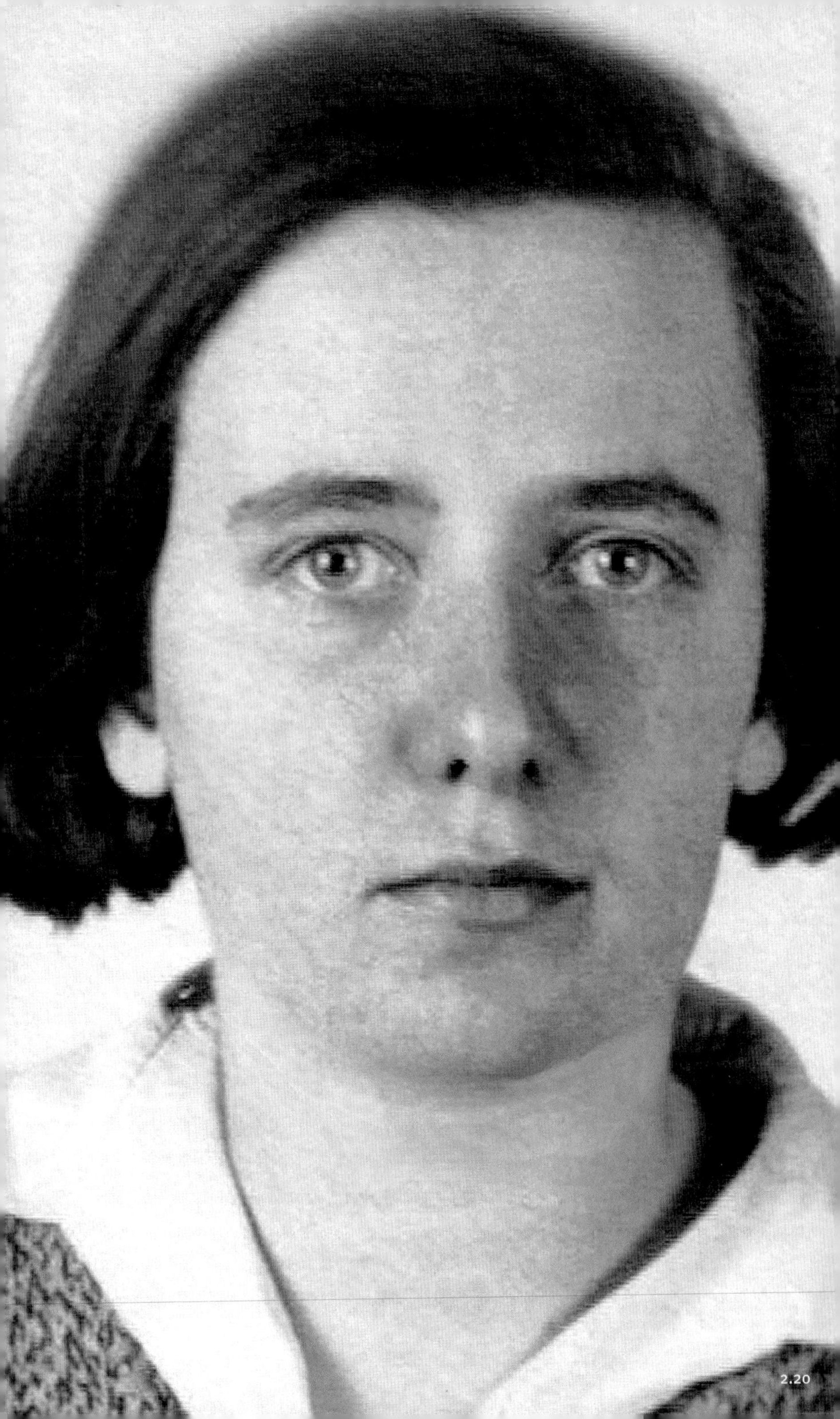

2.20

2.21

Собеседование проводили не профессора, а совсем молодой человек, которого, как я вскоре узнала, зовут Яша Додзин и который был одновременно начальником отдела кадров и начальником спецотдела ИФЛИ.

2.22

А потом вышел совсем уже молодой мальчик и сказал: “Можешь не волноваться — тебя примут”. Он стал моим очень близким другом и замечательным переводчиком, мы вместе работали — звали его Нёма Кацман.

2.23

Марк Бершадский учился на русском отделении, до этого (он был старше нас на год) проучился год в консерватории, решил, что это не для него, и вот поступил в ИФЛИ.

2.24

Женя Астерман учился в английской группе. Он сразу, видимо, обратил на меня внимание, потому что на Новый год первого курса я получила от него изумительный подарок…

У меня есть фотография Марка и Жени, которую я чудом получила через много лет после войны. Это были совершенно замечательные по чистоте, по какой-то душевной прелести ребята.

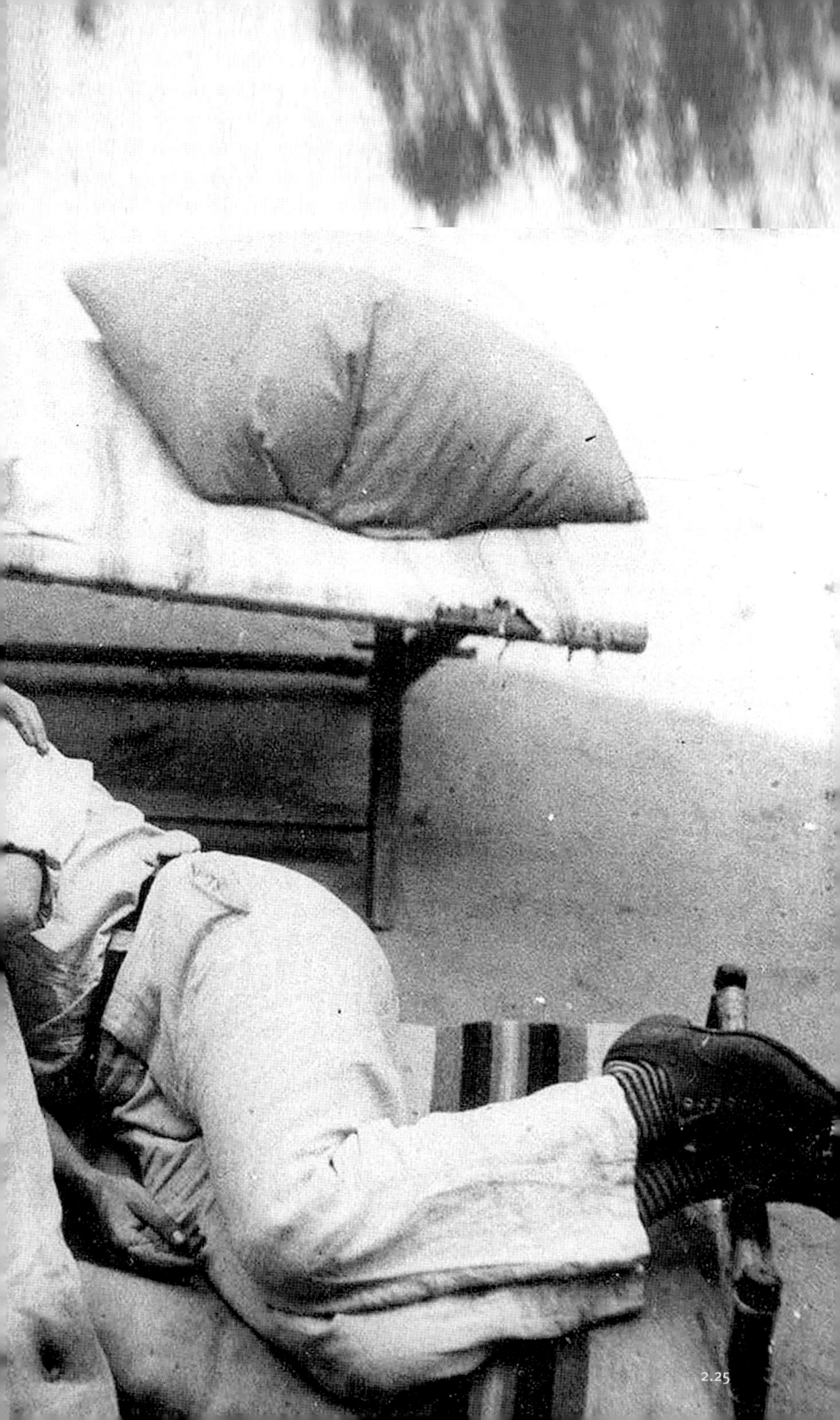

2.25

2.26

2.27

Старшекурсники все говорили: вот подождите, на втором курсе вам будет читать Владимир Романович Гриб, и вы увидите, что это такое. И мы увидели. Мы совершенно обалдели, но это оборвалось.

Когда он попал в больницу, курс Возрождения стал читать Леонид Ефимович Пинский. Его невнятное бормотание — это был процесс мысли. Мы впервые видели, слышали, как человек мыслит.

В дальнейшем этот мальчик стал известен на всю страну, это, я думаю, лучший поэт нашего поколения, Давид Самойлов.

2.28

2.29

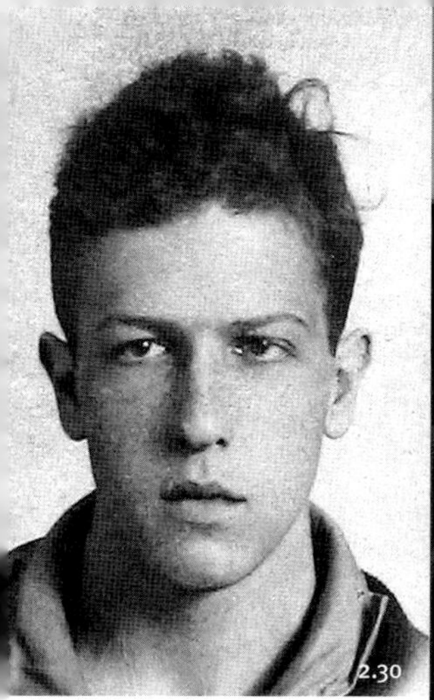

2.30

2.31

Это был Юра Кнабе, Георгий Степанович Кнабе — он потом стал завкафедрой иностранных языков во ВГИКе.

А на втором курсе к нам пришел учиться сын советского посла в Америке Олег Трояновский. Он был очень милый парень, довольно плохо говорил по-русски и знал не все слова.

2.32

2.33

Думаю, я именно в ИФЛИ обрела какое-то настоящее видение и мира, и людей, и культуры. Я поняла еще, что надо защищать какие-то вещи. Может быть, в тот момент заглох и страх, не знаю.

2.34

2.35

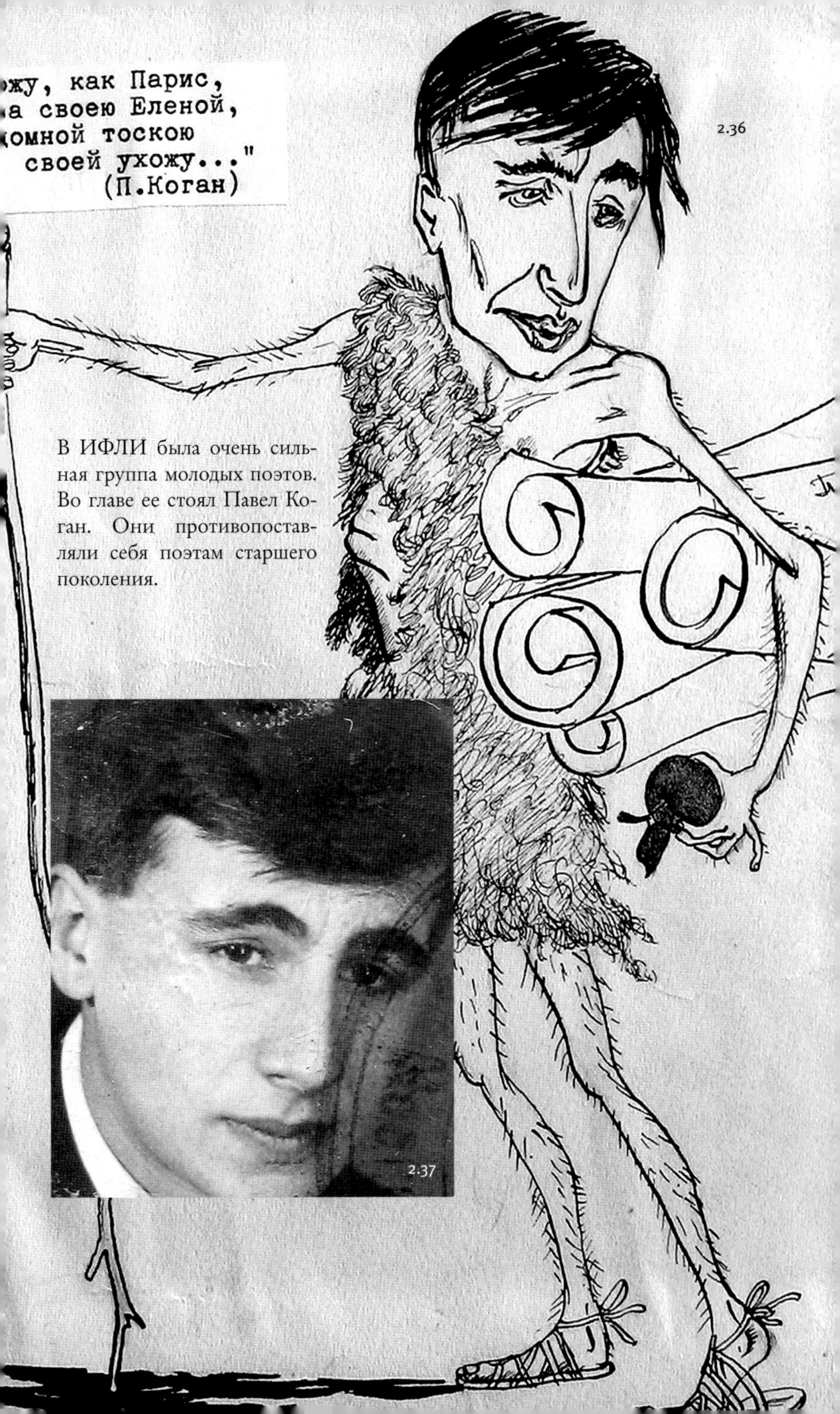

2.36

В ИФЛИ была очень сильная группа молодых поэтов. Во главе ее стоял Павел Коган. Они противопоставляли себя поэтам старшего поколения.

2.37

2.38

Театральная молодежь тоже считала, что в театре застой. И вот молодой актер Плучек и молодой драматург Алексей Арбузов создали студию. Задумано было так, что каждый из участников придумает себе образ и напишет заявку на свою роль.

А потом группа литературных ребят — в том числе Саша Галич, который был тогда Сашей Гинзбургом, Сева Багрицкий, сын поэта Багрицкого, Исай Кузнецов, который стал потом драматургом, Зяма Гердт, бывший очень важным персонажем в постановке, — соединила эти заявки в "Город на заре".

2.39

2.40

В конце лета тридцать девятого года мы поехали в Теберду, на Кавказ. Встречали рассветы, смотрели, как солнце поднимается над ледниками, слушали, как шумят горные потоки, и как-то забыли о прошлой зиме. И вообще все внушало надежду, что “чистки” закончились. Думали — может, начнется нормальная жизнь

Но началась война… Передо мной встал выбор: поехать на трудовой фронт, как большинство моих подруг, потому что мальчики все ушли добровольцами, Женя Астерман, Марк Бершадский — они тут же записались добровольцами на войну. Или подумать о маме. И, к великому осуждению моих товарищей, я все-таки решила, что обязана о маме подумать. И что мне надо маму увезти.

2.41

2.42

Приплыли в Набережные Челны, которые тогда были деревней, это сейчас стал город. Маму я оставила сидеть на причале, а сама пошла искать районную газету.

2.43

Пролетарии всех стран, соединяйтесь!

Знамя коммунизма

Орган Челнинского райкома ВКП(б) и районного Совета депутатов трудящихся ТАССР.

ОКТЯБРЬ 1 ЧЕТВЕРГ 1942 год № 78 (963) ЦЕНА 10 КОП.

Продукты фронту, как в поле ни ком ни грамма Армию и стр ственной про

УСИЛИТЬ ПОД'ЕМ ЗЯБИ

РОДИНА ТРЕБУЕТ

скоту выполнение составляет 97 про по лошадям—90,5 по овцам и козам— по кроликам 73 которых колхозах звития животновод оставлен под угрозу К таким нужно от следующие колхозы: рта", им. Азина, им. Коминтерна, и другие. седатели этих кол не занимаются воп увеличения поголовья го рогатого скота. им. Азина имеет лишь 12 коров, вмес по плану. Колхоз имеет 19 вмес-

ВКЛАД ПОМ

Вся наша стр ставляет сейча боевой лагерь. священную отеч войну против не шистских захватч Никакие труд какие жертвы н советских люде требует—будет вот лозунг совет риотов.

Прекрасно по трудящиеся гор ревни намного свою активность за увеличение ф ресурсов страны. добросовестным

2.44

И еще раз жизнь мне улыбнулась. Главный редактор, единственный редактор этой газеты, оказался совершенно замечательным человеком. Даричев. Я его помню. Он был настоящий самородок, абсолютный самоучка, грамоте сам научился.

2.45

Я увидела девочку, которую звали Ася Гольдина и которая была подружкой Марка Бершадского. Я, как безумная, закричала “Ася!”, стала махать, она увидела, узнала, замахала в ответ. Она мне рассказала, что Марк и Женя погибли в первых боях.

Второе событие весны — появление другого знакомого мне человека, а именно, Маргариты Алигер. Оказалось, ее старшая дочка Таня с бабушкой, ее матерью, тоже жили в Набережных Челнах.

2.46

2.47

-13-

..Не просись в людское сердце,
Не стучись в чужие двери.
На печаль твою скорее
Отзовутся чутко звери.
У людей весь мир сердечный
Слишком тесен, слишком узок.
Посочувствует скорее
В проголодь живущий Тузик.
И поймут тебя собаки,
Бесприютные дворняги.
Все не знающие ласки
С чутким сердцем псы-бродяги
Встретит пес тебя с улыбкой
И вильнет хвостом сердечно
И собачьими глазами
Взглянет нежно, человечно

Тарловка 10 июля 1943

2.48

Жили мы с мамой вдвоем одни на свете. Жили очень хорошо. Вот у мамы в тетрадке есть стихотворение, как я на Новый год смогла раздобыть ей

К тому времени главным событием, потрясшим нас, был рассказ, который я услышала из очень правоверных и покорных уст, а именно от Левы Безымянского, который приезжал в оптуск в Москву. Он рассказал, что в армии появился антисемитизм. Это была совершенно новая тема в нашей жизни. Лева работал переводчиком на очень высоком уровне, в частности, он Паулюса Допрашивал.

2.50

День Победы был омрачен тем, что мама не дожила до него. Мы так мечтали все эти годы, что когда-нибудь эта война все же кончится, как все когда-то кончается

неделю. И мама согласилась. И это, конечно, грех большой на моей душе. Но я как-то не могла поступить иначе. На самом деле я твердо знала, что еду в Москву.

Чтобы ехать, нужны были пропуска. Ну, на пароходе столько палуб и кают, что мне легко удалось уклониться от проверок. Потом на вокзале в Казани Рита каким-то образом купила мне билет, и мы сели в поезд. Билет у меня был, но не было пропуска. Рита сама волновалась. Настолько, что я даже сказала: может, хочешь, чтобы я с тобой не ехала вместе, может, я поеду в другом вагоне? — Нет-нет, — сказала она, — едем вместе, может, я тебе чем-то смогу помочь.

Мы не спали ни день, ни ночь. Два раза проверяли пропуска во время пути. Оба раза я запиралась в уборной, стучали, надоедало стучать, уходили. Я, конечно, до самой Москвы не доехала, до Москвы мне нельзя было доезжать, но это я знала, надо было сойти на какой-нибудь дачной станции и потом на пригородном поезде доехать. И я все это более или менее благополучно проделала. И оказалась в Москве. И уже из Москвы послала маме телеграмму. Мне было очень стыдно, что я так обманула ее, но вместе с тем я подумала, что какие-то вещи еще привезу, нам будет на что жить...

Пришла в свою квартиру и с ужасом увидела, что в ней живут. В каждой из трех комнат. Потому что разбомбили где-то дома, переселяли людей... Ну, я догадалась пойти в домоуправление и сказать, что вернулась насовсем. А Юрка Кнабе, бывший тогда в Москве, дал мне бутылку водки, чтобы я вручила домоуправу. И тот не спросил у меня пропуска, хотя обязан был бы спросить. И одну комнату освободил мне.

Тут я обнаружила, что ничего нет. Всё раскрадено. Вещей вообще никаких нет. И больше всего мне было жалко, что украли акварель Волошина, которую Марья Степановна когда-то подарила маме в Коктебеле. Она висела у нас на стене, и ее тоже унесли. Хотя жили там такие люди, которым она явно была ни к чему.

Мне показалось, что Москва живет неплохо. Ну, было затемнение, были воздушные тревоги, все это было, но по сравнению с Набережными Челнами — люди все-таки встречались, разговаривали друг с другом. Я попала в знакомый круг, виделась каждый день с Леонидом Ефимовичем в доме у общих знакомых. И уезжать в Челны, как это ни стыдно, мне совершенно не хотелось. Хотя я понимала, что должна уехать и что в конце концов уеду, но это дело оттягивала. Я подумала недавно, впервые, как легко забывается все. Как бы это передать? Я как бы забыла о Набережных Челнах. И даже о маме. Не то что забыла, но эмоционально — забыла. Полностью окунулась в московскую, какую-то человеческую жизнь. А тем временем стало ясно, что война не только не кончается, а углубляется, усиливается. Весной и в первые летние месяцы, после того как наши войска в последний момент предотвратили взятие Москвы, казалось, самое худшее позади. Но в августе сорок второго немцы снова двинулись к Волге и отрезали хлебные районы от остальной страны.

В последних числах августа я уехала, немножко мне надавали с собой люди каких-то вещей, чтобы менять. Сложила все в огромное оцинкованное корыто — был такой важный предмет в нашей жизни. В них и стирали и мылись, в каждой коммуналке в коридоре висел под потолком десяток этих корыт. Ну вот, можно было с ним и путешествовать.

Приехала в Набережные Челны и увидела маму в таком отчаянии, в такой заброшенности, в такой потере веры, что я вернусь, что я пережила жуткий, мучительный стыд. Это из каких-то болевых точек моей жизни. Вот когда я сказала “как легко забывается”, я хотела именно это передать, что человек, выпрыгнув из чего-то очень плохого, как будто все это отбрасывает... Какая-то есть в человеке защитная приспособляемость. Это тоже было для меня новым жизненным опытом. Мне казалось, поскольку я сама не ощущаю эту разлуку как что-то тяжелое, значит, и на самом деле ничего, не страшно. А оказывается, мы не отдаем себе отчета, какую боль можем причинить другому человеку своими поступками.

28

Второй год в Набережных Челнах был гораздо хуже первого, потому что, как я сказала, убрали Даричева. А вместо него появилась очень противная номенклатурная тетка, которая за время моего отсутствия — меня же не было два месяца — меня просто уволила. И все время говорила, что нам нужно освободить помещение.

Как заработать, мы не представляли. То, что я привезла, это была чепуха — на месяц, на полтора.

Мама пыталась делать куклы — не игровые, а Дедов Морозов — и продавать их для елки. Но мамины куклы там не нравились. Они получались некрасивые, невыразительные, и одеть их было толком не во что — в общем, эстетическому представлению жителей Набережных Челнов мамины куклы не соответствовали, и она ничего не могла продать. Мама вообще человек легкого и веселого нрава была, но в Челнах томилась ужасно. Писала стихи, читала. Ей там правда не могло быть никакого применения.

И мы переехали в деревню, где был винно-водочный заводик, который перегонял спирт из картошки. Туда меня взяли лаборанткой. Приезжают колхозники, привозят на телегах или зимой на санях картошку, берешь ведерко картошки и делаешь какие-то анализы, и по тому, каков процент в ней крахмала, они получают деньги. Но в первый же день я обнаружила, что абсолютно никто и не думает делать никаких анализов. Я говорю: "А зачем же берете картошку?" — "Как зачем? Чтобы ее есть". Картошка тут же варится или печется в печке, съедается, а цифры берутся просто с потолка. И хотя я к тому моменту много чего повидала, все-таки такая наглая, беззастенчивая форма меня поразила. Я говорю: "Ну, а если застигнут, если поймают?" Отвечают: "А все знают".

Вот эта двойная жизнь — несмотря на то что сажали за опоздание... А здесь все знают, что берут картошку, и никто ничего не делает, — все это производило впечатление какой-то выморочной, нереальной жизни. Какой-то момент фантастичности в этой жизни присутствовал.

Жили мы с мамой вдвоем одни на свете. Жили очень хорошо. У мамы в тетрадке есть стихотворение, как я на Новый год смогла раздобыть ей пол-литра молока и принесла ветку хвои. Но все же иногда надежда угасала.

Это была вторая зима войны. Мы, конечно, не знали толком, что происходит на фронте. Не знали, что под Сталинградом идет величайшее, беспримерное по жестокости, решающее сражение. Его потом описал и Некрасов в "Окопах Сталинграда", и Гроссман в "Жизни и судьбе". Мы были как будто отрезаны от мира, погребены под снегом, который падал и падал без конца. Холодно, голодно, керосина нет, из-за этого по вечерам невозможно читать. Ничего не происходило.

В январе под Сталинградом гитлеровские войска были разбиты. Армия Паулюса капитулировала, и началось отступление немцев.

После этой победы, с приходом тепла, я подумала, что, может, мы и не останемся навечно в нашей деревне.

А как уехать? Все, кто эвакуировался из Москвы, потеряли право вернуться. Для этого надо было получить этот самый пропуск, его выдавала милиция при условии, что какое-то предприятие подтвердит, что не может без вас обойтись. Тогда я еще раз нелегально съездила в Москву и раздобыла в "Комсомолке" необходимые бумаги. Вернулась за мамой в Челны, и мы быстро собрались в дорогу. По железной дороге мы ехать не могли, потому что у мамы пропуска не было, и она не могла бегать, скрываться в уборных и прочее, это уже не подходило. Поэтому мы поплыли на пароходе, что было возможно. Очень долгое путешествие, которое длилось почти месяц, с какими-то заходами, какими-то остановками. И наконец прибыли в Московский порт и попали в Москву.

29

Комната, которую я прошлым летом смогла освободить, так за нами и осталась, но две остальные мы потеряли; мы с мамой оказались в одной комнате.

В другой, большой комнате жила второй секретарь райкома нашего района — партийная дама очень строгого облика, в синих костюмах, галстуке, белых блузках; распределитель, конечно, прехороший. А в маленькой комнате моей, где когда-то собирались ребята по пятым дням, жила ленинградка, эвакуированная во время блокады, милая еврейская женщина, она работала инженером в Ленинграде на ламповом заводе.

ИФЛИ был упразднен. ИФЛИ слили с Московским университетом. Таким образом я оказалась студенткой вечернего отделения филологического факультета Московского университета — и пошла работать в Радиокомитет. Там были редакции, вещавшие на языках на разные страны. Французская, итальянская и другие. Раз в неделю в ту редакцию, где я работала, приходил Морис Торез, чтобы обратиться по радио к французскому народу. Это было комическое зрелище: являлся сытый, толстый, всем довольный вождь французского пролетариата и произносил пламенные речи о том, как надо, не жалея себя, бороться с фашизмом, терпеть все лишения и ужасы. Причем он оратор французской школы, а они безумно патетичны, и Торез доходил до состояния экстаза, он весь краснел! Его сын учился в советской школе и потом, в семидесятые годы, написал полную иронии книжку об их жизни в Москве и о деятельности своего папы.

Работать в Радиокомитете было хорошо, но проработала я недолго: я перешла на дневное отделение университета.

К тому времени главным событием, потрясшим нас, хотя казалось, уже мало что может потрясти, был рассказ, который я услышала из очень правоверных и покорных уст, а именно от Левы Безыменского, который приезжал в отпуск в Москву. Он рассказал, что в армии появился антисемитизм.

Лева — человек жесткий, очень в те годы послушный власти, хотевший делать карьеру; и вот он, совершенно не склонный не то что клеветать, а, наоборот, стремившийся только обелять все, что происходило в армии, мне вдруг сказал: ты знаешь, мое продвижение и других ребят еврейских остановлено тем фактом, что они евреи.

Я не поверила. Это странно, потому что, господи, я столько знала, столько уже понимала, столько видела фальши, лжи, обмана, и тем не менее это почему-то показалось совершенно неправдоподобным — поскольку шла война с фашизмом и идея национальной принадлежности, чистоты крови, была главной идеей противника. Я просто не могла поверить, чтобы именно это могло быть у нас. Что угодно, какой угодно обман и ложь, но не это.

Антисемитизм в Советском Союзе, по-моему, был до тех пор на такой элементарно-звериной основе у простых или даже у образованных людей, но он был чисто бытовой, эмоционально-бытовой. Он не был декретирован. Можно было сказать, если услышишь какой-нибудь антисемитский выкрик на улице: "Я тебя сейчас в милицию отведу". И мы знали, что милиция заступится. Потому что в идеологию, в принятую доктрину антисемитизм никаким образом не входил. Он существовал, повторяю, как бытовой, животный, может, даже и в высших культурных слоях, — как потом я выяснила, это не имеет отношения к уровню образования человека, — но он никак не был государственным. Он был частным, индивидуальным. А вот тут Левка сказал, что антисемитизм как бы спущен сверху и проявляется в армии при награждении орденами и при продвижении по службе. Что это действительно так, мы потом узнали из романа Гроссмана "Жизнь и судьба" — именно в сорок втором — сорок третьем году появились не только антисемитские настроения, но и какие-то очень секретные, спущенные сверху указания.

Мне трудно было понять почему. Я Леву спросила: как ты это понимаешь, ты ведь видишь такое высокое начальство? Он ответил совсем парадоксальным образом. Он мне сказал: это зараза. Она перешла к нам от немцев. Оттого что было столько допросов генералов, высоких чинов и они так убедительно излагали свои взгляды, что это переползло к нам, как зараза.

Ну, не знаю, прав он или нет. К тому же я лично думаю, что в Сталине эти чувства и настроения жили всегда, исподволь. У него ведь прошлое не блестящее. Он одно время работал мальчишкой-банщиком в Баку, я встречала людей, которые знали его в то время, — он был птица не бог весть какого полета, как мы легко догадываемся, и вполне возможно, что в нем были эти настроения и раньше, а тут как бы подводилась какая-то база. Решив стать отцом русского народа, он подумал, что это будет очень созвучно, что это прибавит ему популярности, что эта идея найдет широкий отклик в массах.

Короче говоря, казалось, что вообще уже ничто не может удивить в идеологии, но это удивило. Разговор наш был без мамы, и я долго решала, должна ли это маме рассказать или нет. Боялась, что она вспомнит погромы и все прочее. Я так с недельку поразмышляла и в конце концов, поскольку я не могла ничего от мамы скрывать, рассказала, и мама впала в панику. Потому что для человека, пережившего когда-то погромы и вообще то, что было в царское время, эти всплески связаны с особым видом страха, такого... иррационального. Впрочем, довольно скоро выяснилось, что и поступить на работу с "пятым пунктом" трудно. К сорок пятому году абсолютно ни для кого уже не было секретом, что антисемитизм стал государственным, это уже полностью выявилось. Так что я ненамного опередила события.

30

К моему великому горю, мама умерла до Победы. Ранней весной, в марте сорок четвертого года. Умерла, конечно, по нашему недосмотру. Может, она могла бы и не умереть. Она умерла от несварения желудка и от плохой медицины. Может, если бы ей вовремя оказали помощь... Но ее не взяли в больницу — да я и не хотела, чтобы брали, я боялась больницы, потому что папа умер в больнице... Мама умерла за три дня, как-то в одночасье, дома.

Я очень тяжело пережила мамину смерть, считала, что я что-то недоделала, так оно, наверное, и есть, не смогла вовремя сорганизовать необходимую медицинскую помощь, не поняла, что происходит. И впала в какое-то состояние депрессии, мне, вообще-то говоря, не свойственное.

Я осталась абсолютно одна на этом свете. Из родных у меня не было никого. Мой дядя, папин брат, тем временем успел умереть, его жена тоже, и вообще — никого, ничего не было. И я остро чувствовала такую неприкрепленность ни к чему. Во взвеси какой-то я жила.

И моя подруга по университету, которую звали Исса Черняк, пригласила, даже не пригласила, а почти что силой, — но я была покорна, я была в депрессивном состоянии, поэтому подчинялась, — перевезла меня жить к себе, в свой дом. И на ближайший год мы опять закрыли Каляевку, и я жила в семье у Иссы. Меня очень пригрели там. Ее мать, совершенно замечательная женщина, Дебора Моисеевна Черняк, была директором детской больницы и разорилась за войну, потому что все, что было в доме, она продала, чтобы покупать молоко и кашу по коммерческой цене для своих пациентов — деток, которые лежали в больнице.

Мы кончали университет, сдавали последние экзамены, сдавали госэкзамены. Я стала писать курсовую работу почему-то по скандинавской литературе. Не совсем понимаю почему. Я, в общем, всегда любила ее, но почему выбрала — не могу объяснить. Курсовая была посвящена русско-скандинавским связям. Перед Первой мировой войной были годы, когда все толстые русские журналы увлеклись Скандинавией. И понятно — тогда произошел немыслимый взлет северной литературы. Ее очень много переводили и печатали. И вот я сидела в Ленинке с утра до ночи, читала эти замечательные "Аполлоны", "Северные цветы" и прочие. Конспектировала, выписывала и написала работу о русско-скандинавских связях.

Мой университетский профессор Самарин сказал: если будете заниматься Скандинавией, возьмем вас потом в аспирантуру. Он был одновременно завкафедрой в университете и завсектором западной литературы в Институте мировой литературы.

Все-таки мне удивительно везло на людей. Роман Михайлович Самарин был жутким человеком, настоящим исчадьем ада, но ко мне почему-то повернулся лучшей стороной. Он, отведя меня в какой-то уголок, шептал: "Не думайте, Лиля, что русская интеллигенция — антисемиты, это нас заставляют быть антисемитами, а вообще, в душе-то — нет; и вот мой отчим Белецкий, такой известный профессор в Харькове, он тоже никогда не был антисемитом, вообще в нашем доме не было антисемитизма!” Почему-то ему хотелось красиво выглядеть в моих глазах, и он действительно потом помог мне, взял в аспирантуру, что для еврейской девочки в те годы было невероятно.

Я стала аспиранткой Института мировой литературы. И так было больно мне, что мама этого не знает, не видит. Я получила стипендию, значит, тем самым мое существование стало возможным, самостоятельным. Ну, я, естественно, ее отдавала в дом, где жила.

В молодые годы даже очень большое горе как-то изживается. Я была в таком тяжелом состоянии, но это постепенно прошло. Я как-то все же включилась в жизнь и стала жить. Жизнь странным образом пошла каким-то своим чередом. У меня уже было много потерь. Смерть папы, гибель Жени Астермана, потом смерть мамы. И как-то оказывается, что человек может пережить, скажем так, больше, чем он полагает. Больше, чем это кажется возможным. Запас жизнеспособности и прочности оказывается больше, чем ты предполагаешь.

31

День Победы был омрачен тем, что мама не дожила до него. Потому что мы так мечтали все эти годы, что когда-нибудь эта война все же кончится, как все когда-то кончается.

Двое-трое суток никто не спал, все стреляли, все гуляли, все бегали на вокзалы встречать поезда с демобилизованными — тут нечего сказать. Это очень хорошо в "Белорусском вокзале" Андрей Смирнов показал, этот взрыв народной жизни. Ничего индивидуального я тут не могу добавить. Но хотела бы рассказать о событии, которое произошло раньше, летом сорок четвертого года.

В какой-то день распространился слух, что пленных немцев прогонят по Садовому кольцу, от Белорусского до площади трех вокзалов. Люди столпились на тротуарах. Я оказалась по каким-то делам недалеко от Института Склифосовского. Внезапно вокруг все зашумели: "Вон они, вон они!" — и вдали я увидела движущуюся по мостовой черную массу, которая на удивление быстро приблизилась. Может, я просто от волнения потеряла чувство времени. Первыми шли старые генералы в мятых мундирах с сорванными погонами, в фуражках вермахта. Они шли прусским шагом, выставив вперед небритые подбородки, и прятали то одну, то другую руку в карман, — холодно было, пальцы коченели на ветру. А следом за ними, уже толпой, вразброд, шли младшие по званию. Кто-то опирался на самодельные костыли, у кого-то рука висела на перевязи, в грязных бинтах. Кто-то босиком. Почерневшие, исхудавшие до костей лица, впалые щеки, темные круги под глазами, тяжелые, ужасные взгляды. Шеренги шли без конца. Они поворачивали с площади Маяковского на Садовую-Триумфальную и уходили по Кольцу. Тащились с трудом, одни еще пытались как-то держаться, другие, без сил, сгибались пополам от холода и боли... Это было жалкое зрелище, но я запрещала себе их жалеть и повторяла про себя, что они-то никого не жалели.

И тут я увидела то, что поразило меня больше всего. Какие-то старушки, сухонькие бабки, похожие на черных мотыльков, подходили к колонне пленных и протягивали им куски хлеба. Вы представляете себе, как не хватало в войну хлеба, — то есть старухи отдавали долю от своего скудного, ничтожного пайка. Те отшатывались, не понимая, чего от них хотят. А старухи, крестясь, настаивали, чтобы они взяли. И еще какие-то женщины протягивали кружки с водой. Что при той ненависти, которая была к немцам, при том ужасе, который они творили действительно и который еще больше раздувался в газетах — но и на самом деле творились бог весть какие страшные дела, — находились старушки и женщины, которые подносили пленным хлеб и воду, которые жалели их, — это поразило меня. Это впечатление, которое остается на всю жизнь.

Русский народ прошел по всей Европе. Он победил непобедимую, казалось, армию. Он увидел воочию, как живут там. И увидел, что там живут совсем не так, как ему внушалось. Солдаты со всего Советского Союза — из Казахстана, Сибири, с Кавказа, с Дальнего Востока, — пройдя пол-Европы, обнаружили, что уровень жизни обычных людей там куда выше нашего. Кроме того, офицеры, делавшиеся комендантами в городах, которые занимала русская армия, в странах "народной демократии" и в Германии, обретали какую-то свободу. Они вдыхали этот свободный ветер. Они чувствовали себя свободными. Это были уже другие люди. И вот когда пришла Победа, когда все рассчитывали, все верили, что жизнь станет другой, что тот глоток свободы, который победоносная армия не могла не впитать в себя, скажется на жизни и она станет более либеральной, Сталин произносит речь, в которой называет людей винтиками машины. То есть опять низводит их до чисто механического, полностью зависимого положения частиц какого-то механизма. Это было очень странно. И вот эти два момента — государственный антисемитизм и "люди-винтики" — задали тон, с этим мы вступили в послевоенное время, и иллюзия, что жизнь пойдет хоть как-то немножко по-другому, очень быстро пропала.

32

Было в Москве такое учреждение — ВОКС: Общество культурных связей с иностранными государствами. Во главе его накануне войны встал человек либерального направления, из обоймы "Литкритика", Кеменов. Когда началась война и стали искать новых людей, когда, скажем, Литвинова, ждавшего ареста, вдруг отправили послом в Соединенные Штаты, то Кеменов решил полностью обновить ВОКС, бывший кагэбэшно-казенным учреждением. Он почти всех уволил и набрал молодых способных ифлийцев, которые знали языки, смело думали. Туда попало много моих товарищей, в том числе Юра Кнабе. Когда я поступила в аспирантуру, то пришла к ним, и они мне сказали: вот давай, ты можешь здесь учить французскому. Внештатно. Штатно я, как аспирантка, работать не имела права. И я стала ходить два или три раза в неделю. Находился ВОКС в роскошном особняке возле Тишинки, потом там было немецкое посольство. Очень красивый дом с замечательными залами, с немыслимыми люстрами, и вот там, значит, окопались ифлийцы и пытались работать на старого хозяина новыми методами.

ВОКС для ифлийцев превратился в подобие клуба. Когда кто-то демобилизовывался, возвращался из армии, то первым делом приходил в ВОКС. Это было место встреч, свиданий. Очень красиво, роскошные занавески, натертые паркетные полы, неплохой буфет — в послевоенной Москве это был какой-то кусочек роскоши. И там, современно выражаясь, шла непрерывная тусовка.

Помещений не хватало, и часто мы занимались за столиком в большом красивом приемном зале. Помню, как-то раз за соседний столик сел человек, и я сразу поняла, что он иностранец. Он внимательно смотрел на нас, слушал, а когда я кончила занятия, подошел ко мне и представился: я новый корреспондент "Монд". Вы так хорошо говорите по-французски, давайте встретимся где-нибудь, проведем вместе время. Казалось бы, прелестный молодой человек, и я так соскучилась по французскому — радуйся! Но я испугалась не только возможности с ним встретиться — это, мне казалось, абсолютно исключено, — но даже того, что стою и разговариваю с ним. Я сказала: что вы, я очень занята, нам здесь не разрешают заниматься частными разговорами, так что вы меня, пожалуйста, извините. То есть как от чумы от него бежала.

Весной сорок шестого года я попробовала вернуться к себе на Каляевку и зажить самостоятельно. Писала диссертацию. Как-то раз пришла домой из библиотеки и не успела поставить чайник — в дверь позвонили. Человек лет тридцати, мне не знакомый. По невыразительности лица я мгновенно догадалась — гэбэшник. У меня не было ни секунды сомнения. Пригласила войти, он бегло осмотрел комнату, мои книжки, подошел к окну, потом попросил разрешения сесть. Очень воспитанный, очень вежливый молодой человек. И сказал:

— Вот что. Нам на месяц нужна твоя комната.

Я не поверила своим ушам.

— То есть как это? Это невозможно. Я не могу без моих книг, я пишу диссертацию, мне негде больше жить.

— Мы тебе снимем номер в гостинице.

Я сопротивлялась. Почему именно я, я не могу, мне необходимы мои книги... Но он жестко дал понять, что спорить бесполезно. Правда, сказал, что, когда мне понадобятся книги, я смогу за ними зайти, только надо предварительно позвонить. И дал мне 24 часа на сборы.

Я вернулась к Иссе. А через несколько дней позвонила под предлогом, что надо взять книги. Женский голос, холодный, бесцветный, ответил — можешь прийти через час.

Я пришла. В моей комнате меня встретили две девицы — строго одетые, коротко стриженные, в туфлях на низком каблуке, а саму комнату я не узнала. Вся мебель сдвинута к одной стене, книги сложены стопками в углу, на столе — нечто массивное и бесформенное, прикрытое простыней. Угадать, что это за предмет, было невозможно. Вероятно, подслушивающий аппарат. В те времена техника не позволяла следить на расстоянии за кем угодно откуда угодно. Я взяла книгу и ушла. И разумеется, никогда не узнала, за кем они охотились.

Летом сорок шестого года мы с Иссой поехали в Геленджик, в дом отдыха университета, и нас оттуда вызвали телеграммой. Очень тяжело была больна и вскоре после этого умерла ее мать. Умерла от рака; когда мы уезжали, болезнь, очевидно, уже начиналась, но Дебора Моисеевна ничего нам не сказала, чтобы мы поехали. Смерть ее была для меня большим горем. Я очень к ней привязалась, я очень благодарна ей не только за то, как она ко мне относилась, но вообще за ее явление. Это был человек, повстречать которого на жизненном пути радостно, важно, человек, целиком занятый не собой, а миром вокруг. И умирала она тоже поразительно. Позвала весь штат больницы, сказала очень четко: ты будешь тем-то работать, на моем месте будет тот-то, — в общем, отдала, как мы читаем в романах девятнадцатого века, последние распоряжения и потом сказала: теперь все уходите, пусть останутся моя сестра, Исса и Лиля. И через час умерла.

Как это часто бывает в нашей советской действительности, та бездна организационных неприятностей, которая сразу на тебя обрушивается, в каком-то смысле даже помогает пережить горе, потому что ты весь в заботах. Исса жила в Ермолаевском переулке, возле улицы Горького, Тверской; у них в большой коммуналке, где жило еще четыре семьи, было две большие комнаты. В которых жили мама, ее сестра, Исса, ну и вот я. Не прошло и двух дней, как явилась некая комиссия и сказала, что в течение недели одну из комнат заберут. Конечно, Иссе оказаться со старой теткой в одной комнате было крайне нежелательно. И я считала, что это моя забота — сделать так, чтобы остались две комнаты. Путь был только один в то время — замужество. Надо было срочно найти Иссе мужа. Но большинство ребят были еще не демобилизованы, на фронте, и вообще срок дали буквально неделю — так мужья не находятся.

Может, Юра Кнабе согласился бы помочь, но он был и сам в ужасном положении. Его выгнали из ВОКСа. Я расскажу эту историю в двух словах как еще один пример несчастья, обернувшегося большой удачей.

Юра вылетел из ВОКСа по следующим обстоятельствам. Там по ночам дежурили у телефона. ВОКС считался очень важным государственным учреждением, и требовалось по ночам дежурить, хотя что уж такого могло случиться за ночь в культурных связях, непонятно. И Юра дежурил с Раей Орловой, нашей ифлийской девочкой, одной из тех активных комсомолок, которые проявили себя во время кампании арестов. Первый ее муж погиб на войне, а второй был крупным советским деятелем. И вот Рая с Юрой дежурили. Разговорчики какие-то, слово за слово, и Юра говорит: ты такая безумно партийная стала, что тебе завтра партия скажет: надо брать младенцев и убивать их головами об стенку — ты, не задумываясь, будешь это делать. Ну, сказал и сказал.

А через неделю партийное собрание, на котором Юру должны были принимать в партию. И Рая возьми да выложи — мол, нет, мы не можем принять Георгия Степановича в партию, потому что вот какие он себе разговорчики позволяет.

Надо сказать, что Рая Орлова прошла потом очень большой путь. Она стала женой Льва Копелева, сделалась диссиденткой и была выслана из страны. В своей автобиографической книге, изданной в Германии, она рассказывает историю с Юрой не совсем так, — но было так. И Юру в один день выгнали из ВОКСа. Он был в полном смятении. Ему тогда хотелось сделать большую карьеру, он был очень способный, не только к языкам, но вообще к разным наукам. И считал, что жизнь поломана. Едва нашел возможность где-то в ремесленном училище преподавать язык. С его-то блестящими знаниями.

А в результате стал замечательным ученым. Вместо того чтобы неизбежно сделаться крупным партийным функционером, пошел по той стезе, по которой такому человеку, как он, и надлежит идти. Это типичный пример того, как несчастье все-таки приводит к нужным результатам.

Так вот, на третий день после прихода к нам жилищной комиссии смотрю — появляется Нёма Кацман, тот самый маленький Нёма, который когда-то выбежал мне сказать, что я принята в ИФЛИ. Он проделал всю войну солдатиком. Демобилизовался и вот появился. Ну, объятия, радость, — и первое, что я ему говорю: "Нёмка, ты собираешься жениться?" Он отвечает: "Ты что? Какое жениться? Я вчера приехал!" А он из такой бедной еврейской многодетной семьи, жили они в нищете. Я говорю: "Знаешь, ну тогда у меня к тебе есть просьба. Ты можешь вступить в фиктивный брак?" Человек только что пришел с войны, в шинели... Он отвечает: "Почему бы и нет?" — "Ну, тогда приходи сегодня вечером к нам, поговорим".

Он пришел. Моя подруга Исса ему понравилась. Он согласился. Надо вам сказать, что этот фиктивный брак стал в течение пяти дней фактическим браком, и они прожили вместе довольно долгую жизнь, родили двоих детей. Но чтобы закончить эту новеллу, надо сказать, что когда Нёма с Иссой все-таки разошлись, она еще раз вступила в фиктивный брак. Как будто на роду было написано. И тот второй фиктивный брак тоже очень скоро оказался эффективным. Она вышла замуж за некоего человека по фамилии Панин, который теперь считается одним из крупнейших русских философов-идеалистов. Он один из героев Солженицына в "Круге первом": там Рубин — это Копелев, а Панин — это Панин. И вот они с Иссой вступили в фиктивный брак. Он хотел уехать из страны во что бы то ни стало. Она его вывезла, и во Франции очень скоро это тоже стало настоящим браком. И сейчас Исса занята только тем, что издает его собрания сочинений. Такая удивительная судьба.

Ну, а тогда Исса с Нёмой полюбили друг друга, а я переехала, окончательно вернулась назад на свою Каляевку.

33

И тут очень вскоре нашла открытку от Люси Товалевой, той большеглазой девочки из немецкой школы, которую в десятом классе арестовали и в чем я обвинила тогда Эльку Нусинова. Во время войны, когда я узнала, что Элька, кончив, как все студенты мехмата, военную академию, уезжает на фронт, я ему написала, и с этой минуты наши отношения возобновились. А потом он демобилизовался, начал работать как математик в научном институте, и дружба наша полностью восстановилась.

Все эти годы я о Люсе ничего не знала, потому что мать ее тоже была арестована. Мне казалось чудовищным, что человек может просто так исчезнуть. Я жить не могла от сознания этого, и помню, как Женя Астерман говорил мне: я найду ее, я поеду по лагерям, буду всюду искать!..

Люся провела десять лет в карагандинском лагере. То есть сначала несколько месяцев в Бутырской тюрьме — сорок женщин в пятнадцатиметровой камере, ночью не повернешься на другой бок и все прочее, а потом лагерь в Караганде, где, к слову, сидел Солженицын. Я не буду пересказывать всего, что услышала от нее о страданиях, пытках и унижении. Чтобы ее не изнасиловали другие зэки, Люся сошлась с заключенным намного старше ее, который мог ее защитить. Вскоре у них родилась дочь. По закону Люся не могла оставить ребенка у себя. Девочку забрали в особые ясли, в шести километрах от лагеря. Матери имели право кормить детей, но не могли оставаться с ними между кормлениями, поскольку нужно было работать. Люся бегала по нескольку раз в день туда и обратно по обледенелой дороге. Она была совершенно измождена и не понимала, откуда брались силы. Потом у нее кончилось молоко, и ее дочка умерла от голода. Люся заболела. Не могла ни говорить, ни ходить, не понимала, где находится. Она бы не выжила, но кто-то ее пожалел, ее перевели в другой лагпункт, где Люся прошла курс агрономии и стала ходить за скотом. Там она встретила мужчину, ссыльного, крестьянина из Западной Украины, с которым они сошлись. У них родился сын Игорь. Мало-помалу Люся смирилась со своим существованием и перестала хотеть другого. Она мне сказала как-то: “Мне казалось, меня больше нет. Это кто-то другой живет в моем теле. Я запретила себе вспоминать о прошлом. У меня не было ни желаний, ни надежд”. Когда Люсин срок кончился, она не испытала никакой радости. Тем более что ей некуда было податься, кроме деревни на Западной Украине, где жила семья отца ее ребенка. Эта деревня была совершенно разорена за время войны и оккупации, и Люсина жизнь там оказалась ничуть не легче, чем в лагере. Для свекра и свекрови, простых крестьян, она была чужой, “грязной жидовкой”. Несмотря на то что Люся столько лет провела в лагере, сам факт, что она приехала из Москвы — столицы русской и советской власти, делал ее врагом. Она совершенно не понимала причины своих несчастий, она хотела только одного —

уехать. Но куда? Денег не было. Она не имела права проживать ни в Москве, ни в других крупных городах, поскольку была бывшей заключенной.

И Люся написала мне очень сдержанную открыточку, что если ты меня помнишь, то вот мой адрес.

Получив эту открытку, я ночью побежала, поскольку у меня не было телефона, на почту, позвонила Эльке, мы дали тут же телеграмму, собрали денег, и Люся приехала. И я оставила ее жить у себя, в моей комнате. Игорь спал на кресле. Я побаивалась соседки, которая была вторым секретарем райкома партии, но она, хотя, по-моему, и догадалась — не догадаться было трудно, хотя бы по тому, как Люся была одета, в этот ватник страшный, в Москве даже после войны не ходили в них, — все-таки отнеслась очень добро к мальчику, часто приносила ему что-нибудь из своего буфета. В общем, мы начали вот так жить втроем на моей Каляевке.

И тут подошел сорок седьмой год, и произошло событие, которое абсолютно перевернуло всю мою жизнь. Я пошла встречать Новый год к Эльке Нусинову, как должна была пойти шестью годами раньше, в тот день, когда арестовали Люсю Товалеву. Мы с Люсей вместе пошли к нему. И я уже заранее знала, что там будет их общий приятель, о котором мне рассказывала моя ифлийская подруга Аня Гришина, молодой режиссер из театра Станиславского по имени Сима Лунгин. Потом мы с ним выяснили, что когда-то раньше, тоже в новогоднюю ночь, он заходил за Аней в дом, где мы с ней были в гостях — у моей однокурсницы Миры, дочери разведчика; но ни Сима, ни я этой встречи не помнили, — может, тогда мы и не видели друг друга. Мало того: Сима был знаком с Элькой еще с довоенных лет, и они вместе сочиняли пьесы. Но нам судьба назначила встречу позже.

Новый год был как Новый год. Обычная сутолока, много народу, какая-то болтовня. Я совершенно не понимала, что это эпохальный день моей жизни. Потом Сима раза два заходил к нам на Каляевку; я была абсолютно убеждена, что он заходит из-за Люси, потому что Люся была первый человек, которого мы увидели, из лагерной жизни. Это было явление до такой степени необычное, волнующее и интригующее, что все время приходили мои товарищи и друзья просто посмотреть на Люсю, поговорить с ней, услышать какие-то рассказы.

А потом Сима пригласил нас на свой день рождения — двенадцатого января, то есть прошло с момента нашего знакомства двенадцать дней. И мы с Люсей пришли. Пришла я вот в этот дом, где потом мне суждено было прожить столько лет. Это была огромная, как мне показалось, и дико запущенная послевоенная квартира. В большой комнате, где он нас принимал, стояла темная дубовая, такая буржуазная мебель богатых людей двадцатых годов.

Симин отец был архитектором, а также занимался облицовкой домов, цветной штукатуркой. Он когда-то строил этот дом и поэтому смог получить в нем большую квартиру. Огромный буфет, квадратный стол, стулья с высокими спинками. Мебель была совершенно закоптелой — там всю войну, видимо, буржуйка топилась. Стены покрашены и сами по себе в темно-синий цвет, а сверху еще слой копоти. Все это было крайне мрачным, громоздким и каким-то неуютным. Над столом висел большой шелковый желтый абажур, каких уже ни у кого не было, о каких только в романах читаешь, и свисал шнурочек звонка. То есть в этом доме имелась горничная, кухарка, которых вызывали, позвонив. Какой-то это был совершенно для меня чужой и малопривлекательный мир.

Нас было шесть человек за столом. Когда все стали уходить, совершенно для меня неожиданно Сима шепнул: останься. И, не знаю, по каким соображениям, чувство ли это судьбы или что-то другое, — я не могу сказать, что была влюблена в него, я была девочкой очень строгих правил и никогда не могла бы так... — но тем не менее что-то заставило меня остаться. И я осталась в этом доме. И вот осталась на всю жизнь.

Мы прожили вместе сорок девять лет. Прожили эти годы как в сказке. Но в сказке принцу, чтобы получить свою возлюбленную, надо совершить какой-нибудь героический поступок, синюю птицу поймать или найти золотое яблоко. Симе, как видите, не пришлось ни ловить синих птиц, ни рвать золотых яблок. Ему достаточно было шепнуть "останься", и я осталась. Но испытания, которые полагается пройти, мы тоже прошли. Но прошли уже вместе. А испытаний было много.

34

Был болен отец Симин, Лев Осипович, болен раком. Сима самоотверженно и нежно за ним ухаживал, хотя был нелюбимым сыном. У отца был еще один сын, служивший в то время в армии, военный.

Расписались мы через год, а после первого дня просто выяснилось, что нам не хочется расставаться. Я и не думала, что это на всю жизнь, — но расставаться не хотелось, и так проходил день за днем.

Два первых послевоенных года жила какая-то надежда на перемены к лучшему. Хотя и ходили слухи о продолжении линии диких жестокостей, говорили, что Сталин не простил солдатам и офицерам, бывшим в плену, и все они попали в лагерь, а там кто погиб, кто был уничтожен, и были разговоры об антисемитизме, и стало трудно устроиться на работу с "пятым пунктом", — но все-таки надежда жила.

Летом сорок шестого "Правда" напечатала речь Жданова[1], которую он накануне произнес в ЦК. Прочитав ее,

1 *А.А.Жданов* (1896–1948) — государственный и партийный деятель. В 1934 г. после убийства Кирова стал секретарем Ленинградского обкома и горкома партии. Входил в ближайшее окружение Сталина, был пособником массовых репрессий в 1930–1940-х гг.

мы поняли: началось. Мы были уже люди искушенные. Из этой речи, а потом из других его выступлений стало ясно, что разворачивается новое ужасающее наступление на все, что как-то связано с западной культурой.

В этой первой речи удар был в основном направлен против Ахматовой и Зощенко, который был одним из самых любимых и читаемых писателей того времени. Сначала Жданов накинулся на журналы, где их публиковали, а потом обвинил Зощенко в антисоветчине, в подлом, злопыхательском описании нашей действительности. Ахматову он клеймил за безыдейную и пустую поэзию, чуждую советскому народу, вредную для молодежи, и называл ее блудницей и монахиней (мало кто знал, что это цитата из стихов самой Ахматовой), у которой блуд смешан с молитвой. Надо сказать, у этого лексикона оказалось большое будущее, и в дальнейшем он пригодился для борьбы с Пастернаком, Бродским, Солженицыным и другими.

Мы были подавлены. И потому, что по-настоящему любили стихи Ахматовой и рассказы Зощенко, и потому, что понимали: началась новая кампания против интеллигенции. Эти механизмы были нам хорошо знакомы.

Ленинградская секция Союза писателей, возглавляемая поэтом Прокофьевым, тут же начала травлю Ахматовой и Зощенко. Их исключили из Союза, и вся пресса в едином порыве принялась их топтать. Их оскорбляли, смешивали с грязью, уничтожали. Они были лишены всякой возможности издаваться и оказались в полнейшей нищете. Зощенко был настолько беден, что от безвыходности сдавал на ночь одну из комнат своей маленькой квартирки транзитным пассажирам, которых присылали к нему из привокзальной гостиницы. Но нищета — ничто по сравнению с унижениями и издевательствами, которые он вынужден был терпеть. На одном из писательских собраний, куда он пришел, будучи совсем больным, его встретили криками "враг народа". Зощенко, смертельно бледный, едва держась на ногах, в состоянии крайнего возбуждения, собрал последние силы, поднялся на трибуну и воскликнул: "Оставьте меня в покое, дайте мне спокойно умереть!" Он повторил эту фразу два или три раза. Потом вышел из зала, навсегда.

Жизнь Ахматовой была не легче. Она жила в крошечной комнатке, где помещались только кровать, стол и стул. Горстка преданных людей помогала, но приходилось считать каждую копейку. Я с ней познакомилась спустя десять лет благодаря Владимиру Григорьевичу Адмони[1], руководителю моей диссертации, которую я хоть и написала, но не стала защищать. Именно ему Надежда Яковлевна Мандельштам доверила стихи Осипа Эмильевича, чтобы он сохранил их в надежном месте. Когда мы отправились к Ахматовой, она болела и лежала в больнице. Больница была кошмарная, как и все наши больницы, но эта показалась мне еще хуже тех, что я знала. Старое здание на окраине города, которое никогда не ремонтировали, приемная — затхлая комнатенка метров двенадцати с грязно-зелеными облупленными стенами. И туда к нам вышла Ахматова. Она была очень полная, седая, с трудом шла; на ней была грубая хлопчатобумажная ночная рубашка, плохо отстиранная, не доходившая до колен, а поверх — застиранный серый больничный халат, такой узкий, что она даже запахнуть его не могла. На первый взгляд, ничего в ней не осталось от стройной темноволосой красавицы, которую в профиль изобразил Модильяни. Но когда она вошла, мне показалось, что вошла королева. Она была так величественна, что остальные рядом с

1 *В.Г.Адмони* (1909–1993) — языковед, литературовед, переводчик и поэт.

ней становились незаметны. Для нее нашли стул, а мы стояли. Ахматова извинилась, что принимает нас здесь, — в ее палате еще пятнадцать больных, причем некоторые непрерывно стонут. Тем не менее она продолжала писать стихи и статьи и заканчивала работу о Пушкине. Я, не удержавшись, спросила: "Как же вам удается работать в таких условиях?" Она ответила: "Детка (мне было за тридцать пять), работать можно в любых условиях". Я ушла от нее совершенно потрясенная.

Ни одна идеологическая кампания никогда не ограничивалась решениями, принятыми наверху, то есть в ЦК. Она должна была немедленно получить поддержку снизу. Поэтому во всех газетах публиковались бесчисленные письма трудящихся, рабочих и колхозников, которые выражали удовлетворение тем, что партия под руководством мудрого Сталина взялась за метлу и наводит порядок. И что наконец выметет эти отбросы — с которыми, по счастью, авторы писем были незнакомы, — тормозящие наше движение к светлому будущему. Повсюду проходили собрания — на заводах, предприятиях, в Академии наук, в институтах, в Союзах художников и писателей: после доклада руководителя открытым голосованием принимали резолюцию. Всегда единогласно. Чтобы осмелиться при полном зале проголосовать против или хотя бы воздержаться, нужна была безумная смелость: мне никогда не приходилось такого видеть в сталинское время. Потом уже, в момент оттепели, стали находиться люди — можно пересчитать их по пальцам, — выступавшие против той или иной кампании. Все они дорого за это заплатили. Их исключали из партии, увольняли, вынуждали работать "литературными неграми", обрекали на нищету.

Нужно было возложить ответственность за уничтожение людей на все общество — чтобы никто не остался "чистым". Изобрел эту тактику Сталин, но его преемники прибегали к ней столь же успешно. Этот прием стал одним из главных принципов советской системы. По этой причине потом, когда началась "перестройка", консерваторам не составляло труда находить компрометирующие тексты, написанные наиболее видными реформаторами.

В период кампании против Ахматовой и Зощенко филологический факультет, где я писала диссертацию, отнюдь не стал исключением из правила. Было организовано собрание, на котором в обязательном порядке, под страхом исключения, должны были присутствовать все преподаватели и студенты. Докладчиком был Самарин, завкафедрой зарубежной литературы. Он повторил слово в слово все, что было в опубликованных текстах. Говорил холодным официальным тоном, и, конечно, таким образом хотел дать понять студентам, поскольку желал сохранить их уважение, что действует по принуждению, а вовсе не выражает свою личную точку зрения. После него слово взяла профессор Гальперина, специалист по французской литературе. Она вела себя иначе: она пыталась убедить в своей искренности, в том, что говорит то, что думает. Она стояла перед аудиторией, глядя нам прямо в глаза, и удивлялась, как можно в наши дни любить эту бессодержательную поэзию, пропахшую нафталином. Она старалась говорить очень откровенно, очень непосредственно — как старшая сестра. И вызывала большее отвращение, чем Самарин. Хотя в ближайшем будущем он повел себя гнусно. Клеймил с кафедры своих коллег — "безродных космополитов", и — хотя по секрету уверял меня, и не только меня, что он истинный русский интеллигент, — написал докладную о том, что курс литературы семнадцатого века, который читает его коллега Пинский, проникнут явным антисоветским духом.

В этом состоит один из самых катастрофических аспектов нашего режима: он деформировал личность каждого. Жизнь была настолько сложна, настолько полна ловушек, опасность погибнуть была так реальна, так ощутима, что все это развивало в нас самые худшие черты. Человек, подобный Самарину, который в нормальном обществе никому не причинил бы зла, в атмосфере начала пятидесятых годов стал настоящим мерзавцем. Безусловно, чтобы остаться порядочным, нужен был героизм. И все же трусость имеет пределы. При Брежневе Самарин, этот тайный поклонник немецкого импрессионизма и любитель Рильке, стал одним из самых циничных консерваторов.

Признаюсь, к своему стыду: мне потребовалось время, чтобы научиться не поднимать руку вместе с другими. На том факультетском собрании, когда мы должны были проголосовать за осуждение Ахматовой и Зощенко, я прекрасно знала, что у меня не хватит сил воздержаться перед этой аудиторией, которая готова их растоптать. Но в то же время я не могла голосовать как все. Это была настоящая пытка. В конце концов я решилась уйти до голосования, но прежде убедила всех сидевших вокруг, что у меня страшный приступ мигрени. И даже этот малодушный поступок стоил мне огромных усилий — настолько я боялась уйти из зала.

В своих предчувствиях мы не обманулись. Борьба с “чуждыми влияниями” распространилась на все сферы интеллектуальной жизни. На литературу, на кино, театр, даже на музыку. Набросились на Шостаковича, которого советская власть долгое время ценила. Он, как вдруг выяснилось, пишет какофонию, “сумбур вместо музыки”.

И все газеты усердно и вдохновенно топтали его. Мне потом рассказывали, что Дмитрий Дмитриевич, человек мужественный, нередко помогавший другим, писавший Сталину, чтобы попросить за кого-то, был парализован страхом. Со дня на день ждал ареста, погрузился в тяжелейшую депрессию, замолчал.

Летом сорок седьмого начался крестовый поход против "вейсманистов-морганистов"[1], отечественная генетика была практически уничтожена.

Теперь, по прошествии стольких лет, я совершенно не сомневаюсь, что, если отбросить идеологический декор, эта охота на ведьм всякий раз сводилась в конечном счете к борьбе между талантом и посредственностью. Все эти годы на стороне власти оказывались одни и те же: наименее одаренные поэты, посредственные режиссеры, заурядные писатели. Они крепко держались за свои привилегии и теплые места и всегда были готовы обвинять более талантливых и не столь осторожных, имевших дерзость отклониться от господствующих в искусстве правил.

1 *Вейсманисты-морганисты* — так после августовской сессии ВАСХНИЛ 1948 г., объявившей классическую генетику лженаукой, стали презрительно называть в советской прессе ученых-генетиков, сторонников теорий Августа Вейсмана и Томаса Ханта Моргана.

35

Поднялась новая волна арестов и обысков. Почти все, кто был арестован в 37–38 годах, пошел здесь по второму туру, захватив с собой еще изрядно большое, широкое окружение. Люди боялись говорить, клали подушки на телефоны, хотя это, видимо, мало помогало, — фон жизни был очень тяжелый и очень страшный.

Люся очень хотела узнать, что случилось с ее матерью. Сообщить что-нибудь мог только один человек — последний мамин муж, который все так же жил в их прежней квартире. Люся поехала к нему. Он вел себя подозрительно. Уверял, что ничего не знает, не получал никаких известий и что ее мать бесследно пропала. Сам он снова женился и больше не хотел ни о чем слышать. Тем не менее предложил, чтобы Люся на всякий случай оставила свой адрес. Через три дня в дверь на Каляевке постучали. Два милиционера предъявили Люсе приказ в 24 часа покинуть Москву. Доносчиком оказался не кто иной, как этот бывший муж ее матери, который донес на нее и десять лет назад, чтобы получить ее комнату, — обычное дело в то время.

Люся уехала из Москвы, смогла найти работу только в Сибири. Через год друзьям удалось оформить ее как студентку в городишке в 300 километрах от Москвы.

А потом начался "космополитизм".

Началось с как бы невинной вещи — с чисто местного мероприятия — в театральной критике. Началось с раскрытия псевдонимов. Некоторые театральные критики, евреи по происхождению, подписывали свои статьи русскими именами. И появилось несколько статей, что, мол, нечего писать под псевдонимами, а надо подписываться своей истинной фамилией. Говорилось, что эти еврейские, скрытые под псевдонимом критики насаждают не ту драматургию, а вот такие замечательные драматурги, как Сафронов, Суров, в загоне и надо дать им зеленую улицу — "Зеленая улица" было названием одной из пьес Сурова.

Уровень этих пьес люди сейчас даже представить себе не могут. Это была такая галиматья, такая чушь... Было так, примерно: вот вы, товарищ Стаханов, замечательно работаете, а мы работаем еще лучше, так давайте же соревноваться... Вот это было содержанием пьесы. Там хорошее, отличное спорило с еще лучшим, и все это только на благо родины. Ну, и некоторые критики, в том числе Костя Рудницкий, Яков Варшавский, Алперс, Бояджиев (трое евреи, третий армянин) позволяли себе иронизировать на столь серьезную тему. Реакция последовала незамедлительно. Эти драматурги, нажимая на все рычаги в ЦК и пользуясь веяниями времени, перешли в контратаку.

Слово "еврей" не писалось и не произносилось. Был изобретен термин "безродные космополиты". Но всем все было понятно. И снова возмущенные читатели требовали принять суровые меры против негодяев, забывших, что "сало русское едят", как писал в басне Сергей Михалков. В ГИТИСе Бояджиева и Алперса, которых студенты обожали, вынудили публично покаяться. Некоторые из самых блестящих студенток вставали одна за другой и требовали, чтобы профессорам, которыми они еще вчера восхищались, запретили преподавать. Многие из этих девочек позднее, в период оттепели, стали либеральными критиками, поддерживали новый театр шестидесятых годов, театр Любимова, "Современник".

Мир Кафки. Безусловно. Эту кафкианскую природу нашего мира, мне кажется, замечательно иллюстрируют две истории. Первая — история Кости Рудницкого, одного из самых тогда затравленных критиков. Он ради заработка соглашался писать под псевдонимом статьи против самого себя и своих "безродных" собратьев. Вторая — история критика-"космополита" Варшавского. В период оттепели на заседании в Союзе писателей он доказал, что является автором одной из пьес того самого Сурова, одного из вдохновителей кампании против "космополитов". Варшавский предъявил черновики и письма, которые писал ему Суров. Но членов правления Союза писателей, а там сидели, само собой, реакционеры, это не убедило. Тогда он спросил у Сурова, откуда тот взял фамилии своих героев. Суров ответил: "Из головы". Варшавский положил перед ними еще одну бумагу. Это был список жильцов дома, в котором жил Варшавский, и там были в точности те же фамилии, что у персонажей пьесы.

Постепенно движение против театральных критиков как-то все разрасталось, находило отклик в других сферах, и становилось ясно, что это превращается в целую большую кампанию — открытого антисемитизма, в пожар, охвативший всю страну.

В сорок седьмом году Симу уволили из училища, где он преподавал мастерство актера. Было такое Московское театральное училище, давало среднее образование. Сима ставил там "Снегурочку", и, судя по тому, как он рассказывал и что говорили его ребята — ученики, которые его обожали, — ставил очень интересно. Так вот формулировка при увольнении была такая: что он, Семен Лунгин, не может научить своих учеников “звучному русскому стиху”.

А потом и из театра Станиславского его уволили. Ему предложили там остаться рабочим сцены. Он согласился. Мне не говорил, что уволен, очень боясь меня испугать и огорчить. Денег не было, но так как в театрах тогда тоже был неплатеж, как сегодня, я не удивлялась. И вообще я поставила себе за правило никогда не спрашивать у Симы денег. Не хватает — лучше самой найти выход, что-то продать или занять. В общем, считала, что это мое дело, и совершенно правильно. Потому что Сима не мог бы выдержать этого пресса. И я его нисколько этим не отягощала.

Мы продали всю мебель, которая была в квартире, всю эту громоздкую, импозантную мебель: столовую, потом спальню из карельской березы. Тогда были такие скупки в Москве, которые приезжали и разом все забирали. Потом мы стали — не мы, а я, конечно, — стала носить вещи в ломбард. И все, что было хоть мало-мальски ценное... У меня было пятнадцать, наверное, или восемнадцать квитанций из ломбарда, я боялась запутаться, одалживала деньги у кого-то, снова закладывала, и так мы жили много лет подряд. И тем не менее мы с первого же дня жили невероятно весело и счастливо. Все эти трудности материально-организационного, скажем, характера были абсолютно нипочем. Может, это молодость. А может, это удивительный Симин дар претворять жизнь в какое-то полутеатральное действо. Мы как бы играли все время. Даже не знаю, как это выразить, — было какое-то ощущение праздника, который длится, который втягивает нас. Было очень много радости, просто, видимо, оттого, что мы вместе. Вот так бы я сказала: на фоне очень тяжелой материальной и моральной жизни у нас никогда не было ощущения, что мы трудно или плохо живем. Мы всегда жили весело. И хорошо. И счастливо. И как-то очень полно.

36

Во время войны по инициативе Сталина был создан так называемый Еврейский антифашистский комитет. Там объединили известных писателей и ученых-евреев с целью укрепить связи с международным сообществом, в частности с американскими евреями, которые могли оказать Советскому Союзу финансовую помощь в войне. Одним из самых активных деятелей в этом комитете был Соломон Михоэлс, директор Московского еврейского театра, один из крупнейших наших актеров. Говорили, что Сталин не раз его к себе приглашал, чтобы он играл перед ним короля Лира, и всегда хвалил, благодарил за игру. Михоэлса послали в США собирать средства, с чем он очень успешно справился.

Перед самым Новым годом в декабре сорок седьмого несколько десятков писателей и других представителей интеллигенции, в большинстве — члены Еврейского антифашистского комитета и люди из ближайшего окружения Михоэлса, были арестованы. А через три недели мы узнали из газет, что Михоэлс попал под машину в Минске и погиб. Никто из нас, из тех, с кем я общалась, в эту версию не поверил. Правда открылась только спустя годы. Михоэлс был убит КГБ по приказу Сталина. На рассвете обнаружили тело, раздавленное машиной и с раскроенным черепом. Светлана Аллилуева, дочь Сталина, рассказывает в мемуарах, что слышала, как отец по телефону говорил об убийстве и приказывал представить эту смерть как несчастный случай.

Тело доставили в Москву, похороны устроили почти на правительственном уровне, церемония проходила там, где был театр Михоэлса, у Никитских ворот.

Уже давно, с тех пор как началось "раскрытие псевдонимов", жизнь Еврейского театра едва теплилась: обычная публика боялась ходить на спектакли. Была горстка верных почитателей. Актеры продолжали играть, но чаще всего перед почти пустым залом. Потом Еврейский театр закрыли, а здание передали театру Станиславского, спектакли которого тогда временно шли в подвале на улице Кирова. То есть театру, где работал режиссером Сима. И ему поручили осмотреть зал, чтобы проверить, подходит ли сцена для пьесы Шеридана, которую они как раз ставили. Сима был счастлив: наконец-то его театр получит настоящую сцену. Он рассказывал мне, как вошел в неосвещенный вестибюль и старушка-вахтерша, сидевшая в углу, сказала, не дожидаясь вопроса: "Он там, поднимайтесь". Сима прошел по темному коридору в зал, никого не встретил и направился к сцене. И, он говорил, только теперь, при виде пустого зала, ему открылась ужасная сторона его поручения. Смерть театра подобна смерти человека. Он, со сжавшимся сердцем, чувствуя себя предателем, развернулся и пошел по коридору к выходу. И вдруг его остановил голос: "Кто там, войдите". Из-под одной двери пробивался свет. Сима толкнул ее и очутился в просторном кабинете. В дальнем конце сидел за столом Михоэлс, подперев могучую голову ладонью. Сима приблизился, на ходу что-то лепеча о цели своего визита. Мол, речь идет всего о нескольких спектаклях. Михоэлс сделал вид, что верит, но не мог скрыть горькой усмешки и обратился к Симе на идише. Сима смутился, сказал, что не понимает языка, и Михоэлс сказал по-русски: "Стыдно, молодой человек, стыдно не знать своего родного языка". Потом спросил, что они собираются играть, устало махнул рукой на прощание и произнес "Зай гезунд". Это на идише "Будь здоров".

И вот перед театром собралась толпа воздать Михоэлсу последние почести. Нас было много. Людей потрясла эта загадочная и страшная смерть. Сима, который стоял близко у еще открытого гроба, рассказал мне, что лоб Михоэлса был совершенно раздавлен и напоминал мозаику под слоем грима. Шел снег, и на крыше дома напротив старик играл на скрипке. Мы не слышали что. Я видела, как развеваются на ветру его седые волосы, как он водит смычком по скрипке, но музыка вниз не долетала.

Что касается остальных членов Антифашистского комитета, никто из арестованных не выжил. Среди них были мужчины и женщины, уже пожилые, которых расстреляли, — например, Перец Маркиш, Бергельсон, Фефер, Квитко[1]. Другие умерли в тюрьме, объявив голодовку. Так погиб папа Эльки Исаак Маркович Нусинов. Во время следствия он вел себя очень мужественно и повторял следователю, который его допрашивал: "Я был коммунистом задолго до вашего рождения".

В конечном счете единственный, кого не арестовали из руководства Еврейского комитета, был Илья Эренбург. И люди, конечно, задумывались: почему?

1 *П.Маркиш* (1895–1952) — поэт, прозаик и драматург, *Д.Бергельсон* (1884–1952) — романист, *И.Фефер* (1900–1952) — поэт и драматург, *Л.Квитко* (1890–1952) — поэт, все они писали на идише. Выжила одна только Лина Штерн, биолог.

Я не была лично знакома с Эренбургом, хотя на писательских собраниях часто его видела и слышала. Но его личность и в еще большей степени его путь настолько типичны для определенной части интеллигенции, что мне кажется, я его хорошо знала. Он был человек талантливый, образованный, очень умный и все же не посмевший идти своим путем. Наверное, им двигал инстинкт самосохранения. Но не только. Еще и потребность, без сомнения искренняя, участвовать в том, что представлялось ему, несмотря ни на что, великим историческим моментом. И он предпочел полностью принять правила игры, чтобы не оказаться за бортом. Принятое раз и навсегда решение с чем угодно соглашаться вело его, как и многих других, от лжи к подлости, не избавляя от страха.

Сима и я и большинство наших друзей судили его строго. Мы не понимали, как мог автор "Хулио Хуренито", ироничной книги, написанной в двадцатые годы (кстати, не переиздававшейся), человек, влюбленный в Париж, поклонник импрессионизма и абстрактного искусства, космополит в настоящем смысле слова, — как мог он не только приспособиться к сталинскому режиму, но и служить ему? Как он мог написать такую угодливую книгу, как "Не переводя дыхания", в начале тридцатых? Такую пошлую, как "Падение Парижа", после войны? Конечно, мы восхищались его репортажами в "Известиях" о войне в Испании и еще больше — репортажами, которые он почти ежедневно присылал с фронта в Отечественную войну. Эти статьи сделали его фантастически популярным. Солдаты в окопах вырывали их друг у друга, и даже при дефиците бумаги страничка Эренбурга в "Красной звезде" никогда бы не пошла на самокрутку. Зато можно было обменять Эренбурга на хлеб. Одна из самых знаменитых его статей, опубликованная незадолго до конца войны, называлась "Убей немца". Такое подстрекательство к убийству всякого немца, где бы он ни был, кто бы он ни был. При том, что мы были очень близки к победе, мне показалось это совершенно непристойным.

После войны он пользовался огромной известностью. Возможно, она и спасла его в период космополитизма. Он был не каким-то безвестным критиком или автором книжек на идише, а народным героем. Сталин умело использовал старые связи Эренбурга с Западом. Когда он разрешил ему поехать в Париж, то прекрасно знал, что Эренбург, как прежде Горький, будет свидетельствовать в пользу режима. Но вот до чего довел его этот компромисс. В пятидесятом или пятьдесят первом, не помню точно год, в Москву приехал американский писатель-коммунист Говард Фаст. Он беспокоился о судьбе своего друга Переца Маркиша. До Фаста доходили слухи, что Маркиш арестован. Но кого он ни спрашивал — никто не хотел подтверждать этот слух. Тогда Фаст обратился к Эренбургу, с которым был хорошо знаком, убежденный, что тот скажет ему правду. Эренбург его успокоил, сказал, что на прошлой неделе они с Маркишем виделись, а теперь он уехал из Москвы на несколько дней, — пожалуйста, не волнуйся, скоро вернется. Но Говард Фаст волновался. Он решил подождать. В конце концов ему дали знать, что скоро он сможет повидаться с другом. Жене Маркиша позвонили из тюрьмы и велели принести костюм, ботинки, галстук и так далее, чтобы Маркиш выглядел презентабельно. Спустя неделю Фаст и Маркиш в сопровождении одного якобы приятеля — разумеется, из КГБ, — встретились в "Национале", чтобы вместе пообедать. Маркиш подтвердил, что все в порядке, и успокоенный Фаст, ничего не заподозрив, уехал в США. А в конце лета пятьдесят второго года двадцать шесть еврейских писателей и поэтов были убиты в подвалах Лубянки, в том числе и Маркиш. Фаст никогда не простил Эренбурга, скрывшего правду.

Однако тот же Эренбург за несколько лет до того пытался опубликовать “Черную книгу”, которую они составили вместе с Василием Гроссманом, — памятник страданиям евреев во время нацистской оккупации. А эта тема была под абсолютным запретом. Ее просто не существовало. И я, встречая Эренбурга на всяких собраниях в последние годы его жизни, понимала, что, при всей неоднозначности этой фигуры, он — один из значительных свидетелей века, который воплощает преемственность русской культуры. И “Люди, годы, жизнь” это показывают. Они публиковались, эти его мемуары, в “Новом мире”, ценой огромных трудностей с цензурой, и вернули какую-то часть нашей памяти, хотя Эренбург и не говорил всей правды. А кроме того, не будем недооценивать его роль в эпоху оттепели. Собственно, и сам термин принадлежит ему. Даже когда казалось, что он в безопасности, что он на коне, в действительности его не покидали страх и беспокойство. Он тоже до самой смерти Сталина каждую ночь ждал звонка в дверь.

37

Я была беременна Павликом, нашим старшим сыном. Ходила уже с большим животом. Как-то раз пришла домой и слышу — из кухни доносится Симин голос и какой-то мне незнакомый голос, и что-то “советская власть, космополитизм”... Думаю, что они говорят? Слышно на лестнице. И с кем? Заглядываю, смотрю — сидит какой-то незнакомый моложавый человек в клетчатой рубашке, расстегнутой до пуза... Я позвала Симу в прихожую, говорю: слушай, ты сошел с ума, что ты делаешь? Как ты можешь так разговаривать с первым встречным, он первый раз у нас в доме, да и вообще это дико просто, вы что — пьяные? А они действительно были весьма навеселе. Стояла бутылка, но было ясно, что это не первая бутылка. А Сима мне говорит: ничего-ничего, пойдем к нам в кухню, это свой, мол, человек. Я села за стол вместе с ними и только тогда поразилась, какое прекрасное, благородное лицо у этого человека. Лицо из другой эпохи. Я даже не догадывалась, до какой степени он и в самом деле принадлежал другой эпохе.

Так Вика вошел в наш дом. Виктор Платонович Некрасов, писатель Виктор Некрасов.

Появился он тоже как неудача, как обида. Читали его пьесу в театре Станиславского, и Сима, который хотя и был там уже на птичьих правах, рабочим сцены, но все-таки его приглашали на читки, выступил против этой пьесы и сказал фразу, которую Вика Некрасов не мог ему простить всю свою жизнь. Сима сказал, что у вас "жизнь, как бы подсмотренная в замочную скважину". И чуть что, Вика говорит: "Что, Лунгин, в замочную скважину я гляжу, да? В замочную скважину?"

Ну, не знаю, был ли Сима прав или нет. Знаю, что пьеса была замученная, она больше года лежала во МХАТе, ее десять раз переделывали, так что, может, и вправду она была нехороша. Я не читала.

На следующий день после читки Симу вызвала директриса театра и сказала: ставить пьесу Некрасова будет Флягин (большой начальник, глава районного управления культуры), а вы можете быть у него ассистентом. Конечно, не подписывая афишу. Если хотите. Само собой, это не снимает с вас обязанности рабочего сцены. Продолжайте заниматься декорациями, но, если хотите, можете взяться и за пьесу. Там нужно кое-какие переделки по тексту сделать, — вот, пожалуйста. Симе так хотелось работать по-настоящему, что он согласился. Но был очень смущен. И написал открытку в Киев: уважаемый Виктор Платонович, мне поручено заниматься вашим текстом, будьте добры, сообщите, когда вы могли бы приехать в Москву. И получил через несколько дней ответ. Круглым почерком, таким потом знакомым, Вика писал крупные, совсем круглые буквы: многоуважаемый Семен Львович, я получил вашу открытку от такого-то числа, я могу приехать.

Надо сказать, что к этому моменту ни Сима, ни я "В окопах Сталинграда", опубликованных в журнале "Знамя", не читали. Мы не знали, что это за писатель, что за человек. Сима был очень собой недоволен, тем, что согласился все-таки работать, получилось непринципиально: он против пьесы и он же ее ставит. Я боялась и всех спрашивала, кто же такой этот Некрасов. И Лева Безыменский первый сказал: ой, что ты, это замечательный писатель! Это вроде Ремарка "Трех товарищей". Я помню эту первую характеристику "Окопов", которую я получила.

И вот Вика и Сима встретились в назначенный день и час. Я застала конец этой встречи — и приняла Вику за провокатора. Поведение свободного человека всегда было подозрительно в нашем мире. А Вика не только мыслил свободно. Он был свободен и в манере держаться, и в своих реакциях — во всем. Он был таким, какой есть, не играл никакой роли, говорил только то, что хотел сказать, делал то, что хотел. Мы ведь не могли позволить себе роскошь быть собой. Все-таки психологически все мы были рабами. Мы мирились с подневольным положением, со страхом, ложью. А он не мирился. За этим не было какой-то идеологии или политики — он просто в силу своей натуры не мог быть покорным. В этом мире, где с детского сада надо было учиться приспосабливаться, Вика был совершенно экзотическим растением.

Наша дружба длилась до дня его смерти. Он стал нам как бы братом. Когда бывал в Москве, то жил всегда у нас, один или с мамой, — вообще он жил в Киеве с мамой со своей. Месяцами жил у нас. Мы почти всегда летом отдыхали вместе, куда-нибудь вместе ездили.

Спектакль получился малоудачный, и Сима с Викой не знали, что написать маме в Киев. В конце концов они пошли на почтамт и послали телеграмму: СПЕКТАКЛЬ ПРОШЕЛ УСПЕХОМ. И это стало пословицей в нашем доме: когда что-то не удавалось, но надо было делать вид, что удалось, говорили: "спектакль прошел успехом".

38

Тем временем все из вещей, что можно было продать, было продано; мы жили в совершенно пустой квартире. У нас был стол и стулья, спали на матрасах.

И вот я помню этот день — это было четвертое мая. Мы с Элькой и Симой гуляли по Арбату, и весь Арбат был заклеен афишами спектакля “Зеленая улица”.

Эльку после ареста его отца выгнали из института, где он работал. Он был без работы, Сима был без работы. В общем, непонятно, что дальше делать. Я при всем желании на нашу жизнь заработать не могла. И я им сказала: ребята, знаете что? Попробуйте написать пьесу. А Сима с Элькой еще до войны сочиняли пьесы вместе. Не одну, а две или три. Одна — помню только название, “Канат альпиниста”, — была даже принята к постановке университетским театром. И вот я им сказала: в конце концов, можно же сочинить такую вполне невинную, нестрашную пьесу, но хотя бы на другом уровне, чтобы она была хотя бы написана нормальным языком, чтоб там было хоть немного веселья, шуток, чтобы это было хоть какое-то зрелище. Попробуйте, подумайте. Все равно делать нечего.

Пятого мая Элька разбудил нас в девять утра звонком в дверь. Он придумал сюжет. Пьеса называлась “Моя фирма" — о том, как обнаружилось, что две научные мастерские работали над одной и той же темой и вот соревнуются. Пьеса была написана. Очень быстро. Получилась милая, живая, довольно смешная пьеса, которую Сима отнес в театр Станиславского, и — о чудо — она была принята. Потому что театры, конечно, хотели что-то более приемлемое ставить. И наш друг Борис Левинсон, замечательный актер театра Станиславского, который играл тогда с шумным успехом заглавную роль в спектакле "Грибоедов", был назначен режиссером. А только что поступившая в труппу прелестная молодая актриса Клава Шинкина стала героиней.

Спектакль "Моя фирма" игрался две недели. Потом к нам домой пришел завлит театра Станиславского и сказал: помочь бы я вам не мог, но помешать могу. Дайте мне деньги. А нет — я сделаю так, что пьесу запретят. Честные и принципиальные Сима и Элька возмутились, выгнали его из дома. Он потом был долгие годы начальником районного управления театров. Через неделю появилась разгромная статья, и пьеса была запрещена за клевету на советскую интеллигенцию, о которой говорится слишком иронично и насмешливо. Тем не менее в смысле профессионального становления это был решающий момент.

39

Конечно, антисемитизм существовал и до войны. Он вспыхивал в ссорах на коммунальной кухне, или какой-нибудь пьяница мог высказаться на улице, — антисемитизм жил, сохранялся подспудно, но официально, повторяю, он карался законом как пережиток, несовместимый с ленинизмом. Он пышным цветом цвел именно на задворках. Сима мальчиком однажды попал на такой задний двор. Обычно они с приятелями туда ходить не решались, потому что там заправляла банда старших ребят, которые нигде не учились, не работали, у всех были клички — Горбатый, Змей, Волк. И вот как-то раз туда закатился мяч, и Сима решился пересечь границу. Эти ребята тут же его окружили и спустили с него штаны, чтобы посмотреть, обрезан ли он. Поэтому с двенадцати лет он начал заниматься боксом. И через несколько месяцев пошел на задний двор, чтобы набить морду Горбатому.

Само собой, к концу сороковых годов, после триумфального разоблачения космополитов, я уже сознавала, что все это касается и меня. Но скорее интеллектуально, чем эмоционально.

Я себя до начала репрессий абсолютно не чувствовала еврейкой. Сима всегда говорил, что в нем есть "а пинтеле ид" — это на идише капелька, изюминка еврейская. Вероятно, он когда-то что-то видел, в каких-то других семьях. Его семья не была религиозна.

Во всяком случае, про Симу я могу в этом смысле сказать одно: он, когда мы собирались, так пел еврейские песни — не зная ни одного слова на идише, но имитируя звуки, — что старики евреи, в том числе отец Дезика Самойлова Самуил Абрамович, рыдали. И Самуил Абрамович все говорил: это, вероятно, какого-то местечка особый акцент, я что-то слов не узнаю, не понимаю. Он думал, что это какой-то местный говор еврейский. На самом деле — чистая имитация звучания. Но Сима пел так, что они все плакали. Значит, в нем жило это чувство еврейства, поэзия еврейства.

Я стопроцентно была этому чужда. Для меня этого не существовало. Я не понимала, какой я национальности. Я была типичный космополитический продукт. Это и понятно. Жила в Германии, была в Палестине дважды, жила во Франции. Семья в этом смысле была безо всяких традиций. Для меня всего этого не было. Но когда начались преследования... Это ведь железным образом возникает, когда тебя бьют. Когда я увидела, что быть евреем как бы стыдно, я стала говорить, что я еврейка, потому что иначе было унизительно.

Я думаю, что и у большинства ребят в моем поколении не было этого национального чувства, оно было в Советском Союзе приглушено. Вот, скажем, сейчас, когда наши семьи уезжают в Америку и наши дети попадают туда, там надо принять какое-то вероисповедание, потому что все что-то исповедуют и тебе надо прибиться к какому-то очагу. Здесь ничего этого не было. Не существовало. Место религии занимала великая коммунистическая идея, все остальное было под спудом, придавлено, забито наглухо. Хотя в чьих-то сердцах действительно жило. Но мое еврейство четко датировано этим моментом. На своем личном опыте я бы сделала вывод, что еврей ощущает свое еврейство, когда его преследуют и бьют. Но говорят, что та порода евреев, которая растет сейчас в Израиле, совсем другая. Мы с Симой были в Израиле — они и выглядят совершенно иначе, они совсем не похожи на местечковых евреев. Они все красивые, высокие, сильные, плечистые. Это уже другой народ, с чувством гордости, достоинства. Они себя ощущают евреями независимо от обстоятельств. А здесь, по-моему, было так. Как-то повода никакого, возможности, что ли, не было. Вот Каплер, человек старше меня на 20 лет, мне рассказывал, что когда он в первый раз попал во Францию, там в некоторых гостиницах надо заполнить анкету (в очень хороших не надо, а в тех, что подешевле, надо) — откуда ты, кто ты и что. И он написал в графе "национальность" — еврей. А портье его спрашивает: месье из Израиля? То есть еврей — это гражданство, а не вероисповедание. Никто вас не спрашивает ваше вероисповедание. Для них национальность — это страна.

Между тем перед детьми из еврейских семей вставало все больше трудностей на пути к высшему образованию. Это не было нигде написано, не было сформулировано официально, но все это знали. Мой знакомый, молодой преподаватель с мехмата МГУ, работал в приемной комиссии. Его вызвал декан и дал указание — разумеется, с глазу на глаз — ставить плохие отметки всем евреям, независимо от уровня знаний. Он отказался подчиниться. Но тысячи других соглашались без возражений.

На даче у моего дяди академика Фрумкина мы почти каждое воскресенье встречались с Николаем Семеновым, лауреатом Нобелевской премии по химии. И вот как-то мы там гуляли все вместе, и я рассказала ему эту историю и выразила свое возмущение. Каково же было мое удивление, когда этот человек — умный, образованный, очаровательный, я очень его любила — сказал: "Лилечка, это очень грустно, но они правы, эти препятствия оправданы. Еврейский ум способен слишком легко усваивать все, что угодно, и на экзамене русский никогда не сможет соперничать с евреем. Но зато еврей значительно уступает русскому в творческой силе. Если не защитить русских, в науке будут господствовать евреи, что в конце концов только ее обеднит".

Тринадцатого января пятьдесят третьего года я пришла в очередной раз в ВОКС на занятия. Перед началом надо было брать лист, чтобы отмечать присутствие и отсутствие. Зашла в бухгалтерию, и там тетка мне говорит: "Не ожидала я от ваших! Ваши-то оказались просто убийцами". А я не знала, что случилось. Я говорю: "Что такое вы говорите? — "А вот почитайте газетку".

В газетке, в сообщении ТАСС, говорилось, что группа врачей — и из девяти названных шесть было еврейских имен — занималась тем, что не лечила людей, а отравляла, будучи на службе у иностранных разведок. К их злодеяниям была причислена смерть Жданова и Горького.

Разоблачила этих "убийц в белых халатах" некая Лидия Тимашук. Она работала рентгенологом в Кремлевке, Кремлевской больнице, а по совместительству была секретной сотрудницей ГБ. Ей отвели почетную роль — вывести на чистую воду своих коллег, она написала соответствующий донос Сталину и получила орден Ленина. Его, правда, после смерти Сталина отобрали.

Один из врачей, Вовси, был братом Михоэлса, о котором в сообщении ТАСС говорилось как об "известном буржуазном националисте". Михоэлс, значит, передавал доктору Вовси приказы американской еврейской организации “Джойнт”.

У меня подкосились ноги. Но я, конечно, как ни в чем не бывало пошла на занятия. И все эти четыре часа мне казалось, что мои ученики, с которыми мы всегда хорошо понимали друг друга, смотрят на меня как-то странно. Я внезапно почувствовала себя чужой.

После “убийц в белых халатах” кампания против евреев приняла совсем другие масштабы. Мы не только потеряли право работать, но оказались выброшены из жизни, которая до сих пор была нашей.

Самое ужасное, что люди поверили и, например, боялись ходить к еврейским врачам, которых еще не уволили.

Был такой академик Минц, придворный специалист по истории партии. От его дочери я узнала, что он пишет письмо Сталину. В этом тексте, который должны были подписать самые известные евреи, они признавали преступления, совершенные их собратьями против русского народа и социализма, и просили разрешения их искупить. С другой стороны, мне рассказывал приятель, журналист Семен Беркин: он готовил репортаж из Сталинграда — рабочие тракторного завода единогласно проголосовали за принятие резолюции о всеобщей депортации евреев. А Леня Агранович и Сеня Листов, наши друзья-драматурги, как-то раз придя к нам на ужин, рассказали, что они написали для Театра Советской армии пьесу, которую с энтузиазмом приняли, но когда завлит пошел к директору театра с вопросом, какой гонорар им выплатить (обычно это было от пятнадцати до двадцати пяти тысяч рублей “старыми”), то директор — генерал Паша его звали — ответил: “Выписывай три, им хватит”. Завлит изумился, а генерал пояснил: “По полторы тыщи на месяц вполне достаточно, а потом их посадят по вагонам и отправят в Сибирь”.

Тогда же мы получили и другое свидетельство того, что нас ждет. Служил в Симином театре зав постановочной частью Додик Левит. Он во время войны работал в ансамбле МВД, возил его на фронт, и теперь продолжал иногда организовывать выступления актерских бригад в армии. Он рассказал Симе, что недавно поехал на такую гастроль в Восточную Сибирь, в большую глушь, — к слову сказать, с Юрием Любимовым, который выступал в этих концертах как актер и чтец. И в какой-то момент летчик ему сказал: "Подойдите-ка сюда. — Тогда маленькие самолеты летали. — Посмотрите внизу, видите?" И показал такие большие, в виде букв поставленные бараки. Каждые восемьдесять метров гряда бараков, в виде буквы "Т". Он говорит: "А это ведь для вас построено". Додик Левит, как вы понимаете, еврей был. "Что значит "для нас"?" — "А это вас туда вывозить будут. Есть уже постановление правительства".

Евреев выгоняли из ЦК, из Моссовета, из горкома и райкомов, из госбезопасности, министерств, из газет, научных институтов, университетов.

Никогда не забуду, как французская коммунистическая газета "Юманите" напечатала статью, которую подписал главный редактор Андре Стиль. Должна, к стыду своему, сказать — первый автор, которого нам с Нёмой Наумовым когда-то удалось перевести и напечатать в "Новом мире". Так вот он опубликовал в газете статейку под названием "Браво, камарад!", прославляя бдительность русских партийцев, которые смогли вывести на чистую воду врачей-убийц.

Как-то раз Сима пошел в домоуправление за какой-то справкой, и сидевшая там делопроизводительница не без злорадства, но как бы по-дружески сказала: "Вот видите списки? Вот нас заставляют здесь сидеть по вечерам и их дополнять и дополнять. Это списки ваши". Сима говорит: "В каком смысле "наши"?" — "А ваши, вот вас высылать будут. Здесь написано, кому куда, на какой вокзал".

Уже говорили о том, как именно произойдет выселение евреев. Сталин выступит и скажет: чтобы спасти еврейский народ от справедливого гнева русских, его надо удалить из больших населенных пунктов, где он контактирует с другими, поселить отдельно, изолированно, что это гуманный акт во имя спасения евреев. Говорили, что размечены вокзалы, какие подаются составы, когда, в котором часу, какие автобусы, что можно брать (не больше 15 кило), — в общем, эти разговоры все время вертелись, вертелись, и, конечно, жить с этим было крайне трудно. В этот период, между прочим, начались первые отъезды в Израиль. Которые были сопряжены с невероятно скандальными историями, но кто-то все-таки вырывался, и перед всеми встал вопрос: не единственный ли это путь спасения? Но вместе с тем не дадут уехать, растопчут. Это обсуждалось в каждом доме, где были евреи. Это висело, как черная туча над городом.

Я ни минуты не сомневаюсь — и это понимали все, кто жил в то время, — что если бы Сталин не умер, то, несомненно, евреев бы вывезли. Это было так же реально, как переселение кабардинцев и осетин, крымских татар, турок, болгар, греков, немцев Поволжья. Вы ведь знаете, как это было тогда организовано? Они в 24 часа выселяли народы. Мы плохие организаторы — плохие организаторы, а вот в такие минуты оказываемся гениальными организаторами. Мне рассказывали на Кавказе, как балкарцев выселяли. Всегда один и тот же сценарий: с наступлением ночи или на рассвете вооруженные солдаты окружали район, два часа на сборы, подгоняли нужное количество грузовиков, везли людей к запасным путям, где уже ждали вагоны для скота, — блестящая организация. Совершенно так же прошло бы выселение евреев из Москвы, из Ленинграда, в этом нет никакого сомнения.

40

Теперь я хочу рассказать о смерти Сталина.

Значит, были сводки “болен, болен, болен”, “товарищ Сталин без сознания” и так далее. Страна замерла. В метро, в автобусе, в столовых разговаривали вполголоса, почти не глядя друг на друга. Церкви были полны: молились о его выздоровлении

И вот он умер. Надо сказать, что ужас и горе народное не имели себе равных. Вообще ведь дела были неважные. И жить было довольно трудно и страшно. Тем не менее не только в широком народе, но и в интеллигентских кругах все были совершенно убиты. Казалось — были такие наивные представления, — что Сталин удерживает. Что есть там Берия и прочие, которые куда хуже, и только благодаря Сталину все удерживается на грани.

Приезжали поезда, люди на крышах ехали в Москву. Было ощущение какого-то события космического масштаба. Казалось, история остановилась.

Собрания, которые проходили в Союзе писателей, были абсолютно гротескные. Люди выходили, чтобы что-то сказать, и начинали рыдать, стоя на трибуне, не сумев вымолвить ни слова от великого своего горя. Откуда-то выходили знаменитые критикессы и говорили:

"Мы проживем, но как наши дети будут жить без него?" И взрыв, дикий, истерический взрыв слез — и сходила с трибуны.

Я думаю, что это массовый гипноз. Что люди как-то заражали друг друга. Все хотели обязательно его увидеть. Это безумное, сумасшедшее какое-то желание — увидеть его в гробу — владело огромными массами.

Я была счастлива, что он умер. И Сима, в общем, разделял со мной это чувство. Но все-таки мы тоже решили пойти посмотреть. Стыдно сказать, но это было так. Да. Хотя няня Мотя, очень важный человек, появившийся тогда в нашей жизни, простая деревенская женщина, о которой рассказ впереди, отговаривала, считала это чистым безумием и с презрением говорила: "Да что вы беспокоитесь? Собаке собачья смерть". Но мы испытывали потребность пережить эту историю до конца.

Толпа начиналась уже у самых наших ворот. Но пока еще не очень густая, и через нее можно было как-то пробраться. Мы дошли до Самотеки. А у Самотеки дорога идет вниз, это как бы котлован такой. Холодно было. И над Самотекой стояло какое-то облако. Дождь не дождь, что-то такое странное. Сима спросил: что это такое? Что это висит над Самотекой? А какой-то дядька рядом стоит и говорит: а вы не понимаете? Это они так трутся друг об друга, это они потеют, это испарение. И действительно, присмотревшись, мы увидели, что людское месиво в ложбине Самотечной делает шаг вперед — шаг назад, как в мистическом ритме какого-то танца. Они топчутся на месте, тесно прижавшись друг к другу. И поднимается от них марево в небо. И тут Сима сказал: э, нет, туда мы не пойдем, это без нас. И мы с большим трудом как-то выбрались и через два-три часа добрались до дома. Итоги все знают: 400 с лишним человек[1] было растоптано в этот день. Сверх тех миллионов, которых Сталин загубил при жизни, он еще и после смерти столько народу утащил за собой. В Сталине, конечно, было что-то сатанинское. То-то он всегда работал по ночам. И заставлял бодрствовать все свое окружение. Никто не смел уйти с поста — он мог вызвать в любое время. Его окна в Кремле всегда были освещены, и народ думал: "Отец-то наш не спит, работает, бдит, заботится о нас отец наш..."

1 На самом деле гораздо больше. "В частности, известно, что одна из неопознанных жертв давки получила номер 1422; нумерация велась только для тех погибших, которых нельзя было опознать без помощи родственников или друзей" (Википедия).

41

У нас жил очень близкий, самый любимый друг Вики Некрасова Исаак Григорьевич Пятигорский. Простой киевский инженер, абсолютно очаровательный человек, исключительной души и доброты. И вот помню, как мы с Симой поехали по каким-то делам в Ленинград, вернулись утром четвертого апреля на “Красной стреле”, пришли домой, Исаак Григорьевич нам открывает дверь, стоит в одной пижаме и молча потрясает газетой.

В газете говорилось, что все обвинения против врачей-отравителей ошибочны. Что произошла небольшая ошибка. И чувство счастья, какого-то очищения — я не могу его передать, — чувство, что мы отошли от безумия. Это была минута настоящего счастья.

Можно считать, что с этой даты начинается оттепель. Это еще не оттепель. Но тем не менее.

Конечно, многие продолжали восхвалять Сталина, многие говорили — среди писателей, художников, — что нужно возвеличивать его образ в кино, в театре, в изобразительном искусстве. Константин Симонов утверждал, что до конца века Сталин должен оставаться единственной темой для вдохновения. И все же через какие-то недели, месяцы поползли уже первые статьи другого порядка, а главное — стали появляться люди. Очень вскоре стали выпускать людей из лагерей. Тут услышишь — кто-то вернулся, там услышишь. Этих людей окружали, о них говорили, передавали друг другу то, что они рассказывали. Как-то немножко приподнялась завеса над тем страшным и темным, что творилось. Волна возвращающихся все нарастала и нарастала, и, конечно, это создавало совершенно другой климат в обществе: появилась огромная надежда непонятно даже на что, но на что-то другое. И страх, который был связан со смертью Сталина, когда думали, что будет еще хуже, очень быстро улетучился. От того, что люди стали возвращаться, возникла уверенность, что хуже не будет. В любом случае будет не хуже. А может, будет и лучше.

Теперь вместо одного было четыре хозяина: Маленков, Хрущев, Берия и Молотов[1]. Маленков сразу стал популярен среди колхозников, потому что чуть-чуть облегчил их тяготы, снизил налоги. Повсюду о нем говорили как о спасителе, в очередях, на рынке, в электричках, его фотография висела в избах рядом с иконами. Никогда не забуду историю, которую рассказал мне наш друг Володя Тендряков. Теперь его мало знают, вообще это замечательный писатель, один из лучших прозаиков шестидесятых годов, из самых честных, правдивых, искренних авторов, писавших про деревню, что было тогда чрезвычайно важно. Он поехал навестить свою мать в родное село. Где-то на севере, в полусотне километров от железной дороги. На

1 После смерти Сталина Г.М. Маленков, секретарь ЦК, стал главой правительства; ушел с поста 9 февраля 1955 г. Н.С. Хрущев, секретарь ЦК, после смерти Сталина избран первым секретарем на пленуме ЦК партии в сентябре 1953 г. Смещен 15 октября 1964 г. Л.П.Берия в 1938 г. назначен главой НКВД. В 1946 г. он был снят с этого поста, но, став членом Политбюро ЦК, фактически сохранил контроль над органами безопасности. После смерти Сталина назначен министром внутренних дел, в июне 1953 г. смещен, предан суду и расстрелян.

станции его никто не встретил, и пришлось заночевать в каком-то доме неподалеку. Там был парнишка лет девяти-десяти. Володя угостил его куском сахара. Мальчик не взял: он принял сахар за мел. Он в жизни не видал куска сахара.

Мотина сестра Полька, которая была не в состоянии сдать в колхоз столько масла, молока и яиц, сколько от нее требовалось, приезжала два раза в год в Москву, чтобы их закупить и сдать в колхоз. А поскольку денег у нее не было, в магазин шла я, и мы вместе с ней выстаивали по нескольку очередей, чтобы закупить нужные двадцать кило масла, так как в одни руки отпускалось не больше двух килограммов. И вот с ведрами масла и яиц и с мешками проса она триумфально возвращалась в свой колхоз.

Электрички были набиты тысячами таких женщин, навьюченных мешками и возвращавшихся к себе в деревню. Помню, однажды в электричке незнакомый парень, простой, лет двадцати двух — двадцати трех, мне вдруг сказал: "Знаете, что они везут? Хлеб! Поглядите на эти мешки — они из столицы везут в деревню сухари да баранки... Россия-то пропала!"

Однако первые шаги нового правительства вселяли осторожную надежду. Летом 1953 года Сима был с театром Станиславского в Одессе. Я поехала к нему, взяв с собой Павлика, которому было тогда четыре года. Однажды утром мы провожали Симу на репетицию, шли по центральной аллее приморского парка. Вдоль по обеим сторонам стояли огромные портреты членов Политбюро. Вдруг мы услышали какой-то странный звук. Мы прошли еще немного и увидели невероятную сцену: четверо мужиков с топорами крушили портрет Берии. Подошел Симин коллега, остановился как вкопанный, потом тихо сказал: "Ребята, это фашистский переворот". Так мы узнали о падении Берии.

42

Среди вернувшихся — не из лагеря, но из ссылки — была Люся Товалева.

Ее реабилитировали, она смогла переехать в Москву, где и прожила потом всю жизнь. Стала преподавать немецкий в консерватории, ее обожали студенты, Люся переводила книги по музыке, труды композиторов, она перевела на русский письма Шумана, Бетховена — и старалась никогда не вспоминать о прошлом.

Среди возвратившихся из лагерей был Леонид Ефимович Пинский.

Его арестовали поздней осенью сорок девятого года. Накануне мы втроем — Сима, он и я — гуляли в каком-то московском парке, в Измайлово, кажется. Они с Симой почему-то купили четвертинку и на ходу, гуляючи, ее распили. В общем, было веселое и хорошее настроение, и мы договорились встретиться через два дня — телефона у него не было, он жил в университетском общежитии. Прошел день после той даты, когда он должен был приехать, второй, а на третий мне позвонила одна его ученица и сказала: я ездила к Леониду Ефимовичу за своей работой — его дверь опечатана. Так мы узнали, что он арестован.

Сведений о нем было очень мало, когда он сидел. И в какой-то момент мы с Симой договорились, что я могу ему написать. Это был какой-то новый этап в моем сознании. Я написала в лагерь, и в последний год мы обменялись двумя-тремя письмами. Вернее, мы получили от него только одно, потому что там писать можно было только раз в три месяца, что-то в этом роде. А я ему два-три написала за это время. И очень была горда тем, что смогла преодолеть страх, запрет.

Он вернулся и рассказал то, что, впрочем, можно было и предполагать. Был такой известный в Москве литератор по фамилии Эльсберг. Человек довольно блестящий, известный прежде всего своими книгами о Герцене, большой говорун, любитель рассказывать всякие истории, — не только ученый, но и, так сказать, светский человек. О нем ходили плохие слухи. Говорили, что он причастен к аресту Бабеля. Две дочери писателя Левидова, арестованного в тридцать восьмом году, заклинали меня предупредить Пинского о грозящей ему опасности. А Эльсберг вдруг прикипел к Пинскому. Он, как и Леонид Ефимович, читал в университете лекции, преподавал теорию литературы. После лекций не уходил, ждал часами Леню, чтобы его проводить домой, чтобы с ним походить-поговорить. А разговаривать с Эльсбергом было интересно, потому что это был человек широко мыслящий. И я все говорила: Леня, эти прогулки к добру не приведут. Он отвечал: глупости, я с ним уже почти год разговариваю, я уже ему наговорил такого, что меня десять раз бы посадили. Все это чепуха, все это страхи.

Ну, как выяснилось, Леня ошибался. Когда он вернулся в самом начале 55-го года, то рассказал нам, что это был именно Эльсберг. Что Эльсберг, оказывается, после каждой беседы с ним не ленился садиться за письменный стол и подробно излагать, о чем шла речь. И получился довольно объемистый материал.

На пересылке Леня встретился с таким профессором Штейнбергом, востоковедом, который был Эльсбергу не то что друг-приятель, как Леня, а просто, можно сказать, брат родной. Штейнберг с женой Эльсберга обожали. Когда жена Штейнберга покупала рубашку, или костюм, или что-нибудь своему мужу, она всегда покупала и Эльсбергу. Все дни рождения, все праздники, все приемы Эльсберг устраивал в доме у Штейнбергов. Это был самый близкий, самый родной человек. Однако выяснилось, что и на Штейнберга он писал. Когда Штейнберга арестовали, его жена, естественно, побежала в ту же ночь к Эльсбергу. Он стал давать ей советы, куда спрятать какие рукописи и прочее. Часть вещей взял к себе. И месяц-другой как бы опекал и помогал им — там девочка еще была, дочка. И Штейнберг, который в ходе допросов совершенно ясно понял, кто его посадил, сумел написать записочку во время пересылки и выбросить ее из вагона. И вот нашелся добрый человек, который эту записку положил в конверт — там был адрес написан — и доставил. И жена получила эту записку, где было сказано, что во всем виноват Эльсберг, но только, ради бога, не дай ему понять, что ты знаешь, продолжай делать вид, будто ничего не случилось. И вот эта женщина в течение пяти лет продолжала водить дружбу с Эльсбергом и жить под его покровительством. Я потом этот рассказ слышала от нее самой. Когда Леня вернулся, он повел меня к ним в дом, и она сама, волнуясь, хотя все было давно пережито, трясясь просто от волнения, мне все это рассказывала.

Когда Штейнберг вернулся, Эльсберг пришел к ним. Купил немыслимой ценности редчайшее издание какого-то восточного автора, огромный букет роз и сказал: я пришел с покаянием. Я виноват. Не отрицаю. Все равно я вас люблю.

Но был спущен с лестницы.

Было сделано большое усилие, и несколько человек подали на него в суд за клевету, в том числе Штейнберг и Пинский, поскольку они были реабилитированы. Суд не принял дело к производству. Но состоялось собрание в Союзе писателей, и Эльсберга исключили. Не волнуйтесь, очень скоро он был вновь принят в этот союз. Но вот что мне хочется добавить, это очень характерно: молодые люди нового поколения, потом ставшие довольно известными литераторами, такие, как Кожинов, в момент всей этой истории вокруг Эльсберга проявляли к нему необычайные симпатии. А он вел тогда очень такой вольный семинар, где молодежь могла свободно высказываться, — он был большой либерал. И вот эти молодые люди окружали его любовью, вниманием и оправдывали его так: все предавали. Нечего его выделять. Что вы вцепились в одного человека? Время было такое, когда все друг друга выдавали. И нечего пытаться очистить свою совесть, рассчитываясь с одним. Мне кажется, это интересно как мотивация и вообще. Конечно, это все дико. Но так было. Мне хочется, чтобы это осталось в памяти людей.

43

Главным событием следующих лет стал доклад Хрущева. Через три года после смерти Сталина — в 56-м, на съезде партии. Он не был опубликован, только зачитан на закрытых партсобраниях. Опубликовали его только в конце восьмидесятых годов. Он как бы предназначался исключительно партийцам. Но при том, что он не был опубликован и читался только устно, он стал известен всем, кто хоть мало-мальски грамотен.

Это был настоящий взрыв атомной бомбы. Хотя многое из того, о чем говорил Никита, люди уже знали. Скажем, для меня и для Симы там вообще не было ничего нового. Включая намек на то, что Сталин убил Кирова. Да и все остальное, о "культе личности", — все это мы, конечно, знали. Но даже для нас сам факт, что это произнесено вслух, сформулировано, менял что-то. Для других же, для тех, которые пытались идти за лозунгами партии, это было такое потрясение...

Фадеев, автор "Разгрома" и "Молодой гвардии", покончил с собой, выстрелил себе в сердце. В "Правде" написали, что это было следствием душевного заболевания, связанного с алкоголизмом. Он действительно спивался после войны, находил собутыльников в самых низах, не из писателей, и неделями пропадал в каких-то трущобах. Но официальному объяснению никто не поверил. Все знали, что Фадеев как первый секретарь Союза писателей лично подписывал санкции на арест своих коллег. Для советской системы принципиально важно было запятнать всех. Каждый руководитель должен был нести свою долю ответственности, поскольку давал письменное согласие на арест подчиненных. А остальные одобряли приговор голосованием. Но Фадеев не был циником, в отличие, скажем, от Суркова, который ради получения должности шел на все; не был тупым невеждой вроде Панферова, главреда журнала "Октябрь", автора романов, над которыми потешалась вся Москва. Фадеев с шестнадцати лет участвовал в Гражданской войне и любил повторять, что он — солдат революции и его единственная цель — служить ее делу. Для него, как и для большинства в его поколении, дело революции олицетворял Сталин. Фадеев ему поклонялся, не раз говорил, что Сталин — это Ленин сегодня. Даже публично поклялся, на своем пятидесятилетнем юбилее, посвятить творчество прославлению Сталина. При том, что отношения Фадеева со Сталиным, который иногда приглашал его поужинать в узком кругу, были непростыми. Сталин любил унижать людей, и Фадеев не составлял исключения. Зелинский, которого я уже упоминала в связи с судьбой Марины Цветаевой и который был близким другом Фадеева, сразу после его гибели написал записки, воспоминания, которые, конечно, не могли быть опубликованы до конца восьмидесятых. Из них стал известен рассказ Фадеева, который он доверил Зелинскому, о том, как Сталин однажды вызвал его в Кремль и, не предложив сесть, вправлял мозги и говорил, что вы никуда не годный секретарь, вокруг вас матерые шпионы, а вы их в упор не видите. “Ну, если вы такой беспомощный, товарищ Фадеев, то я вам укажу их имена. Павленко[1], ваш близкий друг, — крупный шпион. Эренбург — международный шпион, не делайте вид, что не знаете. Алексей Толстой — английский шпион. Почему вы их не разоблачили, товарищ Фадеев, а? Идите и подумайте над своим поведением”.

Когда было объявлено, что товарищ Сталин больше не бог, Фадеев сломался. А после возвращения некоторых писателей, переживших ГУЛАГ, стал неузнаваем. Нам рассказывали, что он безумно боялся встретиться с людьми, которых когда-то принес в жертву. Зелинский пишет, что Фадеев сказал ему за неделю до самоубийства: теперь мы все в дерьме, никто из нас уже не может писать после всего, что произошло, ни Шолохов, ни я — никто из нашего поколения...

И в нашем с Симой кругу я знала людей, которые после доклада Хрущева хотели покончить с собой, впадали в тяжелейшую депрессию. Даже мой дорогой и любимый друг Нёмочка Кацман-Наумов — он был человеком очень думающим, но до этого момента пытался всё както оправдать, старался жить в едином потоке с главным направлением, был членом партии, — даже он оказался в числе тех, кто был абсолютно потрясен, болен, раздавлен этим.

Я думаю, были люди, которые поверили, но сделали вид, что не поверили, чтобы легче жилось. Были, конечно, и люди, которые не поверили, которые считали, что это самоутверждение Никиты, борьба за власть. И тем не менее это было решающим шагом, после которого

1 *П.А.Павленко* (1899–1951) — писатель, автор романа “Счастье” (1947), соавтор (вместе с С.М.Эйзенштейном) сценария к фильму “Александр Невский”.

каждый занял какую-то позицию. После этого нужно было оказаться в каком-то поле. И все оказались — каждый в своем. И для очень многих людей, активных, честных, стремившихся жить единой, а не раздвоенной жизнью, уже невозможно было сойти с пути отрицания, разоблачения, осуждения и активной попытки подточить режим.

44

Первые ласточки оттепели — неслыханной смелости статьи в “Новом мире”, ставившие под вопрос священные понятия: соцреализм и партийность литературы. В первую очередь — статья Померанцева “Об искренности в литературе”. Номер с этой статьей исчез из киосков в мгновенье ока — шел нарасхват. А мы с Симой получали “Новый мир” по подписке, и у нас собралось человек пятнадцать друзей, чтобы почитать вслух. Марк Щеглов, очень талантливый молодой критик, вскоре, к несчастью, умерший, критиковал в “Новом мире” роман “Русский лес” Леонида Леонова — Леонов был одним из динозавров сталинской литературы, до той поры неприкосновенных. А Эмиль Кардин вообще утверждал, что крейсер “Аврора” вовсе не давал исторического залпа, который, как мы знали из всех учебников, послужил сигналом к началу Октябрьской революции.

Потом появились рассказы Паустовского, повесть Эренбурга, которая называлась “Оттепель” и дала имя всему этому периоду, а главное — эпохальная для того времени книжка Дудинцева “Не хлебом единым”. Сначала ее напечатали в журнале, потом издали в “Роман-газете”, в мягкой обложке. Книжки не было. Все экземпляры были зачитаны не то что до дыр, а в лохмотья, в клочья. Не было за все советское время, могу это смело сказать, ни одной книги, ни до ни после — и даже Солженицын не идет ни в какое сравнение, — которую бы так зачитали, как эту.

Потому что это было что-то очень примитивное, простое, но касающееся огромного количества людей. Это была — грубо говоря, схематически — история инженера, который придумал способ модернизировать предприятие и сэкономить миллионы рублей и не мог пробиться сквозь бюрократическую стену. Вот такая история. Очевидно, что-то похожее пережил каждый, скажем, третий или пятый инженер. Так же как Некрасов первым сказал правду о войне, Дудинцев первым показал абсурдность всей нашей производственной системы. Поэтому это действительно стало массовым чтением. Тут очень интересно, как явление литературы и жизни духа превратилось в какое-то массовое... не увлечение, нет, а в массовое богатство людей. Реакционеры сурово реагировали на эту книгу, особенно писатели, — они боялись, что если начать так писать, то их царству придет конец. И устроили обсуждение в Союзе писателей. Было такое скопление народа, что прислали конную милицию. Она охраняла входы и не давала людям войти в дом Союза писателей.

Появилась в те годы плеяда новых поэтов. В первую очередь — Евтушенко, но вокруг него — Белла Ахмадулина, самая талантливая из этой группки, Вознесенский, Рождественский того времени, потом он отошел. Дело здесь было не в каких-то политических позициях, хотя Евтушенко писал и политические вещи. Это было что-то очень живое, очень свежее, очень подлинное. И люди страшно увлекались их стихами. Вскоре пошли эти грандиозные чтения, когда на спортивных стадионах выступали поэты и стадион не мог вместить всех желающих.

Другого такого времени потом уже не было. Все жаждали услышать свежее, живое слово. Я думаю, это была тоска по чему-то живому, теплому, человечному. Ведь целлулоидная литература тех лет отбила у людей желание ее читать, а все-таки потребность в поэзии живет, особенно у молодежи. И вот когда вдруг прорвалось сквозь это искусственное мертвое царство живое человеческое слово, то увлечение было невероятным. Надо еще сказать, что в этих больших чтениях на стадионах было соучастие публики — ребята кричали с мест, просили то, другое: они были не только слушателями, это было некое действо, социальное действо, в котором все присутствующие были соучастниками. И это было замечательное, удивительное явление. Я думаю, нигде в мире вообще не было ничего похожего — чтобы целые стадионы собирались слушать поэзию.

Однажды Вика привел Евтушенко к нам обедать. И когда Евтушенко пришел, он произвел на нас с Симой удручающее впечатление. Он был одет как жар-птица. На нем был какой-то зеленый пиджак, рыжая рубашка, лиловый галстук бантиком почему-то. Невероятная пестрота, хотелось надеть темные очки. И держался он, ну... крайне бахвальствовал, все время говорил я то, я се, — влюбленный в себя, обожающий себя, довольный собою человек. И произвел комическое впечатление. Но он нас позвал на следующий вечер в какой-то технологический институт, где должен был читать стихи. И мы решили поехать. Хотя я говорила: может, не стоит? Нет, — все-таки ребята сказали, — поедем. И мы с Викой и Симой поехали. И это тоже на всю жизнь. Какие есть варианты в одной и той же личности. Это был совершенно другой человек. Он был строго одет, в темном коричневом костюме, он замечательно читал свои стихи и замечательно их отобрал. Сказать, что зал в этом институте был набит, — это ничего не сказать:

там буквально висели на лампе, на потолке. И отклик... Это был настоящий народный трибун. Он вытащил на свет все политическое, все, что у него было, и произвел неизгладимое впечатление не только на этих ребят, но и на нас.

Действительно он был как двуликий Янус. В нем оказались две совершенно разные стороны. Я думаю, что так он и прошел, и сейчас еще идет по жизни: то делает удивительные вещи, например написал "Бабий Яр" — все-таки, не забудем, первое открытое провозглашение решительного осуждения антисемитизма, что встретило страшное противодействие, у него была масса неприятностей из-за этого и из-за многих других стихов. Но вместе с тем писал — не помню, в какой поэме, — что у него с левой стороны вместо сердца бьется партбилет. Такое он тоже писал. Этот партбилет, который бьется слева, я забыть ему не могу. Он как-то уравновешивал то и другое. Тем не менее, я думаю, его роль в каком-то движении идей этих лет была очень важной. Потом, при Брежневе, популярность Евтушенко упала, но он продолжал пользоваться особыми привилегиями — ему, например, разрешалось регулярно посещать Америку, — и в какой-то мере, в эпоху гораздо менее жесткую, он сыграл роль, сходную с ролью Эренбурга в свое время. Он был в контакте с Андроповым, тогдашним главой КГБ, и сам мне рассказывал, когда мы оказались вместе в Крыму, что, когда арестовали Солженицына, звонил Андропову и убеждал его не ссылать Солженицына в Сибирь. И конечно, очень жалко, что его не выбрали, хотя несколько раз пытались выбрать председателем Союза писателей. Все-таки по своим симпатиям он человек, конечно, либерального толка. Он просто умело балансировал, чтобы всегда оставаться на плаву. Он и прошел на плаву.

45

В пятидесятые ресторанов было мало, но почти всегда находились свободные места: в то время люди, которые и могли бы пойти в ресторан, побаивались. Одни не хотели показывать, что у них достаточно денег, другие опасались, что их обвинят в подражании западному образу жизни. Военные в невысоком звании и аппаратчики попросту не имели права ходить в рестораны. Так что там можно было встретить главным образом публику литературно-артистическую, иногда адвокатов, летчиков, инженеров, руководителей каких-нибудь промышленных комбинатов, приехавших из глубинки.

Иногда по воскресеньям, если удавалось немного разбогатеть, мы отправлялись с близкими друзьями в "Националь". Легендарное место, где, когда ни придешь, за столиком сидели Юрий Карлович Олеша и Михаил Аркадьевич Светлов. Они были людьми замечательного остроумия, их шутки и афоризмы передавались из уст в уста. В тридцатые оба они числились среди многообещающих советских авторов: стихи Светлова учили в школе, а сказку Олеши "Три толстяка" знали все дети и родители. Но они не смогли подладиться, не сумели научиться конформизму и предпочли от всего отказаться, выбрав единственную, с их точки зрения, последовательную позицию: пить до конца жизни.

Как-то раз мы ужинали в "Арагви". Это был грузинский ресторан с прекрасной кухней и совершенно особой атмосферой. В Москве нигде больше ничего подобного не было. Там собирались московские грузины. Они пели, звучало многоголосое пение, они произносили длинные тосты, пили из рога, который осушали до дна, официанты в национальных костюмах разносили по залу дымящиеся шашлыки, — удивительное грузинское жизнелюбие, мы как будто переносились ненадолго в Тбилиси. И вот однажды вечером мы сидели там с нашим другом, редактором издательства. Он вышел в туалет и заблудился в коридорах, поскольку основательно выпил. И увидел перед собой несколько дверей. Толкнул одну — она не поддалась. Толкнул вторую — она открылась. Он шагнул вперед и очутился в просторном зале, где крутились десятки огромных записывающих устройств. На каждом был номер, соответствующий ресторанному столику. Он вернулся, белый как полотно, и стал требовать, чтобы мы немедленно ушли. Мы ничего не понимали, решили, что он напился. В конце концов он, не поддавшись уговорам, ушел один. А мы остались и посмеивались над ним. А на другой день он назначил нам встречу на улице и рассказал о своем вчерашнем приключении. У нас отпало всякое желание не только посмеиваться, но и ходить в ресторан. Сейчас меня удивляет, что эта история так нас потрясла — ведь каждый из нас давно все это знал. Мы находились под этой слежкой до самых последних лет. В начале шестидесятых годов Василий Гроссман зашел посмотреть свою будущую двухкомнатную квартирку в писательском кооперативе, она еще строилась, нужно было выбрать обои. Один рабочий вышел проводить его. Когда они оказались на улице, он сказал: "Не разговаривайте у себя дома: под штукатуркой в стенах установлены микрофоны. Я не знаю, кто вы, но я должен был вас предупредить".

А к нам однажды неожиданно явились двое рабочих со стремянкой, якобы прочистить вентиляционное отверстие на кухне. Это было подозрительно: никто у нас, как известно, не приходит что-нибудь чинить, пока не позовешь минимум раз десять. С того дня мы жили с Ним, не зная наверняка, существует Он или нет. Он даже получил у нас имя "Шурик" и стал немым свидетелем нашей жизни, большая часть которой проходила на кухне. Иногда мы с ним заговаривали. Возвращались из отпуска и спрашивали, не скучал ли он без нас. Или Сима желал ему приятного аппетита. А Некрасов, пропустив две-три стопки, приглашал бедного Шурика махнуть с ним рюмашку.

Оказаться в кабинете Лубянки мог каждый в любой момент. Могли остановить на улице и втолкнуть в машину. Могли позвонить по телефону и приказать явиться тогда-то и туда-то. Повсюду в Москве — во всех больших гостиницах, в квартирах, даже в коммуналках — у КГБ имелись комнаты для этих тайных свиданий. Часто это был не арест, а допрос или предложение сотрудничать. Кто соглашался, должен был регулярно подавать доносы на знакомых, коллег, на друзей. Поэтому обо всех ходили слухи. Тот факт, что меня не арестовали, хотя я провела детство за границей, был весьма серьезным основанием меня подозревать. Тем более что я имела привычку говорить что думала — в пределах возможного.

В нашей жизни всегда было нечто таинственное, необъяснимое, абсурдное. Разыгрывается драма, а пружины ее скрыты, непонятны...

Долгое время мы дружили с сыном Максима Литвинова Мишей. В пятидесятые годы Литвинов еще жил напротив Кремля в доме на набережной со всей семьей: с женой-англичанкой Айви, сыном Мишей, невесткой Флорой и двумя внуками, одного звали Павликом. Незадолго до смерти Сталина с этим мальчиком, которому было от силы лет двенадцать, произошла странная история. Его характер вдруг изменился. Он стал мрачным, молчаливым, отвечал односложно. Когда приходил после уроков, запирался в своей комнате. В конце концов мама решилась с ним поговорить. Он долго отмалчивался, а потом зарыдал и признался, что получил "задание". При выходе из школы его встретили двое молодых людей и сказали: "Если ты хороший пионер, пойдем с нами. Для тебя есть государственное задание. Ты поступишь, как Павлик Морозов. Тебя ведь тоже зовут Павлик; ты должен нам рассказывать, что за люди приходят к дедушке, и запоминать их разговоры". Указали ему место, где они должны встречаться раз в три дня. Павлик, желая быть хорошим пионером, начал выполнять инструкцию, но мысль о том, что он предает дедушку, была для него невыносима. Флора решила действовать и в следующий раз пришла на встречу вместе с Павликом и пригрозила молодым людям жалобой в высокие инстанции.

У тех же Литвиновых много лет жила няня, которую они очень любили. Однажды она пришла домой и бросилась на шею Флоре с радостным криком: "Я получила звание майора!" Она потеряла голову от радости, признавшись таким образом, что была сотрудницей госбезопасности.

И так далее, и так далее, так что мы иногда задумывались, а есть ли люди, не связанные, тесно или отдаленно, с КГБ? Как мне в минуту откровенности признался один высокий партийный чиновник: “Лиля, вся страна начинена гэбэшниками”.

Я вспоминаю рассказ Леонида Ефимовича о первом допросе. Когда он заметил следователю, что он пока еще только обвиняемый, а не осужденный, тот подтолкнул его к окну и сказал: “Видите всех этих людей, которые идут по площади Дзержинского? Вот они — обвиняемые. А вы уже осужденный”.

46

Всплеск, который мы пережили, — молодые поэты, роман Дудинцева, — все это было заглушено ужасными венгерскими событиями. Пятьдесят шестой год, танки в Венгрии — было ощущение личной трагедии в каждом доме, пытавшемся, так сказать, зажить по-новому. Это был момент окончательного разделения интеллигенции. Именно это. Потому что первые всплески свободы были общие, все в этом участвовали. Казалось, что вообще все разрешено — и, конечно, идешь по более либеральному пути. Но вот тут выяснилось, что нужно занять какую-то позицию. Нужно либо одобрить, либо осудить то, что произошло в Венгрии. И это стало водоразделом. В частности, никогда не забуду, как мы с Леней Пинским поехали к Михаилу Александровичу Лифшицу, нашему довоенному кумиру, идеологу нового углубленного марксизма, в гости на дачу, которую он снимал в Переделкине.

После войны я однажды слышала Лифшица — в сорок шестом — сорок седьмом году на конференции по современному искусству в Союзе писателей. Он тогда впервые выступал публично после знаменитых довоенных дискуссий между “вопрекистами” и “благодаристами”, и опять, как в сорок первом, послушать его собралась целая толпа. А к тому моменту Жданов уже начал поход против всего чуждого соцреализму. И я была поражена: Лифшиц начал доклад с зачитывания обширного пассажа из статьи в “Правде”, где все абстрактные картины объявлялись произведениями приматов. И творчески развил эту мысль. Говорил, что импрессионизм — искажение искусства, свидетельство упадка, что нет искусства вне реализма...

Но в начале оттепели он написал блестящую статью в “Новом мире”, которую с восхищением мы все читали, и казалось, что он полностью идет с либеральным направлением. И вот мы приехали к нему. И Михаил Александрович... а он любил рисовать карандашом такие классические рисуночки, — он по-прежнему больше всего на свете, кроме вульгаризации марксизма, ненавидел художников-модернистов, это были его злейшие личные враги, — так вот, беседуя с нами, он рисовал рисуночки в старой манере, и в процессе разговора выяснилось, что он одобряет вторжение танков в Венгрию и стоит на позиции Гегеля, что все действительное разумно. Раз это случилось, значит, это должно было случиться. Значит, это надо стране, партии, и мы обязаны это поддержать, чтобы не расшатывать страну. И вот тут на моих глазах произошел разрыв между Леонидом Ефимовичем и Михаилом Александровичем, разрыв, который очень тяжело дался Пинскому, потому что он Лифшица боготворил, обожал.

Здесь мне хочется в маленьком отступлении сказать, что вообще мужество такое, физическое, что ли, — например, мужество на войне, когда человек пересиливает страх перед пулями или когда преодолевает боязнь и выходит на улицу, когда там орудуют бандиты, — не имеет ничего общего с мужеством интеллектуальным. И оказывается, как жизнь меня научила, интеллектуальное мужество дается куда труднее, чем мужество физическое, чем, так сказать, преодоление страха за свою шкуру. Людям легче рискнуть жизнью, чем сказать себе, что весь пройденный путь — ошибка, зачеркнуть свой путь, отказаться от того направления, которому ты служил всю жизнь. И я видела ряд примеров — между прочим, и среди французских коммунистов, и вот у нас, — когда у людей благородных, мужественных не хватало какого-то величия души, чтобы сделать этот шаг. И в том числе, к сожалению, у Михаила Александровича Лифшица. Он остался на позициях пусть углубленного, но строгого марксизма, одобрения партии, единения с партией.

События в Венгрии остановили либерализацию. Большинство в очередной раз приняло объяснения руководства: пролетарский интернационализм, борьба с империализмом и фашизмом и так далее. Последствия не замедлили сказаться внутри страны — с открытостью было покончено, началось наступление реакции. Сталинисты воспользовались удобным случаем. Сам Хрущев, извлекая урок из венгерских событий, потребовал, чтобы писатели и художники служили партии. Роман "Не хлебом единым", только что изданный наконец отдельной книгой, был изъят за "клевету на Советский Союз". Затем началось дело Пастернака.

В пятьдесят седьмом году Пастернак принес в "Новый мир" большой роман. Назывался он "Доктор Живаго". Роман в классической традиции, с главным героем, ввергнутым в события русской революции, которой он не противится, но и не принимает ее, и этот ураган поневоле его несет. Пастернак совершенно не собирался писать контрреволюционную книгу. Наоборот, воссоздавая эпоху сквозь призму восприятия героя и собственных переживаний, он пытался, делая над собой усилие, принять режим или, по крайней мере, понять могучее движение, которое перевернуло жизнь его родной страны.

“Новый мир” начал готовить роман к публикации — и столкнулся со страшными трудностями. В течение долгих месяцев не принималось никакого решения. Тем временем экземпляр рукописи “Живаго” попал к итальянскому издателю. Тот очень воодушевился и решил публиковать роман в Италии. Книга вышла очень быстро, и ее успех на Западе вызвал огромный скандал в Москве. Видя, какой оборот принимают события, редколлегия “Нового мира”, стремясь как бы обеспечить свои тылы, направила в ЦК письмо, указывающее на антисоветский характер “Доктора Живаго”. Это одна из мрачных страниц в истории журнала. Тотчас развернулась кампания, которая продолжалась вплоть до присуждения в пятьдесят восьмом году Пастернаку Нобелевской премии.

Семичастный, секретарь ЦК ВЛКСМ и будущий глава КГБ, сравнил Пастернака со свиньей. Это было сигналом к началу травли. Сразу же последовало большое собрание в Доме литераторов под председательством Сергея Сергеевича Смирнова, в то время заместителя главного редактора “Нового мира”. И весь литературный бомонд потребовал исключить Пастернака из Союза. Никто его не защитил. Мало того: собравшиеся с боем брали слово, чтобы его оскорбить. Хотя в зале было немало людей, слывших вполне порядочными. Начиная с самого Смирнова, который написал смелую книгу о защитниках Брестской крепости. Борис Слуцкий, человек большого мужества и замечательный поэт, мой давний друг, до того совершенно безупречный, тоже принял участие в этом деле. Надо сказать, он никогда не мог простить себе этой минуты слабости и многие годы пытался объяснить каждому встречному, почему на том собрании взял слово. Он уверял, что сделал это из лучших побуждений, пытаясь спасти то, что еще можно было спасти. Вера Панова, тоже автор "Нового мира", специально приехала из Ленинграда и была среди самых ожесточенных ораторов. Она говорила, что автор "Живаго" — попросту провокатор, поставивший под удар всю интеллигенцию. Я знаю только двоих, кто повел себя достойно или даже смело: Володя Тендряков, специально вызванный по телефону и оставшийся дома под предлогом гриппа, но в первую очередь Вячеслав Иванов, сегодня — всемирно известный лингвист. Тогда ему было лет двадцать пять, и он единственный отстаивал право поэта на свободу творческого выражения перед битком набитой аудиторией на филфаке. Ну, реакция не заставила себя ждать: он потерял работу в МГУ и двадцать лет не мог защитить докторскую диссертацию.

47

После вторжения в Венгрию и нового наступления сталинистов мы опять замкнулись в своей скорлупе. Но все-таки в головах произошло что-то необратимое — порыв, вызванный первым натиском свободы, не угас, он просто ушел в глубину. И сформировалось то, что принято называть другой, параллельной, неофициальной культурой. Вокруг некоторых официально не признанных художников, поэтов, критиков образовались полуподпольные группки, которые регулярно собирались и общались. Поскольку книги величайших русских поэтов двадцатого столетия не переиздавались и их имена были вычеркнуты из истории культуры, Леонид Ефимович Пинский взял на себя инициативу разыскать старые книжки или заграничные факсимильные переиздания, чтобы сделать копии. Стихи Цветаевой, Мандельштама, Гумилева, Ходасевича перепечатывали на машинке в четырех экземплярах, а то и переписывали от руки, переплетали в маленькие брошюрки и их передавали друг другу. Многие из наших друзей последовали этому примеру. Так пошел самиздат. В первом поколении он имел характер не политический, а скорее литературно-художественный, и эта деятельность приобретала все большее значение в нашей жизни.

Однажды вечером в пятьдесят девятом году Леонид Ефимович привел к нам юношу, похожего на школьника, — с почти детским лицом, розовощекого, со светлыми вьющимися волосами. Он представился Аликом и вынул из своего портфеля пять или шесть рукописных листов, которые были сшиты вместе и озаглавлены "Синтаксис". Это была подборка новых стихов, которые не могли опубликовать в газетах и журналах. Кроме Ахмадулиной, печатавшейся к тому времени в "Юности", все имена были нам незнакомы. Алик, который стал потом известен как Александр Гинзбург и сыграл такую важную роль в диссидентском движении, учился тогда в пединституте. Ему было едва за двадцать. Он обожал поэзию, был открытый, смешливый мальчик, и их большая комната в коммуналке в старом московском доме, где он жил вместе с мамой и немецкой овчаркой, вечно была полна народа. Молодые художники, актеры и, прежде всего, начинающие поэты. И вполне естественно ему пришло в голову, что нужно поддержать эту новую поэтическую волну. Никакого политического умысла за этим не было. Он выпустил несколько номеров журнала — напечатал каждый в трех-четырех экземплярах, потом их копировали. Некоторые попали на Запад и были изданы. И однажды к нему пришли с обыском, и он был арестован.

Существенной частью этой нарождавшейся параллельной культуры были барды. То, что во Франции называется шансонье. Сразу много молодых поэтов стали сочинять песни и сами их исполнять, обращаясь к широкой аудитории. Песню выучить легко, а помешать ее распространению трудно. В начале шестидесятых барды появлялись как грибы. Со временем их позабыли, но три замечательных имени осталось. Булат Окуджава тогда учился в Литинституте. Мальчик из арбатского двора, отец расстрелян. Он был изумительно худой и изумительно застенчивый. И, однако же, охотно приходил в незнакомые дома и пел под гитару, сам себе аккомпанируя. Эти песни, очень мелодичные, очень музыкально изобретательные, были о повседневной жизни — о дворах арбатских, о дружбе, о мальчишках, которые в шестнадцать лет ушли на войну, — но все было глубоко личным, вот именно "неофициальным". Тогда невозможно было представить, что песни эти станут настолько популярными.

Новелла Матвеева пела резким, плохо поставленным голосом. Она совсем не похожа была на певицу, какими мы их знали. Полная, страдавшая хроническим головокружением, не сказать что красивая молодая женщина. Но стоило ей взять гитару и запеть — и слушатели были полностью в ее власти. Она как-то умела обнаружить скрытый лиризм самых обычных вещей. Двери официальной литературы были перед ней закрыты, но ее нонконформизм открыл ей сердца всех, кто ее слушал.

Третье имя — Саша Галич. Он же Саша Гинзбург, некогда участник и соавтор "Города на заре". Когда мы снова встретились, его уже звали Галичем, он стал известным драматургом и сценаристом. Его комедия "Вас вызывает Таймыр" пользовалась огромным успехом и принесла ему большие деньги. Жил он как человек состоятельный. Большая квартира, старинная мебель, фарфор. Дарил меха красавице жене и сам был замечательным красавцем. И этот красавец показался мне чересчур элегантным и чересчур снобом. Ничего я в нем не нашла от Саши из студии Арбузова и с сожалением призналась себе, что мне почти не о чем говорить с этим человеком, похожим на советских буржуа.

Тем больше было мое удивление, когда взволнованный Элька Нусинов однажды рассказал нам, что накануне слышал, как Галич пел свои песни у Грековой, бывшей преподавательницы математики, которая теперь тоже печаталась в “Новом мире”. Элька говорил: это замечательные, необыкновенные песни. Мы тут же пригласили Галича к себе. И вот, как когда-то было с Евтушенко, мы увидели другого человека.

В его первых песнях еще не было открытой политики. Была подлинная, грубая, изумительно схваченная речь простых людей — она как бы лежала в основе его баллад. Скажем, возлюбленный билетерши бросил ее, женился на дочери аппаратчика и вращается теперь в высших сферах. И вот вся песня — диалог Тонечки, этой билетерши, и парня, который описывает свою красивую жизнь. “Я живу теперь в дому — чаша полная, / Даже брюки у меня — и те на молнии...” Он рассказывает, как папаша приезжает по ночам с работы и он непременно подносит ему “двести граммчиков” и “сообщает анекдот про абрамчиков”. А сердцем рвется к Тонечке, которая стоит на дверях в кинотеатре “вся иззябшая, вся простывшая, но не предавшая и не простившая”.

Потом в песнях стало все больше прямого политического протеста. Скажем, была такая песня, как Хрущев приглашает высокого иностранного гостя на охоту и они травят дичь в лесах и полях, где захоронены убитые на войне солдаты.

Галич нашел наконец свой путь. Он сочинял и сочинял без устали, и его песни составили настоящую энциклопедию советской жизни. Популярность его была необычайной, сравнимой только с популярностью Высоцкого для следующего поколения. Благодаря кустарным записям на домашних магнитофонах его знали в самых дальних уголках СССР. Но это не могло не закончиться ответным ударом. Однажды его пригласили спеть в Академгородке, филиале московской Академии наук, под Новосибирском. В клубе. Успех был исключительный, огромный зал пел вместе с ним... И через три дня в “Правде” появилась статья, обвиняющая Галича в антисоветской пропаганде. С этого момента, уже при Брежневе, власти все больше и больше осложняли его жизнь.

48

В какой-то момент я поняла, что не могу, чтобы у нас был один ребенок. Нужен обязательно второй. И хотя мне было уже сорок лет, я твердо решила, что у нас должен быть еще один ребенок. Мне хотелось девочку. Я всегда мечтала иметь девочку. Поэтому у меня есть такое хобби: я очень люблю всех и жен, и даже не только жен, а подружек, — потому что мальчики мои были ловеласами, — всех подружек моих мальчиков. Я каждый раз ищу себе как бы дочку среди них. И родился мальчик. Назвала я его Женей. В честь Жени Астермана, о котором я рассказывала, — моей ифлийской любви.

Первой попыткой выбиться из нищеты была пьеса "Моя фирма", и хотя спектакль через две недели сняли и пресекалась возможность делать что-то для театра, Сима и Элька тут же стали писать сценарий — "Мичман Панин". По материалам воспоминаний старого большевика Панюшкина, напечатанным в "Новом мире". Это очень быстро и хорошо у них пошло, и режиссер Миша Швейцер — из нового поколения пришедших тогда послевоенных режиссеров, но уже имевший некоторое имя, потому что сделал с Тендряковым успешный фильм, — взялся ставить это дело.

Типичные дела новой кинематографической волны: они вернулись к извечной теме нашего кино, а именно историко-революционной, но попытались трактовать ее совсем в другом духе — с юмором, с темпом, сделать из этого приключенческую историю. И так, веселясь, и писали.

Там была очень смешная вставная новелла, как мичман Панин кутит в Париже, и когда сценарий утверждал худсовет, то им эта вольность, которая и составила потом главный успех фильма, сильно не понравилась. Предстояло еще одно заседание, и Миша Швейцер позвонил нам вечером накануне и сказал: ребята, я вас защищать не буду, я откажусь, я боюсь. Ну, это было крушение всех надежд. Потому что Симе и Эльке казалось, что они написали очень хороший сценарий.

И вот о том, как много можно сделать для другого человека. К нам в тот вечер пришел Володя Тендряков. И Сима ему говорит: знаешь, Миша завтра на худсовете откажется, не будет защищать "Мичмана Панина". Володя вскипел: как это откажется? А ну-ка я сейчас ему позвоню. И позвонил и сказал: Миша, если ты завтра не будешь это защищать и не будешь говорить "или это, или ничего", если ты не постоишь за "Мичмана Панина", я с тобой больше не здороваюсь. Забудь, что мы знакомы. А Тендряков был тогда фигура очень, так сказать, привлекательная, воплощающая совесть, честь. Да Мише и самому, наверное, не хотелось... В общем, на этом худсовете Миша Швейцер защитил "Мичмана Панина". И фильм был снят.

И сразу пришли и кое-какие деньги, и кое-какая слава, потому что это сочли фильмом нового типа, "открывающим новые горизонты".

А я вот никак не могла начать работать. Я преподавала по-прежнему в ВОКСе, но это была почасовая оплата, копейки, а главное, мне, естественно, хотелось начать работать по-настоящему. В "Детгизе" заведовал отделом переводной литературы мой товарищ Боря Грибанов. Он говорил: Лиля, как хочешь, но у нас сейчас очень следят, чтобы евреев был определенный процент, поэтому я тебе французского перевода дать не могу, французских переводчиков очень много. Вот скандинавский — да, ты же занимаешься скандинавской литературой, давай ищи, ведь скандинавских переводчиков нет, и я буду чист перед начальством.

И я таскала домой большие авоськи, набитые скандинавскими книгами, — в издательство по почте приходили пакеты необычайно красивых книг. Надо сказать, у нас тогда еще книги так не издавали. Они все были в глянцевитых обложках, с замечательными рисунками — и абсолютно пустые. Я таскала эти авоськи, таскала и злилась и думала: как же плохо, что я не могу что-то французское перевести, вот тот-то имеет французскую книжку, этот тоже имеет французскую книжку, а мне ничего не дают...

49

И вот однажды, месяцев через пять, я принесла очередную порцию этих бессмысленных красивых книжек, и одна обложка сразу привлекла внимание, потому что на ней был нарисован летящий человечек с пропеллером на спине и написано: “Карлсон по такет”, что значит “Карлсон на крыше”. Я начала читать и буквально с первой же страницы увидела, что это не просто книжка, что это чудо какое-то, что это то, о чем можно лишь мечтать. Что это изумительная по интонации, по забавности, по простоте, по фантастичности выдуманного образа вещь. Я глубокой ночью позвонила Борьке, говорю: слушай, я нашла изумительную книжку. — Ты не ошибаешься? — Нет, говорю, ее не нужно рецензировать! Ты увидишь, это будет колоссальный успех!

А времена еще были все-таки менее казенными, чем потом. И Боря мог мне сказать, как он сказал: ну давай, переводи. Мне никто ничего не сможет возразить. Начинай.

И это эпизод почти такого же значения, как то, что я двенадцатого января осталась ночевать у Симы. В рабочем плане я вытянула невероятно счастливый жребий. И то, на что я злилась... Вот сделала бы французскую книжку, никто бы ничего не заметил, и я бы ничего не заметила. А тут я попала в изумительный мир совершенно замечательной детской писательницы Астрид Линдгрен.

Уже начав переводить, я все же, как полагалось, написала для издательства рецензию на эту книгу. Я написала, что Астрид Линдгрен когда-нибудь будет знаменитой писательницей, потому что она, как никто другой, та-та-та... А через год-другой я узнала, что она давно уже имеет Андерсеновскую премию, самую крупную премию в мире детской литературы, что ее книги переведены на тридцать языков и что вообще это в детской литературе абсолютно первое имя. Это насчет "стены". У меня, попутно расскажу, был точно такой же случай с Сент-Экзюпери. Тот же Боря Грибанов дал мне на рецензию книгу Сент-Экзюпери "Земля людей"[1] — чудесную, глубокую, очень неожиданную. И я написала рецензию на двенадцати страницах, что вообще никто не делает, — в таком я была восторге от этой книги, — и тоже написала, что когда-нибудь Сент-Экзюпери будет всемирно известным писателем. А через несколько месяцев открылась французская выставка, и там в книжном разделе я увидела целые полки литературы о Сент-Экзюпери. Перевести "Землю людей" мне так и не удалось, не получилась тогда эта затея. Но вот два раза, я горжусь этим, я предвидела будущую славу, а на самом деле почуяла случившуюся.

Астрид Линдгрен — совершенно из своих книг. Она замечательная, она худая, высокая, очень веселая, очень живая и как-то очень непосредственно на все реагирующая. Когда я перый раз пригласила ее домой, Жене было три года. Она пришла к нам — Женя уже спал. Она немедленно его разбудила, посадила на ковер и начала с ним играть. Вот это Астрид Линдгрен. А когда мы ее проводили этим же ве-

1 В переводе Н.Галь — "Планета людей".

чером в гостиницу "Россия", а там второй троллейбус делает круг, — она вышла из троллейбуса и начала танцевать. В час ночи. Прощаясь с нами. И настолько это было заразительно, что мы с Симой должны были ей ответить и тоже исполнили какие-то танцевальные па в пустом троллейбусе.

Она поражает живой душой. И я как-то ее спросила: откуда ты взялась вообще такая? Я знала ее биографию. Она была замужем за небольшим бизнесменом, работала секретаршей-машинисткой в его бюро. Дети, никакого высшего образования, — дочка фермера. "Эмиль из Леннеберги" — это биография ее отца, мальчик Эмиль — таков был ее отец. И я ей говорю: ну откуда ты взялась такая, откуда эта фантазия и все прочее? Она говорит: о, это очень понятно, это очень легко объяснить. Я выросла в тени великой любви. Мой отец, когда ему было семнадцать лет, на ярмарке увидел девочку. Четырнадцатилетнюю девочку в синем платье с синим бантом. И влюбился. Ждал, пока ей исполнится восемнадцать лет, попросил ее в жены и получил ее в жены. Он ее обожал. Мы были довольно бедные фермеры, у нас был один работник и одна работница (это бедные фермеры), мама доила коров, делала всю работу. Но каждое утро начиналось с молитвы отца — он благословлял бога за то, что ему послали эту чудо-жену, эту чудо-любовь, это чудо-чувство. И вот мы в тени этой великой любви, обожания выросли, и это, очевидно, сделало нас такими, с братом. Я говорю: а мама? — "Мама умерла десять лет назад". Я говорю: господи, а отец? "Отец жив". — "Как же он пережил, ужасно, наверное, смерть матери?" Она говорит: "Что ты! Он благословляет каждый день бога, что боль разлуки выпала ему, а не ей". Меня это потрясло. Вот Астрид Линдгрен.

То, что я смогла перевести четыре ее книжки (а каждая состоит из трех отдельных книжек, то есть получается в целом двенадцать), не только было огромной радостью, удовольствием и счастьем работы, но еще сделало меня в этом мире знаменитой, помогло мне жить, разговаривать с жуткими домоуправами, получить авиабилет, когда его купить нельзя, переезжать потом через таможни, облегчило прочие тяжелые минуты нашей жизни. Потом была "Пеппи Длинныйчулок", первая книга Астрид Линдгрен.

Из письма Астрид Линдгрен Л.Лунгиной:

> Дорогая, милая Лили, мне так стыдно, так ужасно стыдно – надо же, как летит время! Я получила твое письмо в июле и пришла в ужас, узнав о болезни Симы. Два письма мне не приходили, только одно – последнее, от 30 сентября. Второе, наверное, потерялось. Этим летом у меня просто не было никакой возможности отвечать на письма, так грустно все сложилось – я думала только о брате и почти не занималась делами. Однако тебя я вспоминала очень часто. Как хорошо, что ты переводишь "Эмиля" и "Бюллербю". <... >
> 300 000 экземпляров "Карлсона" – грандиозно, да? У вас там дети едят их, что ли, эти книжки? И мои пьесы Театр сатиры все ставит и ставит. Что, интересно, думают об этом другие драматурги, которые тоже пишут для театра?
> Армения – это, должно быть, чудесно; я рада, что вы с Симой там отдохнули. Я тоже на некоторое время уезжала, была в Швейцарии, в маленькой альпийской долине, – красота необыкновенная.
> Пожалуйста, передай большой привет Маргарите[1], и подумайте с ней, когда вам будет удобно приехать ко мне в гости. Моя маленькая квартирка пока занята, но скоро наверняка освободится, только не знаю точно когда.
> Обязательно передавай привет и Симе с Женей.

1 Вероятно, речь о Маргарите Микаэлян, поставившей спектакль "Малыш и Карлсон" в московском Театре сатиры. Он и до сих пор в репертуаре театра.

Моя дорогая Лили, не забывай меня – я о тебе всегда помню. На следующей неделе я ненадолго уезжаю в Голландию.

Всего, всего наилучшего!

Твоя Астрид

Ну, у меня как бы появилось имя. А когда есть имя, то даже на факт еврейства уже смотрят снисходительно. Я помню, как Боря сказал: вот если бы ты знала немецкий, я б тебе дал книгу... Я говорю: знаешь, может быть, я знаю немецкий, я попробую. Он мне дал немецкую книжку (называлась она "Трэван", неизвестного, анонимного автора), и я, конечно, обнаружила, что совершенно свободно читаю по-немецки. И, в общем, вошла в мир переводчиков.

Переводить — огромное счастье. Искусство перевода я бы сравнила только с музыкальным исполнением. Это интерпретация. Не берусь говорить, какая лучше, какая хуже, — каждый выбирает, что ему нравится. Но, скажем, я переводила рассказы Бёлля, и есть другие переводы Бёлля — это совершенно разный Бёлль. И я думаю, что судьба Ремарка, о котором у нас писали, что он беллетрист, что он писатель второго сорта (а это абсолютная неправда, он писатель первого сорта) — его судьба здесь сложилась так только потому, что его переводили, увы, неудачно. Пошлые переводчики. И любовные сцены, которые он пишет изумительно, на высоком накале чувств, получились пошловатыми. Так как я этих переводчиков знаю лично, то я просто видела их портреты. Человек, когда переводит, расписывается, пишет свой портрет, чувствуется, каков он есть.

Я плохо понимала еще механизмы официальной советской жизни. Я была страшно довольна, что наконец нашла себе работу (а до того мы с Нёмой Наумовым перевели несколько французских книжек, но это никому не понадобилось, и Нёма стал переводить с испанского, так как легче было переводить с тех языков, где меньше конкуренции), — но совершенно не думала о том, что мое положение надо как-то оформить. А Владимир Григорьевич Адмони говорил: Лиля, надо вступить в Союз писателей. Я отвечала, как дурочка: зачем мне это надо? Зачем мне нужны эти официальные советские инстанции? Но он упрямо твердил: Лиля, надо вступить в Союз писателей. В общем, заставил. Стал давить на Симу, и я действительно вступила в союз. Горжусь тем, что рекомендацию мне дал Казакевич, по "Малышу и Карлсону" — он был влюблен в эту книжку. Оказалось в дальнейшем, что сам факт пребывания в Союзе писателей дает тебе право на работу. А очень талантливые люди, которые не были в союзе и которым я пыталась помочь, получали отказ с формулировкой "они не члены союза". Я говорила: а как они могут быть в союзе, если они еще не переводили? — "Надо быть в союзе".

Начиная с шестьдесят четвертого — шестьдесят пятого года рабочая жизнь и Симы и моя вошла в какую-то колею. И работа была. Более или менее все время. Регулярно.

Сима и Элька работали с замечательными режиссерами. "Добро пожаловать, или Посторонним вход воспрещен" поставил Элем Климов, эта вещь сделалась классикой детского кино. Действительно это была замечательная картина. Ну, и Климов стал очень знаменит. Через много лет они сделали с Климовым "Агонию", фильм о Распутине, который десять лет ждал выпуска на экран. Две картины с Роланом Быковым — "Внимание, черепаха!" и "Телеграмма", тоже ставшие детской киноклассикой. "Жил певчий дрозд" — с Отаром Иоселиани.

50

Был шестьдесят первый год. Элька Нусинов звонит нам в час ночи и говорит:

— Одевайтесь!

Я говорю:

— Что ты, мы уже спим.

— Нет, немедленно одевайтесь, сейчас я за вами приду.

— Что случилось, почему?

— Увидите.

Ну, в то время особых вопросов все равно по телефону не задавали. Мы послушно встали, оделись. Он явился и сказал: говорят, что сегодня будут Его выносить из Мавзолея. Его — это Сталина. Пойдем на площадь. И мы пошли.

И были поражены. Уже на подступах к Красной площади было полно народу, толпа. А на самой площади — не протолкнуться. Люди стояли группами и разговаривали. И вот что мне хочется, чтобы осталось в памяти. Молодые мальчики обращались к нам чуть ли не с проклятьями: как вы могли допустить это обожание Сталина, культ Сталина, — вы во всем виноваты, вы все, ваше поколение виновато. Элька вступил с ними в спор, пытался объяснять, что люди боялись, что был страх.

— Почему страх? Почему же мы не боимся?!

И вот втолковать им, что время было другое, что время несло этот страх, что это нечто ирреальное, но тем не менее совершенно осязаемое — вот это чувство страха, которое связано с настроением всего общества в целом, что это... вот так бы я сказала: что это не индивидуальное, а общее, — объяснить им было нельзя. Мы стояли как оплеванные, как виноватые перед этими молодыми ребятами, которые говорили: мы ничего не будем бояться, у нас все будет по-другому. К слову сказать, в брежневское время они прекрасно потом, я думаю, тоже всего боялись, но вот это был момент такого настроения. Показалось, что пришла свобода. Ну, Сталина в ту ночь не вынесли, но мы стояли на площади до четырех утра. Все, кому было больше двадцати пяти, были как будто в ответе перед молодыми. И что-то не давало уйти.

51

Был у Вики Некрасова очень близкий друг и его редактор по “Новому миру” Игорь Александрович Сац. Из семейства Сацев, известной в Москве семьи. Сестра Игоря Александровича была женой Луначарского, его кузен — художником во МХАТе. Игорь Александрович жил над “Смоленским” гастрономом. В этом доме была коридорная система, как в гостинице, и в каждом “номере” жила семья. Номер — это комната-пенал, я уже рассказывала: длинная комната-кишка. С двух сторон книжные стеллажи. Вот там жил Игорь Александрович со своей женой Раей. И к ним часто приходил выпивать Твардовский — главный редактор “Нового мира” и великий поэт. Благо, Игорь сам любил выпить, и гастроном внизу. Сац имел огромное влияние на Твардовского. В этот период, когда мы только познакомились, нам Игорь очень нравился. Ходила за ним слава, что он необычайно талантливый и яркий критик. Я потом прочла только одну его статью о Зощенко, больше ничего, — по-моему, больше было разговоров вокруг этого. Но это был человек “Литкритика”, то есть — из мыслящих, из передовых еще в довоенное время.

В узеньком пространстве между стеллажами стоял маленький газетный столик, вот за ним и выпивали. В тот вечер, когда я впервые увидела Твардовского, там сначала сидели Игорь с женой и мы с Симой и Викой. И за столом господствовал Некрасов. Он говорил, он что-то рассказывал, он был как бы главный в застолье. Потом пришел Михаил Александрович Лифшиц, который тоже дружил очень с Сацами, часто здесь бывал. И сразу к нему перешло это главенство. Уже он был в центре внимания, уже он стал главным за этим столом.

И вдруг появился Твардовский. Я была взволнована, увидев его в такой обстановке, так близко. Издали мы были знакомы, потому что я делала для "Нового мира" переводы и писала время от времени анонсы-рецензии на переводные книги. Он был большой, высокого роста, широкоплечий, с круглым лицом и маленькими глазками — ярко-голубого цвета маленькие глазки и исключительно пронзительный взгляд. И потом я имела не раз случай убедиться, что он смотрит, как говорится, во все глаза: он все видел, все замечал. И как только он появился, то и Вика, и Михаил Александрович как будто ушли в тень. За столом воцарился Твардовский, и был только он, и слушали только его. И значительность его личности, его "я", которое безраздельно доминировало, — я как-то впервые увидела, что это значит.

У него была очень своеобразная манера говорить — с особым выговором, характерным для его родных мест, и не повышая голоса, поскольку он был уверен, что все только его и слушают. Умолкал он совсем не для того, чтобы передать слово другим, это ему явно и в голову не приходило, а чтобы подобрать выражение поточнее.

Сила его личности, поразившая меня в тот вечер, в полной мере проявлялась в журнале, в его отношениях с редакторами. И таким же образом он пытался говорить и с авторами, которые там публиковались. Отношения

Твардовского с ними всегда были очень сложными — будь то Некрасов, Войнович или позднее Солженицын. В противоположность Вике Некрасову, Твардовский отнюдь не был свободным человеком — наоборот. Его связывало не только то, что он был членом партии и правления Союза писателей, главным редактором самого спорного журнала. Твардовский вышел из крестьянской семьи. Отца его во время коллективизации раскулачили и сослали. И, с одной стороны, своеобразная крестьянская психология заставляла Александра Трифоновича почитать тех, кто стоял у власти, а с другой, он мучился, неся в себе это почтение, так как был человеком исключительно честным и ему претило поступать против совести. Он был как связанный великан. Он был зажат в тиски между своими чувствами и требованиями ЦК, который командовал литературной жизнью. Он завидовал тем, кто мог не идти на уступки. Когда после многодневных сражений он получал разрешение ЦК или цензуры публиковать какое-то произведение, но с условием вычеркнуть тот или иной пассаж, сопротивление автора приводило его в страшное бешенство. Вика рассказывал нам, как Твардовский ему кричал: вот ты все критикуешь, ты всем недоволен, ты обвиняешь советскую власть, но сало при этом ешь русское и хлеб ешь русский, а от заграницы приходишь в восторг! А когда Гроссман, друг Твардовского, но в то же время ненавистный режиму человек, написал путевые заметки об Армении, Александр Трифонович сделал невозможное, чтобы вырвать разрешение на публикацию. Он очень хотел напечатать, считал, что одержал важную победу, тем более что эта публикация должна была стать первой после того, как КГБ изъял роман Гроссмана "Жизнь и судьба". Но цензура потребовала выбросить эпизод, где армянин поднимает тост за два народа — армянский и еврейский, ставших жертвами геноцида. Для Гроссмана об уступках не могло идти речи. Твардовский был вне себя. Обрушился на Гроссмана, обвинял его, говорил, что тот не хочет ничего понимать, не хочет сделать ни малейшего усилия, чтобы ему помочь...

После знакомства у Сацев мы с Александром Трифоновичем не раз встречались, как бы даже подружились. И однажды утром он позвонил очень рано, часов в девять. Позвонил Вике, но тем самым и нам: я должен к вам немедленно прийти.

В десять он был уже здесь. Он принес рукопись. Это были странички из школьной тетради для математики, в клеточку, на которых почти без интервала были напечатаны строчки. Совершенно слепая рукопись. Называлась "Щ-854".

Я сегодня ночью, говорит, прочитал эту рукопись два раза, я должен ее вам сейчас хоть частично прочесть, я не могу ее не читать, это потрясающая рукопись. Мы тут же позвонили Эльке Нусинову, он примчался. Да, Александр Трифонович потребовал водки, Элька ее захватил. Мы сели впятером в большой нашей комнате, начали пить водку и слушать повесть, которую теперь все знают, которая стала классикой, — "Один день Ивана Денисовича".

Еще до звонка Твардовского мы уже знали про существование этой рукописи.

Ее принес в "Новый мир" Лева Копелев, литературовед, переводчик, а ныне знаменитый писатель, изгнанник, он живет в Германии. Лева сидел в свое время в шараге. Шарага — это тюрьма, бывшая одновременно научно-исследовательским институтом. Поскольку очень много умных и талантливых людей сидели, советская власть решила их использовать и организовала такие тюрьмы, где люди могли работать по специальности. В одной из таких шараг вместе с Копелевым сидел его товарищ, школьный учитель математики по фамилии Солженицын, попавший в тюрьму за переписку с приятелем: цензура перехватила полевую почту, в письме были высказаны какие-то сомнения, его посадили. Освободившись, Солженицын написал повесть. Лева не оценил в тот момент ее значения, но принес своей подруге, замечательному литературному критику, заведующей отделом прозы в “Новом мире” — Анне Самойловне Берзер, Асе Берзер, которая позже стала редактором Вики Некрасова и моей очень близкой подругой. К тому времени Ася прославилась в литературных кругах своими блестящими, остроумными статьями против писателей-сталинистов, графоманов. Но ее особый дар заключался в открытии новых талантов. Она умела, как никто другой, добиваться от авторов лучшего, на что они способны. Именно ей посвятил Домбровский “Факультет ненужных вещей”, написав, что без нее этой книги никогда бы не было. И Солженицын воздает ей должное в своих воспоминаниях.

Так вот, Лева Копелев принес рукопись Асе и сказал: прочти, по-моему, интересно. А надо сказать, что на этом этапе оттепели уже появился ряд рукописей, написанных сидевшими людьми. Но ни одна из них пока ни на кого сильного впечатления, кроме фактографического, не произвела.

Ситуация с прохождением вещей в “Новом мире” была сложная. Могли задержать публикацию из соображений очередности и прочих других соображений, отнюдь не по существу. Члены редколлегии, прикрываясь “интересами журнала”, нередко проявляли трусость. Ася, прочитав рукопись, прямо пошла к Твардовскому. Что было нарушением этикета. Там на втором этаже находился олимп — заседали члены правления журнала, а на первом — рядовые работники, сотрудники, и к Твардовскому не полагалось приходить просто так. Порядки там были отнюдь не демократические. Тем не менее она пошла, положила тетрадку ему на стол и сказала: я вас очень прошу, прочтите.

А нам по телефону рассказала об этой потрясающей рукописи.

Надо сказать, что у Александра Трифоновича было удивительное свойство — я это не раз наблюдала, но с "Иваном Денисовичем" особенно — уметь восторгаться. Это далеко не всем талантливым и большим людям дано. Степень его упоенности повестью Солженицына неописуема. Тут, конечно, многое сошлось. У Александра Трифоновича были настоящие народнические взгляды: он считал, что истина и глубина понимания жизни живет только в гущах народа. К интеллигенции он относился очень настороженно. И то, что Солженицын выбрал героем простого человека, что герой не интеллигент, а Иван Денисович, особенно, конечно, покорило Твардовского.

Мы сидели, жевали колбасу какую-то и сыр, пили эту водку, постепенно все пьянели, он — в первую очередь, он не мог остановиться: какие-то сцены, скажем, с красителями там есть такой эпизод, он перечитывал три раза. Он был так восхищен, и он сказал нам: пусть меня снимут, пусть меня растопчут, пусть со мной сделают все, что угодно, — я дойду до Никиты, я ему сам это прочту, и если это не удастся напечатать, я больше не хочу работать. Это дело моей жизни, я обязан это сделать.

Ну, так как расстались в двенадцать ночи, а пили с девяти утра, то мы, конечно, сочли, что это пьяная фантазия. Быть принятым Никитой?..

После таких выпиваний его кто-то должен был проводить, потому что сам дойти до дома он уже не мог. И так как у нас меньше всех пил Элька Нусинов, то ему всегда выпадала эта функция. Он провожал Александра Трифонович в его высотку на набережной, ставил у двери квартиры и звонил в звонок. Жена Твардовского видела всегда Эльку. И она решила, что это самый большой пьяница, самый главный заводила, что вот он и спаивает бедного Александра Трифоновича. И Элька с этой ужасной славой жил. И вот в тот вечер тоже Элька нам рассказывал, что, когда он его отвел, Твардовский был уже очень пьян и все повторял: я поеду к Никите, я поеду к Никите. И жена сказала: ну до чего вы довели человека, как вам только не совестно, он уже и о Никите говорит.

Тем не менее все это произошло. Александр Трифонович действительно добился разрешения поехать к Никите, когда Никита отдыхал на юге. Он сам ему прочел рукопись вслух, так же захлебываясь, как он нам потом рассказывал, от восторга, и даже позволял себе перечитывать какие-то особые пассажи. И Никита был покорен. Потому что он тоже ведь простой человек, это был тот уровень, который он полностью, без остатка мог воспринять. И он сказал: давай, печатай. Я согласен. Вот только название надо изменить.

Ну, все знают, все помнят, а может, молодые уже не помнят: когда "Новый мир" напечатал "Один день Ивана Денисовича" — это было событие чрезвычайного значения. Общенационального. Вообще, смотрите, как интересно — печатание книг, стихов оказывается каким-то важным моментом в высвобождении этой несчастной страны из пут порабощения.

Я думаю, первые вещи Солженицына удивительно художественны. Я даже думаю, на высоту своих первых вещей он больше никогда не поднялся. Это настоящие книги. "Один день Ивана Денисовича", на мое восприятие, — абсолютно художественное произведение. И рассказ "Матренин двор" — это тоже исключительно и чисто художественное произведение, при том что его политическое значение тоже огромно. Потому что вся жизнь деревни нашей просветила сквозь этот рассказ.

Политика в художественной вещи не может быть определяющей. Если на первом плане какая-то позиция, какое-то утверждение политического толка и это лишь приукрашено беллетристическими приемами, тогда это не художественное произведение. Скажем, "Не хлебом единым" — произведение политическое плюс беллетристика; Дудинцев добавил то, что называют беллетристикой, то есть какие-то общеизвестные приемы оживления.

Желание прочесть "Ивана Денисовича" было продиктовано интересом к политике, то есть даже не к политике — к жизни, на самом деле. Но массовость, то, что каждый грамотный человек считал, что обязан его прочитать, — вот это была политика. Вообще у нас ведь политика — в чистом виде и не политика. У нас настоящей-то политики и не было. У нас политика, мне думается, претворялась всякий раз в форму каких-то страшных массовых действий, то есть сливалась с живой и страшной жизнью народа. Наша политика не в сфере политических споров или состязании каких-то доктрин. Наша политика — это направление каких-то массовых действий, которые всегда тяжелейшим образом сказывались на жизни людей. Поэтому желание прочитать "Один день Ивана Денисовича" — это было стремление узнать форму жизни, которая была тоже массовой, но до поры до времени сокрытой от наших глаз. Хотели узнать по правдивому свидетельству побывавшего там человека, что же такое лагерная жизнь. Это создавало популярность, подстегивало интерес. Но когда ты начинал читать, то попадал в сферу, конечно, художественного творчества. Безусловно. Для меня это очевидно.

Я думаю, залог великой художественности "Ивана Денисовича" в том, что Солженицын взял счастливый день. Что он описал не тяжелый день Ивана Денисовича, а вот — что такое хороший день в заключении, когда все складывается как нельзя лучше. Это создает какую-то возможность воспринять. Ведь очень большое сгущение "чернухи" человек и воспринять не может. А тут, я бы сказала, у пилюли очень горькой есть оболочка, в которой это можно проглотить.

Вот потом же появились рассказы Варлама Шаламова. Шаламов вернулся следом за Солженицыным. Я с ним познакомилась у Леонида Ефимовича, потому что к Лене в дом ходили многие вернувшиеся из лагерей. Это был совсем другого облика человек, чем Солженицын. Я увидела еще не старого, но совершенно состарившегося, похожего на образы Рембрандта человека; жизнь наложила на него ужасную печать, исказила лицо, он был весь в морщинах, у него был тяжелый, страшный взгляд. Это был абсолютно раздавленный системой человек.

Его рассказы, глубоко художественные и замечательные, имеют познавательную ценность отнюдь не меньшую, чем "Один день Ивана Денисовича". Но тогда эти рассказы не были здесь опубликованы. Однако нам удалось, даже, скажу, не без моего участия, переправить их за границу. Знакомые французские врачи вывезли рукописи на себе, приклеив страницы под одежду. И они были опубликованы во Франции. Но не произвели никакого впечатления — в том смысле, что их не читали. Это теперь Шаламов стал знаменит. Сейчас его переиздают. А тогда правда, которую он сказал о лагере, эта жизнь у́рок — он очень много писал не только о политических, но и об урках, об этой стороне лагерной жизни — оказалась настолько горькой, не завернутой в приемлемую, глотаемую оболочку, что тираж, который вышел в издательстве, никто не покупал. И пресса была такая... Он очень тяжело это пережил. И когда началась травля Солженицына, даже позволил себе высказаться. В том же номере газеты, где сообщалось, что Солженицына высылают, было письмо-протест Шаламова против того, что без его разрешения опубликовали за границей его рассказы. Это неправда. С его разрешения. Это была горечь от того, что рассказы не получили никакого отклика. Как в бездну провалились. Он не понимал почему. И умер он ужасно. Я его видела, пока он ходил к Лёне. Потом он заболел, не смог больше жить один в своей квартире. Он умер в районном доме для престарелых, в ужасных — просто в лагерных условиях, в полной забытости, безвестности, совершенно трагически. А сейчас на Западе это большой писатель. У нас, впрочем, тоже. Его издают и переиздают, выходят толстые книги...

Это о том, как важно было почувствовать, что нужно описать *счастливый* день Ивана Денисовича.

Солженицын приходил к нам дважды. Первый раз — повидаться с Некрасовым. Он с ним говорил, как школьный учитель, который распекает провинившегося мальчишку. Внушал, что Вике надо полностью изменить образ жизни, вставать спозаранку, работать в десять раз больше, писать по меньшей мере четыре-пять часов в день. Красно-синим карандашом расписал ему распорядок дня. Вика, живое воплощение свободы, корчился от смеха, а Александр Исаевич, никакого внимания на это не обращая, продолжал: а главное, он говорил, ты должен бросить пить. Ничего, кроме минеральной воды. Солженицын не видел людей, к которым обращался. Он не говорил — он проповедовал.

Во второй раз он приходил послушать записи Галича. Прямо с порога сообщил нам, что у него есть всего двадцать две минуты, прослушал начало песни, сказал "эта мне неинтересна, следующую". Послушал целиком всего две или три, наиболее реалистические. Все время смотрел на часы и ровно через двадцать две минуты встал, как будто закрыл заседание. И ушел, ничего не сказав. А мы, в то время безумно этими песнями восхищавшиеся, были совершенно сбиты с толку.

В последний раз я его видела на Новодевичьем кладбище, на похоронах Твардовского в семьдесят первом году. Для Александра Трифоновича, которого за год до этого отстранили от руководства "Новым миром", жизнь потеряла всякий смысл. Нас привез автобус Союза писателей. Перед воротами милиция отгоняла толпу, преграждая вход. Простым людям не позволялось проводить Твардовского в последний путь. Все произошло удивительно быстро. Как будто боялись, чтобы похороны Твардовского, впавшего в немилость, не затянулись. Ни одного искреннего слова — только краткие официальные выступления. Затем, когда гроб стали опускать в могилу, Солженицын — а он был уже два года как изгнан из Союза писателей, вел полуподпольную жизнь, — решительным жестом, жестом человека, имеющего право, отстранил всех, кто стоял перед ним, и шагнул вперед. Он хотел первым бросить горсть земли. А потом торжественно и размашисто осенил пространство крестным знамением.

52

Хрущев всегда действовал импульсивно. Он был двуликим. В истории с "Иваном Денисовичем" он повел себя как добрый царь, умный, понимающий, чуткий, а всего через несколько недель на выставке в Манеже открылся другой его лик — злого царя, раздражительного, ограниченного, властного.

Маленькая группка художественных критиков решила воспользоваться благоприятным, как казалось, моментом, и по их инициативе в Манеже была организована большая выставка современной живописи. Это произошло впервые за тридцать лет. Все искусство двадцатых — тридцатых годов, Лентулов, Фальк, Штеренберг, Филонов — те, кого десятилетиями запрещали и клеймили... Невозможно представить, с какой радостью смотрели мы на эти прекрасные полотна, которые долгие годы ждали своего часа в музейных подвалах. Очереди у касс выстраивались задолго до открытия. Туда шли тысячи людей — к большому горю художников-академистов во главе с Герасимовым, которые устроили в Союзе художников самую строгую диктатуру. Они почуяли угрозу и решили действовать. По их приглашению Хрущев через четыре-пять дней после открытия пришел на эту выставку. То, что выражено словами, Хрущев понимал, но в изобразительном искусстве он не смыслил абсолютно ничего. Но сопровождавшие, те, кто организовал этот неожиданный визит, были рядом, чтобы подсказать приговор. И Хрущев, шокированный, возмущенный зрелищем всех этих ню, геометрических фигур, деформированных лиц, переходил от картины к картине, повторяя одно-единственное слово: "Педерасы". Так он это слово произносил: "Педерасы, педерасы". Только Эрнст Неизвестный, замечательный скульптор, сумел дать ему отпор, но безрезультатно. Провокация удалась на славу. На следующий день вся Москва, смеясь, повторяла: "Педерасы, педерасы, педерасы". Но выставку в Манеже, которая чуть было не стала началом новой эры, закрыли. Позднее, уже после своего падения, Хрущев сожалел и жаловался Евтушенко, который навещал его в уединении: "Меня плохо сориентировали. Почему же вы мне не объяснили?"

Манеж стал первым предупреждением. Затем очень вскоре призвали к порядку и писателей. Сначала Хрущев пригласил человек тридцать из них на ужин на свою подмосковную дачу. Такая встреча была чем-то необычным в отношениях интеллигенции и руководства, и гости приехали, полные оптимизма, веря в возможность открытой, искренней дискуссии. Напрасно. Хрущев быстро рассердился, покраснел и стал кричать: "Надо работать для партии, надо отстаивать партийную позицию", — и добавил угрожающе, что не потерпит никаких отклонений. Маргарита Алигер попыталась что-то сказать о свободе самовыражения — Никита грубо накинулся на нее, и она в слезах выбежала из-за стола. Потом она рассказывала мне с горькой улыбкой, что никто не выступил в ее защиту.

Именно в это время у нас дома случилась такая история, которая, мне кажется, тоже отчасти характеризует время. Павлику было четырнадцать лет, и он учился в седьмом классе французской спецшколы. Директором там служил отставной полковник. Он поддерживал железную дисциплину. А Павлик — живой, насмешливый, всегда готовый подраться, если его задирали, или насмешить одноклассников во время урока — плохо подчинялся. Он был завзятый нарушитель порядка, и учителя были не прочь от него избавиться. Но поскольку одновременно он был одним из самых блестящих учеников в классе, приходилось его терпеть. Наконец представился случай. Однажды Павлик принес в школу большие репродукции импрессионистов и приколол кнопками на стены. Есть альбомы, из которых листы вынимаются, и такой альбом ему подарили наши французские друзья. Ему хотелось поделиться радостью открытия с одноклассниками. И разразился скандал. Директор устроил из этого идеологическое дело: эта выставка "извращенного буржуазного искусства" не просто очередная шалость, а настоящая политическая провокация с целью дестабилизировать класс. Павлика вместе с отцом вызвали на педсовет. А накануне директор нас предупредил, что если мы не хотим, чтобы его исключили из школы, то не должны его защищать ни под каким видом. За наше хорошее поведение он оставит Павлика в школе. Мы с Симой подчинились, думая, что для Павлика важно окончить эту школу, потому что ее репутация облегчала поступление в институт. А кроме того — по недостатку независимости, по малодушию нашему. И вот два часа все учителя на чем свет стоит ругали Павлика, говорили, что он оказывает пагубное влияние на товарищей, что у него порочные наклонности, как уверяла одна учительница, потрясая "Обнаженной" Мане, что он опасный для всего класса антипатриот. Согласно полученной инструкции, Сима молчал. Он ни слова не произнес в защиту сына, потрясенного этим предательством. Сима никогда себе этого не простил.

Все это, впрочем, не помешало выгнать Павлика из школы.

53

Тем временем писателей стали маленькими группками выпускать в поездки за границу. Паустовский, который был тогда в полуопале из-за сборника "Тарусские страницы"[1], должен был, тем не менее, поехать в Париж, и к нему присоединили Вику Некрасова. Что говорить, о Париже Вика мечтал, потому что он до четырех лет жил в Париже, гулял мальчиком с локонами в парке Монсо, был, конечно, влюблен в Париж, как и все мы, и мечтал вновь его увидеть. Было непонятно, поедет — не поедет. Но обещали. И вот в нашем доме возник большой спор. Париж. Там мои друзья, друзья моего детства, о которых я рассказывала. Я узнала, что Лида тем временем вышла замуж за Жан-Пьера Вернана, что он стал довольно известным ученым. Конечно, мне очень хотелось теперь, когда то ли возможно, то ли нет, — мы этого не знали, — восстановить с ними связь. И вот у нас в доме, а главным образом в кругу моих друзей, разгорелись безумные спо-

1 *"Тарусские страницы"* — литературно-художественный иллюстрированный сборник; издан в 1961 г. в Калуге под редакцией К.Паустовского, вызвал резкую критику властей. В нем были опубликованы стихи М.Цветаевой, Д.Самойлова, Б.Слуцкого, В.Корнилова, Н.Коржавина, проза Б.Окуджавы, Ю.Казакова, Б.Балтера и др.

ры: надо это делать или нет. Мне говорили друзья, в частности Нёмочка Наумов, ты сошла с ума, зачем тебе это надо, что тебе эти французы? Они чужие, вы прошли совершенно разные жизни. Если начнется какая-то переписка, ты подорвешь Симины дела, он больше не сможет работать. Его мысль шла по старой проторенной дорожке. Я говорю: ну что же ты мне такое говоришь, ты ведь сам готов "самиздат" делать. "Ну, это другое дело. Сима так блестяще начал, то, что они с Элькой делают, так важно, их фильмы на грани возможного-невозможного, — это куда важнее, чем твои письма твоим французским друзьям. Не мешай ему стать тем, чем он должен стать". И так говорили многие. Сима мне сказал: ты поступишь так, как хочешь, я скорее "за". А Вика со страшной силой жал — надо обязательно их найти. Я колебалась, разрывалась. Не знала, что надо сделать.

Единственное, что нас различало, — Сима был человеком утренним, он рано вставал и часто ложился раньше меня, а я была человеком вечерним, вставать не любила утром, — привыкла работать ночами. И в тот вечер было точно так же. Симка уже ушел спать, мы с Викой засиделись, и Вика мне говорит: ну неужели же ты не напишешь, неужели это возможно, такой случай, его больше не будет никогда! И во мне что-то екнуло, и я сказала: хорошо, я сейчас напишу. И на кухне в час ночи написала большое-большое письмо, на шести страницах, схватила какую-то миску хохломскую и сказала: ну вот, Вика, попробуй их найти.

Но наутро паспорт Вике не привезли. И Нёма сказал: вот видишь, судьба, — ты написала письмо, и он не смог даже уехать. Паустовский со своей дочкой Галей уехал один. А на следующий день паспорт выдали. И Вика отправился в Париж.

У дочки Эренбурга Ирины была подруга — Наташа Столярова. Она с отцом жила какое-то время за границей, примерно в одно время с Мариной Цветаевой вернулась восемнадцатилетней девочкой строить здесь социализм и была через две недели арестована. Евгения Гинзбург в своей книжке "Крутой маршрут" вспоминает, как в камеру ввели совсем молоденькую девочку с ясными глазами. Это была Наташа Столярова. Потом ей не разрешили жить в Москве. Ее взял к себе секретаршей Илья Эренбург, благодаря этому она все-таки вернулась. И первой в моем окружении стала переписываться со своими друзьями в Париже. Это именно она, не без моей подсказки, организовала переправку рукописей Шаламова с помощью своих французских друзей. Наташа дала мне адрес Вернанов, который я и переписала Вике.

И адрес оказался неверный. Это был адрес не Лиды, а другой моей подруги — Зины Минор. Но по невероятному стечению обстоятельств в этом же доме жил брат Жан-Пьера Вернана. И когда Вика позвонил консьержке и спросил Вернана, то его направили в квартиру брата. А брат, открыв дверь и увидев человека, не знающего французского и говорящего по-русски, предположил, что тот ищет его брата, женатого на русской. А Лида и Жан-Пьер жили под Парижем, в пригороде. И так Вика к ним попал. Случай. Игры судьбы. Такие затейливые игры.

Он туда попал, мгновенно стал другом Вернанов, оставшиеся в Париже дни провел с ними и привез мне кучу подарков и огромное письмо. Это ответное письмо было еще больше моего. Свое я начинала: "Может быть, ты и не помнишь ту девочку, которая когда-то уехала из Парижа в Москву, столько произошло всего, тридцать лет прошло...” Так в этом ответном письме Лида мне пишет: “Как ты можешь думать, что я не помню? Мы столько о тебе говорили, вспоминали, ты шла с нами по жизни...” В общем, мы встретились, как будто не расставались. Это было под самый Новый год шестьдесят четвертого года. А на Пасху, на пасхальные каникулы, они приехали ко мне в Москву.

54

Остановились в “Метрополе”. В те годы нам был запрещен вход в гостиницы, где жили иностранные туристы. Договорились встретиться у выхода из метро “Смоленская”.

Думаю, я боялась этой минуты встречи. Взяла с собой Женечку четырехлетнего. Как громоотвод, так сказать: вот мальчик, ах, мальчик, — чтобы сперва на него переключилось внимание. Так страшен мне был этот момент. Хотя мы были еще сравнительно молодые, боялась — узнаем ли друг друга? Ну, о себе я сказала, что буду держать ребенка на руках. И вот они поднялись по лестнице на “Смоленской”, и как-то с первой секунды стало ясно, что это абсолютно свои, родные люди. Лида по-прежнему очень красива, может быть, еще более красива, чем была в юности... И мы пошли домой, сюда, в наш дом, где ждал Сима.

Чтобы их встретить, я быстро сделала какой-то ремонт — мне было стыдно, что наша квартира не выглядит достаточно хорошо для европейских людей. Помню, как ночью мы перебивали два кресла, из которых торчали пружины и вата. Конечно, это была полная глупость. Ощущение, что мы нашли друг друга, никогда не теряя, воцарилось мгновенно. Еще не были вытерты лампочки от краски после ремонта — Жипе схватил стремянку, нашел тряпку и стал их вытирать. Приехали наш брат и сестра — вот так это было. Сима не говорил по-французски, но как-то они на пальцах с Жипе объяснялись, а Лида говорит по-русски хорошо. Она стала преподавателем русского языка в лицее и совершенно свободно владеет русским, но говорит как иностранка, стараясь употреблять побольше идиом. Получалось забавно; когда приходило время обедать, она мне говорила: идем жрать к чертовой матери. Думая, что говорит на разговорном русском языке.

Жипе уже бывал в Советском Союзе. Вскоре после того, как мы с мамой вернулись в Москву в тридцать четвертом году, группа молодых французских коммунистов ездила на Кавказ. А Жипе был коммунистом. Он нашел меня здесь — я еще об этом не рассказывала, — и я водила их в Парк культуры. Было уже и сжигание Чемберлена, и прочие впечатления, но я носила пионерский галстук, и мне очень хотелось показать им — помню это чувство, — как здесь замечательно, может быть, даже лучше, чем во Франции. Показать лучше, чем я сама думала. Два дня мы ходили по Москве, и я агитировала за советскую власть. А потом мы с Жипе потеряли друг друга на тридцать с лишним лет.

И вот теперь сидели и несколько дней подряд рассказывали друг другу свою жизнь. Я узнала, что Вернан был одним из главных людей во французском Сопротивлении. Днем преподавал в лицее, а ночью был начальником Сопротивления всего юго-западного района, ездил на какие-то страшные задания — подрывал пути, бог весть что, надевал вместо маски чулок на лицо. Ждал все время ареста. И что он награжден редкой медалью, которой де

Голль наградил всего шестьсот человек во Франции — “Компаньон де ля Резистанс”, “Товарищи по Сопротивлению”. Каждый год де Голль принимал их на завтрак у себя в резиденции, стоял у входа и каждому пожимал руку.

Лида тоже была коммунисткой. Сперва мы, конечно, старались избегать разговора на эту тему, но на какой-нибудь третий день мне пришлось сказать Жипе: скажи, как же ты можешь быть в партии? Мы-то с трудом узнавали правду, мы догадывались, пробивались — но у вас ведь все опубликовано? Сколько всяких материалов! Как ты можешь быть в партии? Он мне на это ответил, что, во-первых, мы не читали антисоветские материалы — это как чума, это дьявольские ухищрения, это не полагается читать. Ну теперь, говорит, я, конечно, читаю, но в юные годы мы всего этого не читали. Но, кроме того, ты пойми, пока я в партии, я могу обращаться к большой аудитории и могу пытаться повести партию по другому пути. Если я вне партии, то я вообще никто, я частное лицо. А мне все-таки хочется быть не частным лицом.

Но это он говорил только до конца своего пребывания в Москве. Оно имело неожиданный финал. Это был момент процесса Бродского в Ленинграде.

Бродского я до этого видела, он выступал в Союзе писателей на секции переводчиков. Был тогда очень забавного вида мальчик с ярко-рыжей шевелюрой, огненно-рыжей, и все лицо густо усеяно веснушками. Он сидел на краю стола, его просили почитать переводы, он сказал: чего я буду вам читать переводы? Переводить вы сами умеете, я вам лучше почитаю свои стихи. И стал читать изумительные стихи. Он их читал, как все русские поэты, — без выражения, не думая о смысле, а только подчиняясь ритму. Все присутствующие были зачарованы. Сразу стало ясно, что это настоящий, большой, очень сложный, совершенно новый, совершенно другого типа поэт, чем те, которых мы знали. Ну и вот теперь его судили за тунеядство.

И в последний вечер, в канун отъезда Вернанов, кто-то нам принес стенограмму процесса Бродского, которую записала Фрида Вигдорова[1]. Я дала ее читать Лиде, а потом сказала: Жипе, я хочу тебе ее перевести. Я не могу, чтобы ты уехал, ее не прочитав, более того, ты должен увезти ее с собой. Ну, Лида, читая, стала рыдать, потому что ее коммунистические идеи это очень оскорбляло. А Жипе сказал: хорошо, я это возьму во Францию, отдам перевести и покажу товарищам. На этом они уехали. Потом я узнала, что Лида заболела. Так ей тяжело далось это, так сказать, развенчание ее идеалов, ее иллюзий.

И у них возник спор. Лида говорила, что не надо этого никому показывать. Вечный довод: "не надо лить воду на мельницу врага". Знаем мы эту формулу. Но Жипе тем не менее настоял на своем. Вот он из людей, которые имеют то мужество интеллектуальное, о котором я говорила и которое так трудно дается. Он говорит: ну что ж, все-таки правда превыше всего, что есть, то есть. Это так есть. Этот документ существует, значит, люди должны его знать и читать. И когда они приехали на следующий год — а они ездили сюда каждый год, — я была очень горда узнать, что он вышел из партии. Думаю, Жипе это пошло очень на пользу, потому что у него освободилось много времени. Раньше он был пропагандистом, ездил выступать на всякие рабочие собрания по всей Франции, а тут посерьезнее занялся наукой и очень скоро стал ученым с мировым

1 *Ф.А.Вигдорова* (1915–1965) — писательница, журналистка.

именем — создателем целой новой отрасли, которая называется историческая психология. Это попытка анализировать исторические явления с точки зрения психологии тех лет, а не с позиции нашего сегодняшнего сознания. Его главная, крупнейшая книга, которая сразу сделала его имя знаменитым во всем мире, была о зарождении рационального мышления. На античном материале. Вообще он античник.

55

Однажды осенью шестьдесят четвертого года Сима открыл "Правду" и говорит: "Лилька, Никиту сняли". Я чуть не упала. Сняли его в результате заговора, организованного Сусловым[1], и это событие было воспринято страной скорее положительно. Хрущев никогда не пользовался популярностью в народе. Особенно им были недовольны крестьяне. Из-за его безумных идей — догнать и перегнать Америку по производству молока и мяса или развести повсюду кукурузу без учета климатических особенностей — жизнь крестьян сделалась просто невозможной. Раньше Маленков разрешил им выращивать скот для себя в личном хозяйстве, а при Хрущеве его опять начали отбирать. Я сама видела в деревне Лукьяново под Рязанью, как крестьяне забивали свой скот, когда районная комиссия уже тащила свинью с соседского двора. Но эти драконовские меры не помогали поставлять то количество мяса, которое требовала Москва, и в колхозах начался массовый убой лошадей. Вот почему лошадь стала редкостью, и ее показывают детям, как какого-нибудь слона.

1 *М.А.Суслов* (1902–1982) — член компартии с 1921 г., член Политбюро с 1955 г. Поборник самой ортодоксальной идеологии.

Хрущев не соответствовал образу всемогущего вождя, к которому приучил народ Сталин, и в городе его тоже не особенно уважали. Говорили, что он "мужик мужиком", смеялись над ним, — никакого почтения он не внушал. У меня всегда был верный барометр: таксисты. Так вот, московские таксисты называли Никиту клоуном. Когда в ООН Хрущев стучал башмаком по трибуне, он был смешон, нелеп. Кроме того, с течением лет те, кто испытывал ностальгию по старому порядку, оставались недовольными, а либеральную интеллигенцию разочаровывали его капризы, диктат, все это в конце концов становилось невыносимым.

И все же я считаю, Никита недооценен. Сегодня совсем не лишне напомнить о роли, которую он сыграл в десталинизации. Он разрушил миф, положил конец террору, открыл ворота ГУЛАГа. Конечно, он не собирался пересматривать систему, но хотя бы попытался сделать ее чуть гуманнее. В нем, при всем его доктринерстве, было что-то трогательное, почти детское. Он не был равнодушен к бедам и трудностям людей, к аду коммунальной жизни и первым выступил в защиту права каждой семьи иметь отдельную квартиру. При Никите началось строительство дешевого жилья в огромных масштабах, потом последовал новый план строительства более комфортабельного кооперативного жилья. Москва превратилась в гигантскую стройку. Конечно, облик ее переменился. Переулки, скверы, старые деревянные домики, окруженные садами, увы, почти исчезли, — но тысячи семей обрели надежду. Трудно представить радость людей при мысли, что у них будет собственная двух- или трехкомнатная квартира. И не важно было, что это квартиры в пятиэтажках без лифта, все одинаковые: кухня четыре квадратных метра, коридора нет, комнаты смежные. Месяцами эти стройки были местом воскресной семейной прогулки. Конечно, через двадцать пять лет "хрущобы" облезли, облупились, потеряли всякий вид, но невозможно переоценить это решение Хрущева, благодаря которому миллионы людей наконец получили возможность жить по-человечески.

За снятием Никиты не последовало никаких репрессий. Его не посадили, не сослали в Сибирь, даже в прессе не унижали. Он стал простым пенсионером и жил то в московской квартире, то на даче, которую у него не отобрали. То есть не было обычного кровавого сведения счетов. Это, конечно, изумило либеральную интеллигенцию. А для широкого народа Брежнев с его импозантной внешностью, неспешной речью, тяжеловесный, спокойный, больше соответствовал образу вождя, и о нем стали говорить "хозяин будет". Быстро выяснилось, что он любит машины, сам водит, и на большой скорости. Это только прибавило ему престижа: в то время иметь машину было вершиной счастья. Эта страсть делала его таким же человеком, как другие.

И мы подумали, что есть какой-то шанс, что однажды мы станем более или менее нормальной страной. И может быть, немного поживем спокойно. Среди моих близких только Сима оставался скептиком. Он долго рассматривал Брежнева по телевизору и потом сказал: "Манеры провинциального актера, который старается придать себе важности. Бульдожья морда, пустой взгляд, совершенно механическая речь. Послушай, с каким трудом он выговаривает простейшие слова. Нет-нет, ждать нечего".

Но жить все-таки стало легче. В магазинах было мясо, семга и икра по разумным ценам, а зимой мы даже покупали апельсины и бананы. Легче стало одеваться. Синтетика тогда была в большой моде, нейлон, дакрон и прочее. Продавалась импортная мебель — из Венгрии, ковры из Чехословакии, Финляндии. Люди почувствовали вкус к комфорту, начались организованные поездки за границу — в основном в страны народной демократии, но и в Скандинавские страны, в Италию, Францию, Англию. Тем самым приоткрылось окошко в другой мир. Все стремились повидаться с вернувшимися, даже от похода в театр отказывались, лишь бы захватить человека тепленьким, и требовали от него подробнейшего рассказа. Именно конкретные подробности были интереснее всего: что за гостиница, какие бумаги надо заполнять, какая мебель в номере, что ели, что в магазинах, что носят прохожие.

Был также бесспорный культурный подъем, начавшийся при Хрущеве. Эстафету от поэзии принял молодой театр. Олег Ефремов, которого уже немного знали после успешного актерского дебюта в детском спектакле "Конек-Горбунок" — его тогда посмотрели и многие взрослые, — решил воспользоваться оттепелью и создать свой театр. К всеобщему удивлению, родился "Современник". Обращался он главным образом к тем, кто хотел говорить и слышать правду. Там была молодая труппа, связанная и дружбой, и общей целью: воскресить театр, сохраняя верность системе Станиславского. Они не ставили под вопрос советские ценности, а просто хотели приблизить театральное искусство к реальности — так же, как авторы прозы, публиковавшейся в "Новом мире", как поэты новой волны. Успех был необычайный. Каждая премьера становилась событием и означала победу над цензурой. Но иногда побеждала цензура. Пьесу Галича "Матросская тишина" запретили после генеральной репетиции, потому что в ней рассказывалась история еврейской семьи. Но "Современнику" удалось преодолеть это испытание, и в течение всех шестидесятых годов он оставался одним из редких мест, куда нам всегда хотелось пойти.

В тот же период Юрий Любимов, который был тогда актером Вахтанговского театра и преподавал в Щукинском училище, поставил со своими учениками пьесу Брехта "Добрый человек из Сезуана". Спектакль шел без декораций — только столы и стулья, в репетиционном зале. Туда хлынула вся артистическая Москва, поражаясь, как можно создать такое волшебство столь малыми средствами. Потом Любимову удалось получить зал бывшего кинотеатра на Таганской площади — и открылся знаменитый Театр на Таганке, который вскоре стал самым популярным в Москве.

Любимов, в отличие от Ефремова, очень интересовался обновлением театральной формы, отрицал систему Станиславского и наивный реализм. Он ставил спектакли по поэзии Пушкина, Маяковского, Вознесенского, молодых поэтов, погибших на войне, — был такой спектакль "Павшие и живые", — инсценировал повести и романы и каждый раз искал ключевую метафору. Это был, я бы сказала, театр воспаленной совести, который отражал все недуги общества. Любимов работал всегда на последней грани возможного, ему приходилось еще больше, чем "Современнику", бороться с цензурой. Ставя классику, он намекал на контекст, в котором мы жили. Это было особенно очевидно, когда он поставил "Гамлета" с Высоцким. Весь зал был заодно с принцем датским в его борьбе с прогнившим королевским двором. Любимов — человек эмоциональный, страстный, театр — его жизнь, он присутствовал на каждом спектакле — у него в зале было определенное место, с которого он фонариком подавал сигналы актерам, регулируя ритм игры, — и в работе был абсолютно непреклонен, отказываясь идти на малейшие уступки чиновникам из управления культуры. И люди уходили с его спектаклей как бы очищенными. Наверное, поэтому так дорого стоили билеты на черном рынке.

У Эфроса даже не было своего зала, он работал в театре на Малой Бронной, но главный режиссер в конце концов стал позволять ему делать то, что он хотел. Все его спектакли, особенно постановки классики — он ставил Шекспира, Гоголя, Тургенева, Достоевского, — были совершенны. И разумеется, театральная номенклатура этого совершенства ему не прощала, воспринимая это как личное оскорбление.

Все большую значимость обретала другая, неофициальная культура. На площади Маяковского был установлен пьедестал, годами ждавший, когда на него поставят памятник. И вот часам к шести вечера к этому пьедесталу будущего памятника Маяковскому стекалась молодежь, чтобы послушать стихи Цветаевой и Пастернака, которые ребята читали по очереди, а главное — почитать свои собственные стихи и послушать, что пишут другие. Вскоре эти молодые поэты — Вадим Делоне, Леонид Губанов и многие другие, никогда не опубликовавшие ни строчки, — образовали своеобразную ассоциацию, которую они назвали СМОГ (Самое молодое общество гениев). В манифесте, который они бесстрашно читали на площади, они уже высказывали определенную политическую позицию, выступая против советского образа жизни, к примеру — против формализма и ограниченности комсомола, и требовали полной свободы слова и поведения. Толпа на площади Маяковского день ото дня росла, завязывались дискуссии. Каждый третий был гэбэшником, но все это тем не менее продлилось какое-то время. Потом начали разгонять толпу под тем предлогом, что такое скопление людей мешает уличному движению. Некоторых увозили на машинах, допрашивали, отпускали, потом иногда судили за тунеядство и высылали из Москвы. От СМОГа избавились без труда, но все же это семечко сумело прорасти.

Тогда же начались посещения мастерских художников-нонконформистов. На самом деле "мастерские" — громко сказано. Эти художники работали в той же комнатенке, где они очень бедно жили со своей семьей. Нас ввела в этот круг Наташа Столярова. Она, проведя больше двадцати лет в лагерях и в ссылке, сохранила удивительную независимость мышления и отваживалась на поступки, на которые мы бы никогда не решились. Помимо рассказов Шаламова, она передала на Запад еще много рукописей. Она как будто хотела наверстать упущенное время, и безграничное любопытство побуждало ее постоянно знакомиться с новыми людьми. Скажем, она отправилась в Рязань и постучалась в дверь к Солженицыну — без чьих-либо рекомендаций. И вот Наташа водила своих друзей к художникам, которых она то и дело открывала. Они были очень разными и совершенно не стремились объединяться в какую-то школу. Их сближала только твердая решимость не подчиняться требованиям социалистического реализма.

Оскар Рабин, скажем, изображал мир, каким он его видел: полуразвалившиеся бараки, вроде того, в котором они с женой и двумя детьми сами жили в Лианозове под Москвой, трупы кукол на грязном снегу, груды мусора на помойке, столбы серого дыма, а на первом плане весьма часто — огромная бутылка водки. Сами сюжеты его картин, не говоря о живописной манере, уже бросали вызов советской живописи, и не могло быть речи о том, чтобы эти полотна где-то выставить. Мимолетные выставки, на один-два дня, устраивали на частных квартирах. Леонид Ефимович, например, однажды развесил у себя акварели и холсты Зверева — сегодня они стоят целое состояние, а умер Зверев в крайней нищете. Потом некоторые научные институты набрались смелости — за которую иногда приходилось платить очень дорого — и выставили этих "проклятых художников", абстракционистов, сюрреалистов, гиперреалистов и прочих, в своих конференц-залах. Право впервые публично показать свои работы они получили только через десять лет, после того как сначала сами организовали выставку на московском пустыре и власти уничтожили ее бульдозерами и поливальными машинами. Она, как известно, осталась в истории под названием "Бульдозерная выставка". Это варварство, это уничтожение картин вызвало ужасный резонанс, и тогда им разрешили выставить работы на один день в Измайловском парке. Пришли тысячи людей, и мы там были и радовались, но понимали, что это неполная, ненастоящая победа, а только крохотная уступка властей.

Начало брежневских лет было еще ознаменовано для нас чтением первых политических книг, изданных за границей. В сорока километрах от Москвы, в Шереметьеве, находился дачный поселок "Литературной газеты". Летом там отдыхали сотрудники "Литературки", а зимой эти домики можно было относительно недорого снимать. И там образовался целый маленький фаланстер. Каждую пятницу мы отправлялись туда кататься на лыжах, но наши рюкзаки были набиты рукописями и копиями запрещенных текстов — например, "Нового класса" Джиласа, "Технологии власти" Авторханова, за распространение которых грозило десять лет тюрьмы. Копии часто были такими бледными, что разобрать можно было с трудом. Дачи "Литературки", передового органа коммунистической идеологии, служили, таким образом, пропаганде подрывных идей. Дачники не были диссидентами. Но мы поддерживали борьбу диссидентов за гражданские права, которой отмечен был конец шестидесятых годов, начиная с дела Синявского — Даниэля.

56

Летом шестьдесят пятого года мы с Симой и детьми были в Коктебеле, в Доме писателей. Был там и Вика, мы всегда старались лето проводить вместе. И на третий или четвертый день нашего там пребывания приехала Ася Берзер.

Мы как раз выходили из Дома поэта, то есть от Марьи Степановны Волошиной, которую навещали, и я говорю: смотри, Ася что-то мрачная... Спустились со ступенек, кинулись к ней, она очень вяло ответила на наши объятия и говорит: ребята, случилось нечто ужасное — арестованы Синявский и Даниэль.

О Даниэле я знала потому, что он переводил стихи, я его встречала в секции переводчиков. А Синявского мы знали как замечательного критика. Он написал статью о Пастернаке в "Новом мире", где впервые после скандала с Нобелевской премией Борис Леонидович был поставлен на его истинное место, место одного из величайших поэтов двадцатого века. Синявский читал курс русской литературы в школе-студии МХАТа.

Мы как-то за последние годы отвыкли, чтобы хватали людей из этой среды. Ася ходит по аллеям и говорит шепотом, рассказывает, что в Москве все дико испуганы, никто не знает, в чем дело. Тот Коктебель, конечно, был абсолютно отравлен. Постепенно просочились сведения о причине их ареста. Оказывается, оба писали прозу, которую они под псевдонимами — Синявский под именем Абрам Терц, Даниэль под именем Аржак — переправили за границу, и там это было опубликовано. И кто-то "стукнул", как говорится, кто-то донес. И их арестовали.

С этим мы приехали в Москву. Мы все уже были другими, чем до начала оттепели. И нам казалось, что нужно действовать. Пассивно смотреть на это нельзя. Их надо как-то защитить. Тем более, у Андрея Синявского, как мы узнали, только что родился ребенок. Ну и вообще мы должны сказать свое слово, казалось нам. Но поначалу не понимали, как это сделать.

В День конституции, то есть пятого декабря, на Пушкинской площади произошла первая с незапамятных времен, с, наверное, конца двадцатых годов, общественная демонстрация. Нам позвонили друзья, сообщили, когда и где она состоится, мы предупредили по телефону других, а те — следующих. Говорить о таких вещах по телефону раньше было немыслимо — и стало так же немыслимо через несколько лет.

Мы встретились у метро "Маяковская", человек десять, прошли по улице Горького и вместе пришли на Пушкинскую площадь. Было около шести вечера, и, несмотря на мороз, площадь кишела народом. Кто пришел специально, а кто очутился здесь случайно — понять было трудно. Тем не менее было ясно, что тут что-то готовится: милиции больше, чем обычно, черные "Волги" в ряд у тротуаров и в соседних переулках, и, само собой, десятки гэбэшников. Мы пришли скорее как зрители, чем как участники, и стояли, не зная, что произойдет. Вдруг посреди площади толпа как-то сгустилась, и я увидела развернувшиеся над головами транспаранты. Прошло всего несколько секунд. Едва можно было успеть прочитать: "Уважайте Конституцию!" и "Свободу Синявскому и Даниэлю!" — и все исчезло. В тот же миг началась сутолока, послышались протестующие голоса, милицейские свистки, включились громкоговорители — а может, это были просто мегафоны: "Разойдитесь, разойдитесь!" Люди не заставили себя упрашивать, и мгновенно площадь почти опустела. Мы тоже двинулись прочь, но я успела заметить, как люди в штатском толкали двух молодых людей к одной из машин, которые привлекли наше внимание, когда мы только пришли. Эти двое были не единственные. Большинство будущих лидеров диссидентского движения в тот день было задержано.

Процесс Синявского и Даниэля открылся через два месяца, в феврале. И интеллигенция сразу же разделилась на тех, кто был готов их защищать, и тех, кто, наоборот, обвинял. Мы это осознали вполне ясно, тем более что этот первый за послевоенное время политический процесс происходил не за закрытыми дверями. Для широкой публики он не был открыт, но в Союзах писателей и кинематографистов раздавали билетики: можно было пойти послушать, как все это происходит. Новые времена. Я пойти не смогла, а Сима был на заседании, на котором двое писателей, как бы прокуроры-добровольцы, Зоя Кедрина и Аркадий Васильев, поддерживали обвинение. Поддерживали в особенно оскорбительных терминах.

Но Симино впечатление от происходившего в суде не было целиком отрицательным. Его удивили и обрадовали выступления нескольких человек, которые убедительно свидетельствовали в пользу обвиняемых, не признавая их виновными. Был такой мальчик по фамилии Попов, он работал подмастерьем у жены Синявского Марии Розановой, которая занималась бижутерией. Была комнатка маленькая, где они работали, встречались каждый день, и вот он, семнадцатилетний мальчик, очень смело глядя на это высокое, известно как настроенное собрание, защищал Андрея, говорил, какой это честный, замечательный человек.

... Несмотря на усилия Союза писателей, почти никого не нашлось, кто бы одобрил приговор, за исключением шести неизвестных узбекских писателей и Шолохова, который заявил на съезде писателей, что ему стыдно за тех, кто пытается защищать Синявского и Даниэля.

С другой же стороны, было написано письмо, которое потом называли "Письмо шестидесяти трех"[1].

Шестьдесят три человека, в том числе Сима и я, подписали протест против того, что людей арестовывают за печатное слово. Вслед за этим сразу поднялась волна репрессий. Под письмом сперва стояло шестьдесят четыре подписи, но потом один человек отказался. И каждого из оставшихся шестидесяти трех вызывала соответствующая организация — кого писательская, кого кинематографическая, — и от каждого требовали, чтобы он написал отречение, отказ. Надо сказать, к чести всех этих людей, кроме того первого, который сам сразу снял свою под-

1 "Письмо шестидесяти трех" подписали Анастасьев А.Н., Аникст А.А., Аннинский Л.А., Антокольский П.Г., Ахмадулина Б.А., Бабенышева С. Э., Берестов В.Д., Богатырев К.П., Богуславская З.Б., Борев Ю.Б., Войнович В.Н., Домбровский Ю.О., Дорош Е.Я., Жигулин А.В., Зак А.Г., Зонина Л.А., Зорин Л.Г., Зоркая Н.М., Иванова Т.В., Кабо Л.Р., Каверин В.А., Кин Ц.И., Копелев Л.З., Корнилов В.Н., Крупник И.Н., Кузнецов И.К., Кузнецова И.М., Левитанский Ю.Д., Левицкий Л.А., Лунгин С.Л., Лунгина Л.З., Маркиш С.П., Масс В.З., Михайлов О.Н., Мориц Ю.П., Нагибин Ю.М., Нусинов И.И., Огнев В.Ф., Окуджава Б. Ш., Орлова Р.Д., Осповат Л.С., Панченко Н.В., Поповский М.А., Пинский Л.Е., Рассадин С.Б., Реформатская Н.В., Россельс В.М., Самойлов Д.С., Сарнов Б.М., Светов Ф.Г., Сергеев А.Я., Сеф Р.С., Славин Л.И., Соловьева И.Н., Тарковский А.А., Турков А.М., Тынянова Л.Н., Фиш Г.С., Чуковская Л.К., Чуковский К.И., Шатров М.Ф., Шкловский В.Б., Эренбург И.Г.

пись, никто ни от чего не отказался. Людей наказывали, лишали возможности печататься, расторгали с ними издательские договоры, запрещали снимать фильмы по их сценариям и так далее. Но как ни страшно было, как ни ужасен был приговор, тем не менее было какое-то чувство, что все же что-то идет вопреки, что-то не вполне гладко идет, что есть какое-то хоть самое жалкое сопротивление. Так что все же какое-то общее движение страны, а тем самым и нашей с Симой психологии, происходило. Мы себе в этот момент уже позволяли больше, чем позволили бы раньше, как-то боролись в себе с этим чувством страха, старались его изжить, растопить.

Хотя тут же скажу, чтобы быть честной, потому что я хочу в этом свидетельстве быть до конца честной... Когда Алик Гинзбург, о котором я уже рассказывала, вышел из тюрьмы, то он собрал материалы по делу Синявского и Даниэля и издал так называемую "Белую книгу". Один экземпляр он передал председателю Верховного Совета Подгорному, а другие раздал друзьям с просьбой, прочитав, передавать другим. И снова был арестован. Нам с Симой предложили подписать письмо в его защиту. Но мы отказались. Потому что в тот момент, в конце шестидесятых годов, мне разрешили поехать во Францию — я еще расскажу. Я безумно хотела поехать, хотела сомкнуть мою взрослую жизнь с детской жизнью, боялась, что меня не выпустят, говорила себе, что еще одна подпись ничего не решит... Мне было очень стыдно, я очень страдала, но тем не менее подписать отказалась. Я хочу это сказать в виде исповеди. Это было так. Пожертвовать чем-то общим оказалось легче, не будем прекраснодушничать. Мы все равно рисковали каждый раз — положением, карьерой. Но как бы рисковали вообще. А вот от этой конкретной поездки через три недели я не смогла отказаться.

В какой-то степени здесь сыграло роль и разочарование от того, что “Письмо шестидесяти трех” ничего не дало. Оно не имело никакого веса, никак не было учтено в балансе судеб. Синявский и Даниэль получили большой срок за публикацию своих сочинений. А мы получили доказательство того, что наши мнения, наши голоса ни в малейшей степени не влияют на исход. И конечно, это тоже подрезало энтузиазм, остудило желание подписывать такие письма, тем более что платишь за это так дорого. В общем, это было так. Как было, так было.

57

Дело Синявского и Даниэля КГБ проиграл, потому что именно с этого момента началось движение, которое стало у нас известно под названием диссидентского — то есть движение людей, сопротивляющихся не только в беседах за кухонными столами, где велись в Москве основные либеральные разговоры, но и делающих что-то.

На легальном уровне каждый делал, что мог. В частности, Сима и Илья: все, что они писали, они писали на грани дозволенного. У них не было ни одной пьесы, ни одного сценария, который бы на каком-то этапе не запрещали. Буквально ни одного. Но тем не менее им казалось, и многим так казалось, что важно работать на легальном уровне, потому что тогда ты имеешь доступ к огромной аудитории и то честное, правдивое слово, которое может вызвать какую-то ассоциацию, которое заставит подумать и оценить что-то, все-таки дойдет до широких кругов. Особенно ребята думали о провинциальных мальчиках и девочках, которые вообще лишены всего. Здесь все-таки были материалы "самиздата", а в провинции вообще ничего не было.

Так вот, часть людей считала, что очень важно работать абсолютно честно и на крайней грани дозволенного в легальной сфере. В переводах — переводить книги, которые хоть и едва-едва, но все-таки имеют шанс проскочить через цензуру. В драматургии — такие пьесы пытался писать Зорин. Пьеса Хмелика "Друг мой Колька" против мертвых форм пионерской организации тоже была написана на грани возможного. В общем, целая группа молодых художников старалась легальным путем заставить людей думать, смотреть, соображать.

Другая группа людей не верила, что легальные методы что-либо дадут. А некоторые считали, что нужно сочетать обе формы: что необходимо работать и легально и нелегально.

Алик Гинзбург стал первым, кто действовал открыто, защищая свободу мысли, гарантированную Конституцией. На процессе он и другие люди, обвиненные вместе с ним, не только не стали признавать своих ошибок, как бывало всегда в прошлом, — нет, они твердо и убедительно отстаивали правомерность своих действий, свою невиновность и выбрали в качестве адвокатов людей, которые впервые защищали не по правилам советской юстиции, а по совести и в результате, разумеется, сами затем оказались жертвами репрессий.

Двое из них мне особенно близки. Борис Золотухин, защитник Гинзбурга, начал было блестящую карьеру прокурора, но, сделав нравственный выбор, отказался от нее и стал адвокатом. Вскоре он стал очень известен, его прочили в председатели Коллегии адвокатов — и именно тогда он согласился помочь Гинзбургу. За это он заплатил исключением из партии, потом из Коллегии адвокатов и не мог работать по профессии в течение двадцати лет. Дуся Каминская была очень красивой, очень элегантной женщиной, обожала хорошо одеваться, заказывала платья у знаменитых московских портних (например, у Ефимовой), последних, оставшихся от прошлого, и устраивала приемы в своей квартире, отделанной с большим вкусом. Она и нам привила вкус к старинной мебели, которую тогда все выбрасывали, меняли на импортные "стенки". Дуся первая из нашего круга имела смелость принимать у себя иностранных журналистов. Я там познакомилась с корреспондентом "Монд" Жаком Амальриком и его женой Николь Занд, и как ни хотелось мне пригласить их к себе — так и не решилась.

И вот, рискуя распрощаться с этой роскошной жизнью и, конечно, прекрасно понимая, что ее ждет, Дуся стала защищать диссидентов. На нее произвел большое впечатление Владимир Буковский. Она восхищалась его твердостью, точностью суждений, строгой манерой поведения. Она защищала крымских татар и Павла Литвинова, того мальчика, которому когда-то в детстве кагэбэшники предлагали доносить на дедушку — бывшего наркома иностранных дел. В конце концов Дусю и ее мужа Костю Симиса, тоже прекрасного адвоката, угрозами вынудили эмигрировать. Им предложили на выбор — лагерь или эмиграцию...

Диссидентов была лишь горстка. И они не смогли бы ничего сделать, если бы их не окружали многочисленные сочувствующие. Процессы, происходившие теперь за закрытыми дверями — в отличие от процесса Синявского и Даниэля, — собирали большую толпу людей. Они стояли на улице во время заседаний суда, выражая таким образом свою поддержку обвиняемым. Никогда не забуду чувство, которое я испытала во время процесса Гинзбурга: смешанное чувство страха — что, если засекут? — и радости от того, что я победила этот страх.

Но, возможно, главным было чтение. Начиная с шестьдесят восьмого года стали регулярно появляться выпуски "Хроники текущих событий". "Хроника" была настоящим средством связи. Этот бюллетень на двенадцати-шестнадцати листах папиросной бумаги распространял по стране всю информацию, относящуюся к сопротивлению. Стоило милиции найти у человека эту брошюрку, и он прямиком отправился бы в тюрьму. КГБ упорнее, чем когда-либо, стремился арестовать авторов "Хроники" и покончить со всякой оппозиционной деятельностью. Но это не удавалось, и "Хроника" по-прежнему распространялась. Это доказывало, что борьба продолжается, и мы снова начали надеяться.

"Хроника" и другие материалы "самиздата" часто давались на одну ночь, на один день, иногда на несколько часов. Кто мог, старался их копировать, кто не боялся. Это создало такую новую форму московской жизни, когда люди стали заходить друг к другу на огонек в час ночи, в два ночи. Горит свет — можно позвонить, можно постучать. Если ты принес что-нибудь почитать, ты был самый желанный гость. И это содействовало сближению людей, общению. Появилась какая-то новая форма дружбы. Вообще, я давно заметила, что люди дружат лучше всего, когда у них есть общее дело. Вот почему мне Жипе Вернан, мой французский друг, сказал: что-то в вашей дружбе напоминает наше Сопротивление. Конечно. Это одного рода явления. Когда есть общее дело, когда тебя преследуют, когда тебе грозит опасность, совершенно естественно, что люди солидаризируются, объединяются — и уже на уровне душевной жизни начинают лучше понимать друг друга, рассказывают друг другу вещи, не связанные с этой деятельностью, общаются с большей открытостью, с большим доверием. Мне кажется, что значение диссидентского периода в интеллектуальной жизни Москвы — и Ленинграда, я думаю, Киева, Харькова — важно еще и тем, что это был период, когда люди, раньше мало друг друга знавшие, сидевшие каждый в своей норке, вдруг объединились, лучше узнали друг друга, и возникло какое-то своего рода братство, готовность к выручке, интерес друг к другу, симпатии. В этой угнетенной России, под очень пристальным, усиленным в те годы вниманием КГБ, сначала в столицах, а потом и в провинции возникло какое-то новое содружество душ людей. Это, по-моему, важно, об этом как-то мало еще говорили. Тем не менее, когда приезжали к нам иностранцы, они все отмечали это: вы как-то умеете дружить иначе, чем мы. У нас, когда мы общаемся, как бы и говорить особенно нечего — о том, что поставить машину негде или где лучше покупать сыр, или, в лучшем случае, о последнем фильме, постановке, — а у вас исключительно содержательные разговоры, и от этого какая-то большая прилепленность людей друг к другу. И действительно, так оно и было. Разговоры были содержательными просто потому, что каждый решал для себя, как ему жить. Поэтому было интересно и выслушать чье-то мнение, и узнать чей-то опыт. И вот такое сближение, солидаризация интеллектуальных честных людей — это побочный продукт "самиздата" и диссидентства, дополнительный к главному и непосредственному. Ведь что такое "Хроника текущих событий"? Раньше человека арестовывали, особенно в провинции, — и всё, он канул в безвестность, он пропал, исчез, он был стерт. А теперь — нет, "Хроника" фиксировала, что вот в Нижнем Тагиле за то, что у него нашли, там, книжечку, не знаю, Синявского, арестован такой-то. И вот в России, в разных концах ее, об этом читали, это знали. Это, конечно, было безмерно важно.

Еще один очень важный момент жизни тех лет: стали собирать деньги и вещи и посылать посылки в лагеря. Потому что многие политические заключенные не имели никакой помощи — их родные и близкие боялись их поддерживать и отказывались от них. Жены и даже родители, а особенно жены и мужья отказывались... А в лагере жить без помощи извне, без посылок было очень трудно. И вот организовалась целая система сбора вещей и денег, и все честные люди вокруг нас, и мы, конечно, тоже, в этом участвовали. Были определенные даты, были люди, которые все это собирали и переправляли. И это тоже вызывало взаимное доверие. Я, например, немножко собирала деньги в академических кругах: мой дядя, академик Фрумкин, и его жена, моя тетка Амалия Давыдовна — теперь об этом можно говорить, поскольку оба давно в могиле, — давали деньги очень охотно, но сто раз повторяли: чтобы никто не знал откуда. Только анонимно, только чтобы не было известно, от кого это. И так многие. Когда появилась возможность делать это не непосредственно самим, а через каких-то других людей, оказалось, что многие готовы помочь. Тщательно, так сказать, скрывая свою причастность.

Я думаю, такое бывало во все времена. Хотя такого страха, как при советской системе, в цивилизованное время нигде не было. Наверное, только при инквизиции. Ну, при гитлеризме, конечно. И там тоже, как выясняется, были люди, пытавшиеся помогать евреям, пытавшиеся сопротивляться. Хотя их было гораздо меньше, чем у нас. Но у нас это и делать легче. Наш хаос, наша неорганизованность, несостыкованность разных сторон власти необычайно содействовали тому, что многое, что в любой цивилизованной стране, скажем, такой, как Германия, не могло пройти незамеченным, здесь сходило. Хотя хочу подчеркнуть и напомнить тем, кто тоскует по прошедшим временам: о появлении незнакомого человека в любой деревне немедленно "сигнализировали". В каждой деревне был осведомитель. И эта система осведомительства работала в борьбе с инакомыслием лучше любой другой. Я знаю много историй: даже в самой глуши нельзя было появиться и остаться незамеченным. Тебя всюду замечали. Единственный способ спастись — и кое-кто так спасался от ареста, — уехать лесничим в глухие леса. Есть такая актриса в Ленинграде, Шурочка Завьялова. Ее отец был крупным, городского уровня боссом. Когда он увидел, что приближается арест, то взял дочку и поехал куда-то в глубокую Сибирь лесничим. И тем спасся.

Что же касается помощи... Все-таки в человеке честном, по себе знаю, есть большая потребность подавить страх и хоть чем-то помочь. Это потребность души. Просто чувствуешь себя безумно униженным, если не смеешь этого сделать. Это именно... вот точное слово я нашла: это именно унижение — не сметь протянуть руку. Это же фактически — человек тонет, а ты проходишь мимо. Посвистывая.

Я думаю, человеку, не окончательно коррумпированному, неразложившемуся, с остатками еще каких-то понятий, естественно протянуть руку помощи. Хотя те шестьдесят — или пятьдесят тогда — лет советской власти, конечно, многих людей, которые раньше бы естественно это сделали, испортили, развратили. Но все-таки нельзя развратить народ целиком. Это невозможно. И на всех уровнях. Я хочу здесь вспомнить, как старухи подавали хлеб немецким военнопленным. Это явление того же порядка. Ведь есть еще чувство жалости, сострадание. Сострадание к страждущим — это всегда было национальной чертой русского характера, Помочь, дать кусочек хлеба, дать кусочек тепла. Я думаю, это явление того же типа.

58

В конце шестидесятых годов произошло поразительное событие — Пражская весна. Дубчек, новый секретарь компартии Чехословакии, стал для советской интеллигенции героем. Мы поверили, что воплощаются наши мечты. Поскольку мы понимали, что для нас немыслимо поставить под сомнение социализм, и знали, что система непоколебима, предложенная Дубчеком формула "социализм с человеческим лицом" абсолютно завоевала сердца. Мы увидели в ней выход, путь, который могли бы использовать и мы. Тем более что наши руководители, казалось, не хотели форсировать ход событий. В прессе ничего не было, мы слушали Би-би-си, "Немецкую волну", "Голос Америки". Иногда ночи напролет сидели у приемника, дома или у друзей, жадно вникали во все подробности, с волнением следили за развитием событий. Поскольку ловить "голоса" было нелегко, приходилось ложиться на пол или забиваться в угол кухни или ванной. Новостями обменивались на улице, из соображений безопасности. Я каждый день встречалась с Асей Берзер у метро "Маяковская" после того, как она заканчивала работу: она мне рассказывала все, что говорилось в "Новом мире", и мы сравнивали нашу информацию.

Ситуация, казалось, развивается благоприятно, и в начале августа мы с Симой, Павликом, Женей и друзьями уехали в отпуск в Литву, в Игналинский район, и там путешествовали на байдарках по маленьким речкам от одного озера к другому, а по вечерам находили какое-нибудь красивое место для привала. В этих лесах можно было ходить целыми днями, не встретив ни единой души, мы ведрами собирали белые грибы и ягоды, и события в Чехословакии казались там очень далекими. Тем не менее по вечерам мы обязательно слушали наш верный транзистор, который держал нас в курсе переговоров между Дубчеком и советским правительством. Потом все батарейки сели, приемник замолк, и мы на несколько дней остались без известий. Мы вернулись в Вильнюс, где нужно было сесть на поезд, не испытывая никакого беспокойства, более того, радостные и беззаботные.

Купили газеты — ничего интересного. У нас оставалось несколько часов до поезда, и мы пошли погулять в парк. И вдруг навстречу — человек, который как-то странно себя повел: он слушал транзистор, прижимая его к уху, но, едва нас завидев, ускорил шаг, как будто испугался. Я это засекла, но, конечно, тогда не поняла, почему он так себя вел.

Мы приехали на вокзал и, так как у нас не было брони на ночной поезд до Москвы, оказались все в разных купе. Я старалась заснуть, несмотря на бормотание радио, которое в поезде никогда не выключалось, и вдруг в полусне мне показалось, что я слышу фамилию Дубчек. Я стала прислушиваться и через несколько минут поняла, что он находится в Москве. Дубчек в Москве, говорило радио, и он заявляет, что в Чехословакии идет полным ходом контрреволюция. Это сообщение повторялось и повторялось, безо всяких комментариев.

Вокруг меня никто не шевельнулся, видимо, никто не обратил внимания на эти новости. Потрясенная, я отправилась искать Симу. Сима спал глубоким сном и ничего не слышал. Я даже подумала, может, мне все это послышалось, приснилось? Но через несколько минут в выпуске последних известий сообщили, что все чехословацкое руководство находится в советской столице. С этого момента мы уже всю ночь не спали, уверенные, что случилось нечто ужасное.

Утром на перроне Белорусского вокзала нас встречали несколько друзей, в том числе Элька. С мрачным видом, даже не поздоровавшись, он сказал: “Павлика Литвинова арестовали”. А потом начал рассказывать все то, что мы так боялись услышать: руководство чехословацкой компартии во главе с Дубчеком, вынужденное подчиниться, силой доставлено в Москву, Чехословакию заняли войска Варшавского договора, танки вошли в Прагу, сотни погибших, свобода отнята...

Наши газеты, естественно, публиковали только официальную информацию: СССР оказывает вооруженную помощь братскому народу Чехословакии по его просьбе. К этому добавлялись лживые репортажи, описывающие радость чехословацкого народа, спасенного старшим братом от контрреволюции.

Никто не протестовал, никто не говорил о стыде, который мы испытывали. Никто, за исключением четырех отважных женщин и четверых мужчин, который вышли на Красную площадь и у собора Василия Блаженного едва успели развернуть два транспаранта: “За нашу и вашу свободу” и “Чехословакия, мы с тобой” — после чего их схватили.

Четверых из них я знала лично: математиков Павла Литвинова и Ларису Богораз-Даниэль и поэтов Наталью Горбаневскую, вышедшую с ребенком на руках, и Вадима Делоне. Почти все они участвовали в составлении “Хроник”.

Их судили, никто из них не признал себя виновным, Горбаневскую принудительно поместили в психиатрическую больницу, другие получили по нескольку лет ссылки в Сибирь, в отдаленные районы Казахстана. Думаю, конец 1968 года был один из самых грустных в нашей жизни.

59

Вплоть до семьдесят третьего года диссидентское движение расширялось — и борьба с ним тоже. Процессы шли один за другим.

Однажды я зашла в кабинет Аси Берзер в "Новом мире" и увидела человека, совсем не похожего на тех, кто обычно ходит в литературные журналы. Очень высокого, костлявого, с лицом в глубоких морщинах, как будто вырубленным из камня. У него были руки с крупными ладонями, обломанными ногтями, задубевшие от мороза и тяжелой работы: я сразу обратила на них внимание, потому что они высовывались из коротких рукавов пиджака — видимо, с чужого плеча. Говорил он хриплым голосом, с легким простонародным выговором, не договаривал слова и немного заикался. Когда он прощался, то первый неловко протянул Асе руку, что, вообще-то, считается признаком невоспитанности, и его лицо осветилось обаятельной улыбкой, детски-наивной. Это был Анатолий Марченко. Он только что вышел из лагеря и принес Асе рукопись "Моих показаний" — первого текста о лагерях не сталинской, а брежневской эпохи, из которого было ясно, что система осталась неизменной. Как опубликовать такой текст? Но у Марченко был не тот характер, чтобы с чем-то считаться. Он был сыном колхозника, университеты прошел в тюрьме и не переставал бороться. Он посвятил свою свободу помощи политзаключенным всеми возможными способами. Но свобода была недолгой. Его многократно арестовывали, и он, можно сказать, всю свою жизнь провел в тюрьме, объявляя голодовку в знак протеста против незаконного наказания других узников и плохого обращения с ними. Он умер в восемьдесят шестом году, не дожив двух дней до объявления о его освобождении. КГБ не раз предлагал предоставить ему возможность эмигрировать, но он все эти предложения отвергал.

Дома у Флоры Литвиновой, моей подруги, я впервые встретилась с генералом Григоренко. Помню мое удивление при виде такого гостя в этом доме. У него была внешность типичного советского аппаратчика. Плотный, квадратный, почти лысый, с властными жестами, а его манера говорить выдавала крестьянские корни. Он не случайно выглядел как номенклатурщик. Еще совсем недавно Григоренко занимал один из самых престижных постов в Военной академии имени Фрунзе: заведовал кафедрой кибернетики. Он воспринял доклад Хрущева буквально, начал размышлять и постепенно, шаг за шагом, открывал все извращения системы. Эта была долгая и тяжелая внутренняя работа, но когда он укрепился в своих новых убеждениях, то уже не хотел молчать. И вступил в борьбу внутри самой партии, обличая тех, кто противился процессу либерализации. Его пламенные речи не были оценены по достоинству; от него потребовали покаяния. Но никакие угрозы на него не действовали. И он, сын мужика, вознесенный режимом, пожертвовал всем — званием, партией, научной работой — и стал одним из самых смелых борцов за права человека. Он в особенности защищал крымских татар. Власть, конечно, не могла смириться с тем, что один из своих, да к тому же генерал, способен принести в жертву карьеру во имя чистоты ленинизма. В их глазах он был опаснее, чем любой другой диссидент. И поэтому арестовать его было мало — нужно было объявить его сумасшедшим. Когда я потом увидела Петра Григорьевича после нескольких лет, которые он провел в психбольнице, он сильно изменился. Он вернулся из ада, превратился в маленького худого старичка, утратил бравый вид — но выражение глаз говорило о прежней несгибаемой воле, которую хотели сломить химическими препаратами. Его жена рассказывала, что видела его плачущим, как дитя, на койке этой больницы-тюрьмы. Потом один смелый врач стал делать ему инъекции витаминов вместо нейролептиков, и он понемногу восстановился, набрал достаточно сил, чтобы сразу после освобождения снова продолжить борьбу. Это был человек такого же мужества, как Сахаров. Они оба пошли на то, чтобы все потерять — славу, почести, деньги, и не пощадили себя ради права говорить правду, ничего, кроме правды.

После того как наши танки раздавили Пражскую весну, мы так и не смогли по-настоящему оправиться от удара. Вся либеральная интеллигенция впала в глубокую депрессию, убежденная, что советская власть непобедима.

В противоположность таким живым, таким полным надежды шестидесятым годам семидесятые начинались мрачно. Сталинисты набирали силу, Солженицын был изгнан из Союза писателей, который поносил его как мог, начиная со страшной кампании, возглавленной Шолоховым и возродившей былые приемы — вроде писем, которые слали в “Правду” колхозники и рабочие, возмущенные, что подобный человек живет на “нашей земле”. Твардовского наконец сместили с поста главного редактора

“Нового мира” после длительной битвы, заключительным эпизодом которой стало письмо, подписанное тринадцатью писателями, требовавшими его отставки.

А потом началось дело Якира и Красина, практически положившее конец диссидентству. Петр Якир был сыном знаменитого генерала Красной армии, расстрелянного Сталиным в тридцать седьмом году. Самого его арестовали в возрасте четырнадцати лет, он семнадцать лет провел в лагерях, вернулся в Москву в пятьдесят шестом и стал одним из самых яростных обличителей сталинских преступлений. А Виктора Красина, отец которого погиб на Колыме, арестовывали несколько раз, в первый раз — в девятнадцать лет, в самом конце сороковых годов, за критику марксизма-ленинизма. Он был математик и один из основных организаторов борьбы за права человека и считался одним из самых твердых участников движения. И вот их обоих арестовали, а вскоре по Москве поползли слухи, что оба “раскололись” во время следствия. Они выдали все, что касалось системы издания “Хроники текущих событий”, — микрофильмы, корреспондентов, дипломатическую почту, имена подпольщиков. Мы узнавали, что того или другого допрашивали на Лубянке, и список вызываемых рос день ото дня. Однажды наш друг позвал нас прогуляться в подмосковном лесу, на самом деле — чтобы рассказать, что несколько дней назад его допрашивали в КГБ, и предупредить, что наша очередь не за горами. Он был поражен, получив из тюрьмы записку, подписанную Якиром, с требованием сдать книги и бумаги, которые он у себя прятал. Но еще больше он был потрясен, когда осознал, каким количеством информации уже располагают власти.

Я хорошо знала Якира и не так уж удивилась его поведению. Несмотря на всю его бойкость и задор, у меня всегда было ощущение, что он человек сломленный, и мне совсем не нравилась его манера вовлекать людей в диссидентство, не спрашивая их мнения. Такая бесцеремонность и безалаберность мне казались очень опасными. Но вот почему сдался Красин, этого никто не понимал. Как бы то ни было, власти оценили их добрую волю к сотрудничеству и вознаградили относительно мягким приговором. Их показывали по телевидению: они признавали свою вину и каялись во время процесса, который был поставлен как грандиозное шоу. Пока фабриковался этот процесс, а длился он долгие месяцы, страх вернулся с новой силой. Как и все, кто более или менее тесно был связан с диссидентством, мы избавились от всего, что могло нас скомпрометировать, — от книг, самиздатовских текстов, писем из-за границы, и каждый день ждали, что к нам придут с обыском. Вдобавок атмосфера была как будто отравлена: не то чтобы это было недоверие, скорее разочарование и уныние, и даже пропала охота видеться и общаться с друзьями.

60

В семидесятом году в нашей жизни случилась величайшая беда.

Северный флот пригласил Лунгина и Нусинова на большой военный корабль, чтобы из Североморска проплыть вдоль всей Европы до Одессы. Дело в том, что "Мичман Панин" имел шумный успех на флоте, и Элька с Симой стали как бы считаться у моряков своими. Они прибыли в Североморск, поднялись на борт, и через три дня произошло чудовищное несчастье. Девятнадцатого мая Илья Нусинов умер на корабле от спазма сердца. Это даже был не инфаркт. На корабле имелась большая медчасть, его пытались реанимировать, но ничего не получилось. Произошло это в норвежских водах. И корабль пошел назад на нашу территорию. Навстречу был послан маленький пароходик, и перед строем — а на таком авианосце служит две тысячи человек — Эльку Нусинова с военными почестями опустили в гробу на тросе в этот подошедший кораблик, и Сима на военном самолете прилетел с цинковым гробом в Москву.

Это был этапный момент нашей жизни. Не говоря о великом горе, до сих пор все, что Сима и Элька писали — даже какую-нибудь статейку, — они писали вдвоем. Они все делали вместе. Симе казалось, что он не сумеет работать один. Он ведь даже не печатал на машинке до этого времени: Сима валялся на диване, а Элька печатал. Надо было заново учиться писать.

61

А через четыре года произошло несчастье другого рода.

Вика Некрасов из когда-то любимого всеми писателя, даже лауреата Сталинской премии, потом просто знаменитого писателя становился все более одиозным и неугодным.

Я думаю, Вика был самым свободным из всех, кого я знала.

Вообще, ущерб, который эти семьдесят лет нанесли человеку, гораздо страшнее катастрофы в экономике, экологии и национальных отношениях. Деформация психики, разрушение личности — вещи непоправимые. В результате Гражданской войны, коллективизации, массовых убийств, потом другой страшнейшей войны изменился генетический фонд нации. Погибли лучшие, самые честные, самые смелые, самые гордые. Чтобы выжить, надо было приспосабливаться, лгать и подчиняться. Конечно, я видела, как люди сопротивлялись, и не только диссиденты. Каждый из нас временами пытался делать что мог. Для творческого человека честно выполнять свою работу, выражать свои мысли, не идя на уступки, — это уже было сопротивление. Не поднять руку на собрании, когда все поднимали руку, подписать письмо протеста — это, конечно, уже другая степень сопротивления. Но все равно все это был бунт безоружных рабов. И мы отлично понимали, что совершаем безумство, что это дело обречено на провал — потому что государство, партия, КГБ всесильны. Так вот, единственный из всех, кого я знала, чья личность не была затронута, кто был свободен от этих деформаций, — это Вика Некрасов. Он не был активным борцом, не вступал, как другие, в прямую борьбу с властью, не бросил вызов системе, как, скажем, Солженицын. Но все, включая Солженицына, которого я знала, были, в отличие от Некрасова, детьми системы. При всем их "инакомыслии", несмотря ни на что, они несли ее отпечаток.

В любой ситуации Вика вел себя удивительно естественно, он ничего не боялся и не сгибался ни перед каким авторитетом. Однажды я случайно слышала его разговор по телефону с Сурковым, председателем Союза писателей. Это был злой, хитрый, опасный человек, типичный аппаратчик. К моему большому удивлению, Вика высказывал ему свое возмущение и гнев по поводу преследований очень хорошего киевского писателя Ямпольского и безапелляционным тоном требовал прекратить эту кампанию. Я уверена, что никто не позволял себе так говорить с Сурковым. Причем тот на другом конце провода что-то лепетал в ответ, какие-то объяснения, обещания.

Я часто задумывалась, откуда у Вики такая независимость, свобода поведения, такое чувство собственного достоинства. Может быть, причиной его благородная кровь? Но я видела других представителей русского дворянства, подобострастных приспособленцев. Алексея Толстого, например, но не только его одного. Может, дело в том, что Вика провел детство в Швейцарии и Франции? В атмосфере, которую создали вокруг него три чудесные женщины — бабушка, мать и тетка, совершенно его обожавшие?

Его старший брат Николай в семнадцать лет, во время Гражданской войны, был убит на улице красноармейцами за то, что в руках у него была французская книжка. Как классовый враг.

Такого, как Вика, больше не было. С его художественным темпераментом и непосредственностью он жил в тоталитарном мире, как жил бы в любом другом.

До войны он блестяще учился на архитектора, но диплома не получил. Начальство не приняло его проект, который был вдохновлен творчеством Викиного любимого Корбюзье. Как раз в тот год развернулась кампания против конструктивизма — его объявили буржуазным течением, враждебным социалистической эстетике. И на долгие годы в советской архитектуре утвердился сталинский неоклассицизм. Некрасову предложили представить другой проект, если он хочет получить диплом, но он предпочел раз и навсегда отказаться от архитектуры, лишь бы не отказываться от Корбюзье. И решил стать актером, в надежде, что эта профессия даст большую независимость. В результате он оказался в городском театре Кривого Рога одновременно в двух амплуа — первого любовника и художника-декоратора. Потом началась война.

Вика любил повторять, что писателем он стал случайно. После второго ранения под Сталинградом врач посоветовал ему каждый день по нескольку часов рисовать или писать, чтобы вернуть подвижность пальцев: "разрабатывать мелкую моторику". Вика выбрал письмо, поскольку, будучи ленив, любил полежать, а писать можно, не вставая и не садясь за стол. И вот так, лежа на животе на своем продавленном диване и выводя каракули огрызком карандаша, он написал "В окопах Сталинграда".

Закончил, отдал рукопись машинистке и совершенно не намеревался ее публиковать. Не в его духе было бегать

3.01

Подошел сорок седьмой год, и произошло событие, которое перевернуло всю мою жизнь. Я пошла встречать Новый год к Эльке Нусинову, как должна была пойти шестью годами раньше. И я уже заранее знала, что там будет их общий приятель, режиссер из театра Станиславского по имени Сима Лунгин.

Потом мы с Симой выяснили, что когда-то раньше, тоже в новогоднюю ночь, он заходил за Аней в дом, где мы с ней были в гостях. Но ни Сима, ни я этой встречи не помнили. Судьба назначила нам встречу через несколько лет.

3.02

Симин отец был архитектором, а также занимался облицовкой домов. Он когда-то строил этот дом и поэтому смог получить в нем большую квартиру.

3.03

Когда все стали уходить, совершенно для меня неожиданно Сима шепнул: останься. И я осталась в этом доме. И вот осталась на всю жизнь.

3.04

3.05

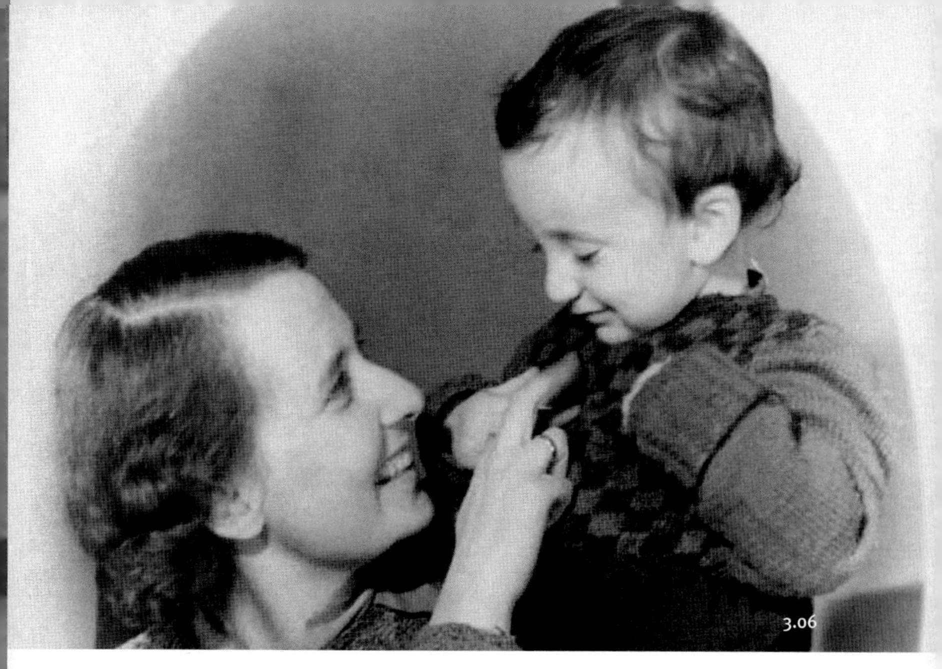

Потом родился Павлик.

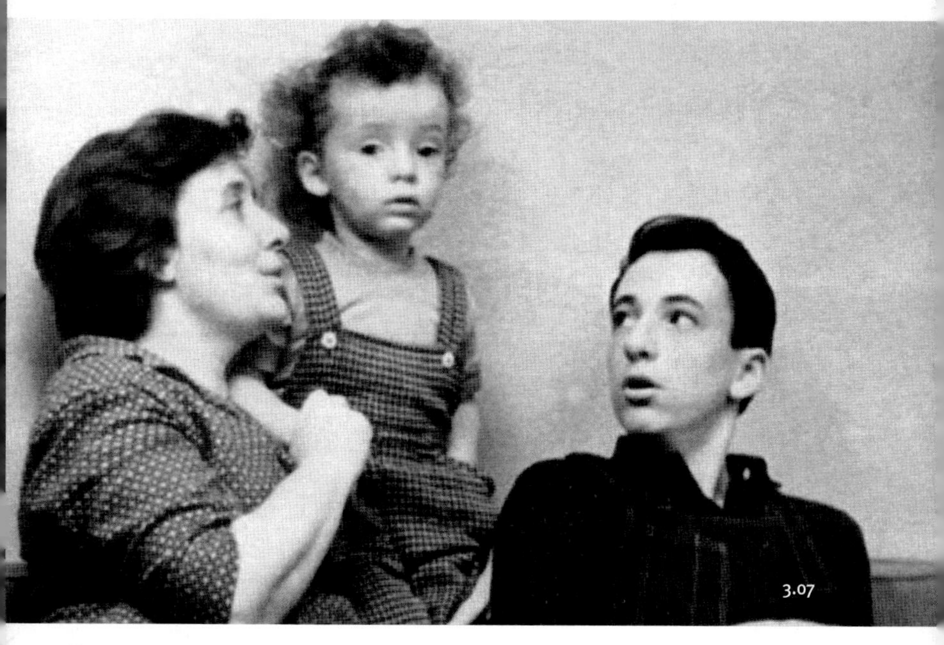

В какой-то момент я поняла, что не могу, чтобы у нас был один ребенок. Нужен обязательно второй. И родился мальчик. Назвала я его Женей. В честь Жени Астермана, о котором я рассказывала, — моей ифлийской любви.

3.08

3.09

А может, это удивительный у Симы был дар претворять жизнь в какое-то полутеатральное действо. Мы как бы играли все время. Даже не знаю, как это выразить, — было какое-то ощущение праздника, который длится, который втягивает нас.

3.10

ВИКТОР НЕКРАСОВ

В ОКОПАХ СТАЛИНГРАДА

ПОВЕСТЬ

не плачь-на!

Вика

5.IX.69

3.11

К этому моменту ни Сима, ни я "В окопах Сталинграда", опубликованных в журнале "Знамя", не читали. Мы не знали, что это за писатель, что за человек.

3.13

Я думаю, Вика был самым свободным из всех, кого я знала. Он никогда не был диссидентом в буквальном смысле слова, его конфликт с властью носил нравс-

Наша дружба длилась до дня Викиной смерти. Он стал нам как бы братом, когда бывал в Москве, то жил всегда у нас, один или с мамой, — вообще он жил в Киеве с мамой со своей. Месяцами жил у нас. Мы почти всегда летом отдыхали вместе.

Сима был знаком с Элькой с довоенных лет, и они вместе сочиняли пьесы.

3.17

Эльку выгнали из института, где он работал, потому что началось дело Еврейского антифашистского комитета, все члены его были арестованы, в том числе отец Эльки Нусинова, профессор Нусинов.

3.18

Сима и Элька работали с замечательными режиссерами. "Добро пожаловать, или Посторонним вход воспрещен" поставил Элем Климов, эта вещь стала классикой детского кино. Через много лет они сделали с Климовым "Агонию", которая десять лет ждала выпуска на экран. Две картины с Роланом Быковым — "Внимание, черепаха!" и "Телеграмма". "Жил певчий дрозд" с Отаром Иоселиани.

3.20

Среди вернувшихся из лагерей был и Леонид Ефимович Пинский. Его арестовали поздней осенью сорок девятого года. Накануне мы втроем гуляли в каком-то парке. Они с Симой купили четвертинку и на ходу ее распили. И мы договорились встретиться через два дня. Прошел день, второй, а на третий мне позвонила одна его ученица и сказала: я ездила к Леониду Ефимовичу — его дверь опечатана.

Когда он вернулся в самом начале пятьдесят пятого года, то рассказал нам, что это был Эльсберг. Что Эльсберг, оказывается, после каждой беседы с ним не ленился садиться за письменный стол и подробно излагать, о чем шла речь. И получился довольно объемистый материал.

Белинский в борьбе с космопол

Я. ЭЛЬСБЕРГ

Далеко не все современники Белинского до конца поняли глубокий смысл его статьи «Взгляд на русскую литературу 1846 года» и других работ, где великий критик со всей резкостью и последовательностью обрушился на космополитические, антинародные тенденции в западническом лагере.

Блестящая полемическая атака неистового Виссариона была вызвана острой политической необходимостью. Именно к тому времени ясно обнаружилось, что под флагом борьбы со славянофильством в кругу «западников» пропагандируются идеи и взгляды, решительно враждебные демократизму, оскорбляющие чувство национальной гордости, присущее народу.

Белинский и Герцен, стоявшие на демократических и социалистических позициях и боровшиеся за то, чтобы Россия стала передовой страной мира, отрицательно относились к таким либеральным западникам,

но разоблачал отсталость царской крепостнической России по сравнению с Западной Европой и боролся против этой отсталости. Но вместе с тем он был решительным противником некритического отношения к Западу. Он не хотел установления в России господства буржуазии по западноевропейскому образцу, а стремился к коренной революционно-демократической переделке русской жизни.

Поэтому так резко обрушивался Белинский на «спокойных скептиков», на русских космополитов, — тех, что насмешливо и с холодной иронией, без всякой горечи, болтали об отсталости России и восхищались западноевропейским буржуазным порядком и его культурой. Это бы-

В развити нального х свойственны сти и полож та истины» сти, смелос переимчивос к тому, что своей нацис многосторон рался за то, человечества одна из пер листической.

Говоря о ский спраши истинный, т своему отече болеть его б достями?» А лита, лишен народом, ор

3.21

Личный листок по учету кадров

1. Фамилия Штейнберг
имя Евгений отчество Львович
2. Пол м. 3. Год и м-ц рождения 1902 31/XII 4. Место рождения:
а) по существовавшему в то время адм. делению г. Геническ, б. Таврической губ.
б) по существующему в настоящее время адм. делению г. Геническ, Херсонской обл. УССР
5. Национальность еврей 6. Соц. происхождение:
а) бывшее сословие (звание) родителей мещане
б) основное занятие родителей до Октябрьской революции служащий, после Октябрьской революции тоже
7. Основная профессия (занятие)* научн. работн. и печать
стаж работы по этой профессии с 1925 г. 8. Соц. положение служащ
10. Какой организацией принят в члены КПСС —

3.22

3.23

На пересылке Леня встретился с профессором Штейнбергом, востоковедом, которому Эльсберг был как брат родной. Когда Штейнберга арестовали, его жена, естественно, побежала в ту же ночь к Эльсбергу…

Другого такого времени потом уже не было. Все жаждали услышать свежее, живое слово. Ведь целлулоидная литература тех лет отбила у людей желание ее читать. И вот когда вдруг прорвалось живое человеческое слово, то увлечение было невероятным. Однажды Вика привел Евтушенко к нам обедать…

3.24

СОДЕРЖАНИЕ

Когда "Новый мир" напечатал "Один день Ивана Денисовича" — это было событие чрезвычайного значения. Общенационального. Вообще, смотрите, как интересно — печатание книг, стихов является каким-то важным моментом в высвобождении этой несчастной страны из пут порабощения.

3.25

Это был момент окончательного разделения интеллигенции. Выяснилось, что нужно занять какую-то позицию. Либо одобрить, либо осудить то, что произошло в Венгрии. И это стало водоразделом. В частности, никогда не забуду, как мы с Леней Пинским поехали к Михаилу Александровичу Лифшицу, нашему довоенному кумиру. И вот тут на моих глазах произошел разрыв между ними.

3.26

3.27

Освободившись, Солженицын написал повесть. Лева Копелев принес ее своей подруге, замечательному литературному критику, заведующей отделом прозы в “Новом мире” — Анне Самойловне Берзер, Асе Берзер, которая стала позже редактором Вики Некрасова и моей очень близкой подругой.

Шаламов вернулся следом за Солженицыным. Я с ним познакомилась у Леонида Ефимовича. Это был совсем другого облика человек. Я увидела еще не старого, но совершенно состарившегося, похожего на образы Рембрандта человека.

Володя Тендряков. Теперь его мало знают, вообще это замечательный писатель, один из самых честных, правдивых, искренних авторов шестидесятых годов

Ставить "Мичмана Панина" взялся Миша Швейцер, из нового поколения послевоенных режиссеров, но уже имевший некоторое имя, потому что сделал с

3.32

Lili
med varmaste
hälsning
Astrid

3.33

3.34

3.35

И это эпизод почти такого же значения, как то, что я двенадцатого января осталась ночевать у Симы. В рабочем плане я вытянула невероятно счастливый жребий. И то, на что я злилась... Вот сделала бы французскую книжку, никто бы ничего не заметил, и я бы ничего не заметила. А тут я попала в изумительный мир совершенно замечательной детской писательницы Астрид Линдгрен.

3.36

3.37

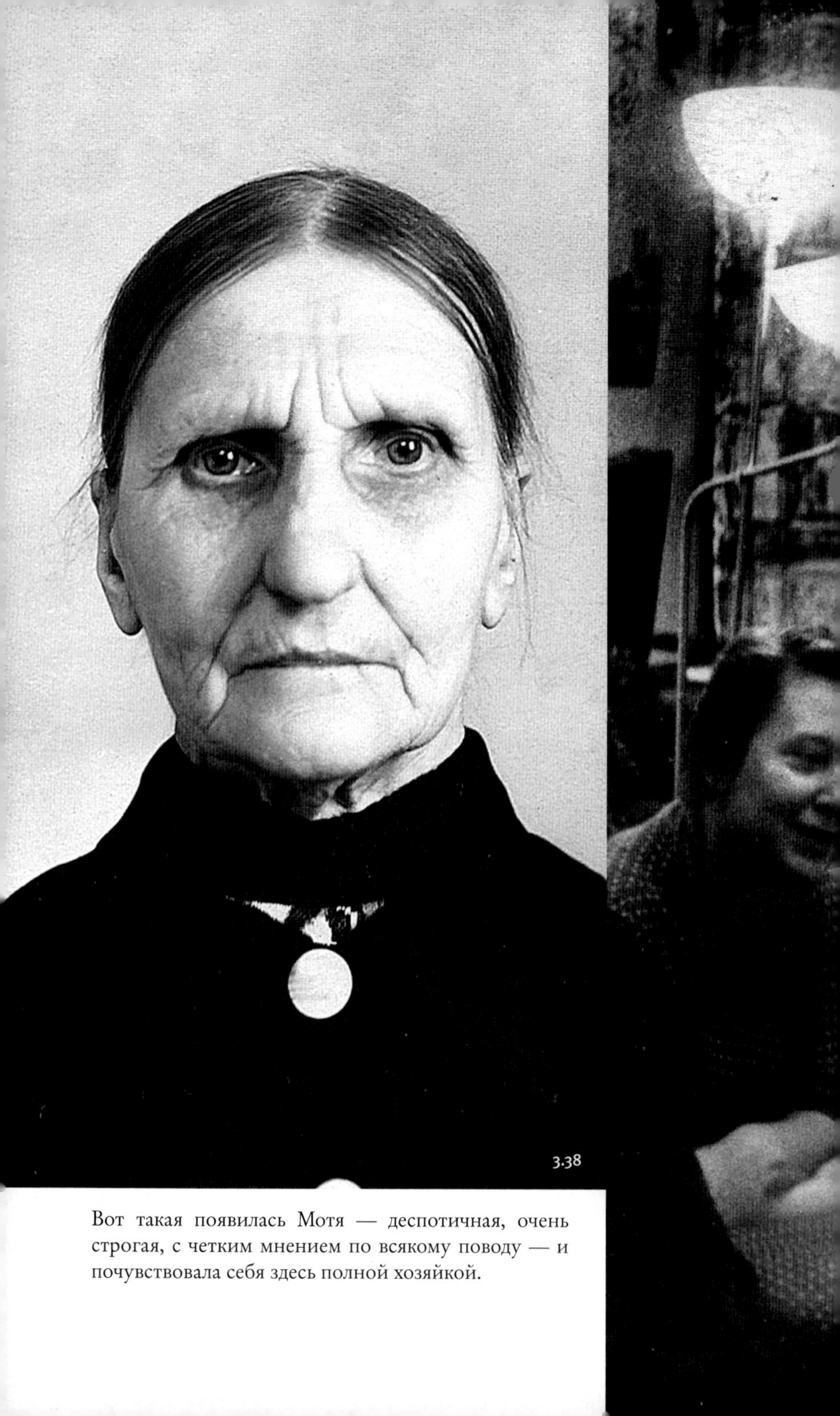

Вот такая появилась Мотя — деспотичная, очень строгая, с четким мнением по всякому поводу — и почувствовала себя здесь полной хозяйкой.

3.39

Но вместе с тем... как бы это сказать? Все-таки, странным образом, эта натура, такая противоположная мне во всем, была очень близким человеком. И я ее

Мы с Вернанами потеряли друг друга на тридцать с лишним лет. И вот теперь сидели и несколько дней подряд рассказывали друг другу свою жизнь.

Я узнала, что Вернан был одним из главных людей во французском Сопротивлении. Днем преподавал в лицее, а ночью ездил на какие-то страшные задания — подрывал пути, бог весть что, надевал вместо маски чулок на лицо. И что он награжден редкой медалью, которой де Голль наградил всего шестьсот

Лида тоже была коммунисткой. Сперва мы, конечно, старались избегать разговора на эту тему, но на какой-нибудь третий день мне пришлось сказать Жипе: скажи

В семидесятом году в нашей жизни случилась величайшая беда. Северный флот пригласил Лунгина и Нусинова на большой военный корабль, чтобы из Североморска проплыть вдоль всей Европы до Одессы. Девятнадцатого мая Илья Нусинов умер на корабле от спазма сердца. Они все делали вместе. Симе казалось, что он не сумеет работать один. Он ведь даже не печатал на машинке до этого времени: Сима валялся на диване, а Элька печатал. Надо было заново учиться писать.

3.43

В семьдесят четвертом году уехал Вика. Было, конечно, ясно, что он уезжает навсегда. Для нас с Симой это была страшная потеря. Мы не могли себе представить жизнь без Вики.

Моя подруга Флора Литвинова... 3.46

Главное в этой жизни — люди, и людей замечательных гораздо больше, чем предполагаешь. Значит, все-таки хорошее побеждает плохое. Надо внимательнее присматриваться к людям вокруг. И может быть, это есть тоже маленькая тропинка, ведущая к какой-то радости.

3.47

3.48

...наши любимые друзья Золотухины.

Мои дорогие, очень близкие друзья —
Дуся Каминская и Костя Симис.

3.49

3.50

Если подводить еще итоги моей жизни, то, конечно, главное в ней это два сына.
У нас с Симой два больших мальчика.
Есть еще у нас внуки. Есть большой внук Саша, Пашкин сын...

3.51

…и есть двое внуков в Париже, потому что Женя женился на француженке. Мальчик, которому шесть с половиной лет и которого зовут Антуан, и девочка трех с половиной лет по имени Анна.

3.54

по журналам и издательствам. Он просто хотел дать почитать друзьям. Но один из них без ведома автора послал рукопись Александрову, критику, который до войны был в группе Лукача и Лифшица. Александров прочитал, пришел в восторг, отдал его в журнал "Знамя", и книгу очень быстро опубликовали. И впервые все, кто был на войне, узнали в ней самих себя, впервые люди находили в напечатанном тексте то, что пережили. Но в то же время книга бросала вызов всей традиции прославления и возвеличивания Отечественной войны. Тотчас же заголосили, немедленно обвинили Некрасова в "дегероизации", в подражании Ремарку — а это было преступлением. Книгу чуть не изничтожили. И вдруг, уж не знаю каким чудом, роман получил Сталинскую премию. А книга, которой присуждали эту премию, становилась священной и неприкосновенной, тем более что, по слухам, Сталин собственной рукой внес ее в список. Было несколько изданий "Окопов", огромные тиражи, и это тот редчайший случай, когда официальное признание и заслуженная слава совпали. Трудно вообразить, до какой степени Некрасов стал популярен по всей стране: он получал тысячи писем, его узнавали на улице, в поезде, люди подходили, выражая ему благодарность и восхищение.

Но слава его не изменила. Он оставался все тем же Викой, который жил когда-то в коммуналке с мамой, которая была врачом и целыми днями бегала по лестницам киевских домов, обходя своих больных. При том, что он внезапно сделался народным достоянием, человеком знаменитым и богатым, он сохранил цельность, определенность вкусов и ясность представлений о добре и зле. И совсем не изменил свой образ жизни. Двери его прекрасной квартиры на Крещатике, которую ему дал Союз писателей, были открыты для всех, кто нуждался в его помощи. В отличие от большинства интеллигенции, стремившегося плыть по течению, Вика был закоренелым индивидуалистом. Поэтому он занимал совершенно особое место в литературной среде. На волне славы его избрали в правление Союза писателей, его толкали на путь карьеры, соблазняли привилегиями, связанными с должностью. Но для него не могло быть речи о соблюдении этих правил игры. На заседаниях правления Союза писателей, где каждый выступал по заведенному сценарию, он единственный говорил то, что думал на самом деле, и таким образом превращался в неудобного свидетеля затевавшихся там махинаций. Он никогда не пользовался бюрократическим языком, принятым в официальных кругах, и шокировал своей непринужденностью. Тенниска летом, клетчатая рубашка, расстегнутая до пупа, свитер и куртка зимой. Другие — в костюмах и при галстуке в любое время года. Они, может, и хотели бы сделать ему замечание, но не смели: было в нем нечто, внушающее уважение.

Первые неприятности начались в Киевском отделении Союза писателей, потому что Вика писал по-русски, а не по-украински. В то время украинская номенклатура отличалась особой догматичностью и национализмом. И для этих посредственностей присутствие прославленного русского писателя было непереносимо. Достаточно сказать, что “Окопы” так и не были изданы на Украине — факт беспрецедентный для книги, отмеченной Сталинской премией.

Чтобы дать представление об атмосфере в этой среде, Вика любил рассказывать такую историю: как-то раз они шли с одним местным поэтом мимо киевского Дома писателей, и Вика не удержался и пробормотал: “Разбойничье логово”. Ну, его спутник не преминул донести об этом на первом же собрании, причем добавил: “А знаете, что я ему ответил? Нет, Виктор, это не разбойничье логово, это штаб прогрессивного человечества”.

В общем, там вокруг него постепенно накалилась атмосфера злобы и ненависти, и Вика все чаще приезжал в Москву, ночевал у нас в гостиной на диване. Через несколько лет, когда Зинаида Николаевна, Викина мама, которую он обожал, вышла на пенсию, он стал привозить ее с собой, и они месяцами гостили у нас. На полке в нашей комнате громоздились журналы и книги с Викиными рассказами, мы часами сидели на кухне — почему-то я помню запах трав, укропа, петрушки, тархуна, которым были овеяны эти посиделки за круглым столом; у Вики было постоянное место у окна, и он никому не разрешал его занимать. Это были годы разочарований, бесплодной борьбы, горечи — но, притом, странным образом, годы радости. И я, когда вспоминаю эти наши посиделки, слышу первым делом наш безудержный смех. Викины рассказы, Симины рассказы про обсуждение сценария “Добро пожаловать”, отдых под Ригой, Апшуциемс...

Одной из самых больших общих радостей были съемки “Заставы Ильича”, хотя эта история и плохо кончилась. У Некрасова был редкий дар: он увлекался работой других людей. В шестидесятом году наш общий друг Марлен Хуциев, которому было тогда за тридцать, пригласил начинающего сценариста и поэта Гену Шпаликова, чтобы сделать фильм о молодом поколении. Это было правдивое кино, где герои были взяты прямо из жизни и показаны во всей сложности их чувств. Гене первому в советском кино удалось передать в диалогах живую речь молодых людей. Съемки шли много месяцев. Стремясь к совершенству, а может, боясь представлять фильм в Госкино, Хуциев без конца переделывал какие-то эпизоды. Вике страшно нравилось, как снимал Марлен, этот его новый способ описывать жизнь в кино, и он все время проводил на студии Горького, а раз в неделю приглашал нас посмотреть материал.

Мы разделяли его энтузиазм: нам тоже казалось, что ничего подобного в советском кино еще не было. Некрасову захотелось рассказать об этом рождающемся шедевре в "Новом мире". Он написал очерк, в котором, в частности, подчеркивал естественность игры Коли Губенко (будущего министра культуры), герой которого, молодой рабочий, был совсем не похож, по словам Некрасова, на усатого ударника, способного говорить только лозунгами. И это замечание Вике дорого обошлось. Было какое-то собрание в Колонном зале или в Кремле, и Хрущев покрыл Вику последними словами. Он сказал пренебрежительно: "Что это за Некрасов, я его не знаю! Для меня писатель Некрасов — это великий поэт девятнадцатого века. А этот — по какому праву он нападает на наших трудящихся?" С этого момента все стремительно покатилось вниз: фильм запретили, а когда он вышел два года спустя, он был изрезан до неузнаваемости. Увидев, что стало с "Заставой", молодые актеры и сценарист запили. И Некрасов вместе с ними. Тогда он пил, как все, но не пьянел. У Вики была навязчивая идея не стареть. И он, подстегиваемый желанием не отставать от молодых, в какой-то момент стал настоящим пьяницей.

Через некоторое время после этого скандала ему тем не менее разрешили совершить заграничное путешествие. Сначала его впечатления были опубликованы в "Новом мире", а потом изданы красивой книжкой с Викиными собственными рисунками тушью в качестве иллюстраций. Книга пользовалась большим успехом. По ней можно было составить представление о жизни по ту сторону железного занавеса. По-моему, это было беспристрастное, правдивое повествование, восхищенный и вместе с тем ироничный взгляд. И за эту объективность Вика поплатился. Журналист Мэлор Стуруа, лондонский корреспондент "Известий", напечатал памфлет под заголовком "Турист с тросточкой", в котором обвинил Некрасова, что он создает лживую картину жизни в капиталистических странах, служит интересам империализма, клевещет на советский строй. Кампания против Вики возобновилась, и двери журналов и издательств закрылись перед ним окончательно. Он сам все более отстранялся от официальной жизни, хотя в оппозицию и не становился. Он никогда не был диссидентом в буквальном смысле слова, его конфликт с властью носил нравственный характер. На почве отвращения ко лжи и демагогии. В то же время он поддерживал молодых людей, боровшихся за права человека, старался их защищать, заступался за арестованных, за неугодных, подписывал разные письма. Каждый год Вика ездил в Бабий Яр, к тому рву под Киевом, где фашисты расстреляли тысячи евреев, и ЦК не мог простить ему его речи, посвященной памяти жертв. В обстановке антисемитизма это был настоящий вызов.

Он заметил, что за ним на улице кто-то ходит, за ним следят, и постепенно у него возникло ощущение, что его пытаются вытолкнуть из страны. А это уже тогда практиковалось. Людей высылали. Вышвырнули Солженицына, вынудили уехать Ростроповича и Вишневскую, виновных в том, что они его приютили, биолога Жореса Медведева, Синявского и Владимира Максимова, Владимира Войновича, Льва Копелева, Раю Орлову, Александра Зиновьева и т. д. Не говорю об ученых, художниках, историках.

Последней каплей для Вики стал обыск, длившийся почти три дня. Из его дома увезли два мешка рукописей, пишущую машинку, книги... И он написал наивное письмо в ЦК Украинской компартии. Он настолько чувствовал себя связанным с этим миром, с этой страной, с этой жизнью через свои окопы и прочее, настолько органично включенным, что не мог и предположить, что от него действительно могут захотеть избавиться. Он считал, что надо поставить вопрос ребром — и сейчас же будет ему "зеленая улица". И он написал такое письмо, которое нам показал, что вот его не издают, за ним ходят по пятам, его преследуют, появляются статьи против него, что он требует вернуть конфискованные у него рукописи и книги — это были книги Куприна и Бунина, изданные за границей, которые ему прислали. Почему, писал он, я не могу хранить их у себя? И он требует, чтобы преследования прекратились, чтобы его издали таким-то тиражом... Вот такое письмо, полное возмущения и требований.

И он нам звонит, очень довольный: смотри, как быстро, меня через два дня вызывают на собеседование. И на этом собеседовании ему сказали: уезжайте, скатертью дорога. Пожалуйста, вас никто не задерживает. Он был ошеломлен. Он никак внутренне, психологически не был готов к отъезду. Он был абсолютно убежден, что когда так резко поставит вопрос, перед ним будут только извиняться. Вообще, хотя его и ругали, он был баловень. Он вообще был баловень в жизни. Его очень любили люди, за ним ухаживали, его любили женщины. И в общем, все эти гонения он не воспринимал как что-то серьезное, что может в корне изменить ход его жизни. И тут вдруг ему говорят: пожалуйста, уезжайте. Вас никто не держит.

У него был дядя в Швейцарии. Профессор географии в Лозаннском университете. И в семьдесят четвертом году Вика уехал как бы к дяде. Но было, конечно, ясно, что он уезжает навсегда. Для нас с Симой это была страшная потеря. Мы не могли себе представить жизнь без Вики. А поскольку за границу нас не выпускали, было ясно, что мы никогда не увидимся.

Чтобы проводить Вику — решившись после постыдных колебаний, — мы поехали с Симой на Киевский вокзал и перед самым отходом поезда купили билеты. В купе оказался единственный попутчик, человек лет под шестьдесят, который, как только мы отъехали, вынул бутылку коньяка и сказал: ну что же, давайте поговорим, вы едете Некрасова провожать? Я чуть не упала в обморок. Мы только что купили билеты. Как это возможно?

Всю ночь мы разговаривали. Вел разговор он странно и хитро. Он все знал. Знал, с кем Вика встречается, где он бывает, где мы бываем, он был в курсе всего. И только когда подъезжали к Киеву, выяснилось, что это секретарь по пропаганде Киевского горкома партии. Один из тех людей, кто содействовал Викиному отъезду. Ночь с этим человеком — одно из самых неприятных, почти метафизических впечатлений того времени. Мне стало казаться, что, несмотря на другие времена, жизнь насквозь прозрачна, что ее все время просматривают, ничто не остается в тайне. Когда мы расставались, он спросил с улыбкой: что, похож на демона, да? Я сказала: да, похож.

А потом в Киеве, куда бы мы ни шли, за нами ходили два молодых человека с портфелями, и у них из портфелей, как лебединая шейка, вылезал микрофон. Делалось это явно нарочно. Это было до такой степени заметно, что так можно делать только специально. Когда мы сели в самолет, чтобы лететь в Москву, то увидели, что эти два молодых человека сидят за нами.

Тогда же, в семьдесят четвертом году, Сашу Галича тоже выдавили из страны. Накануне того дня, когда он улетал с женой во Францию, мы пришли к ним. Квартира стояла голая. Ни картин на стенах, ни ковров, ни посуды, ни люстр, ни занавесок на окнах — ничего не было. Все, кроме кое-какой мебели, раздали близким. Пришли только мы, композитор Коля Каретников и Сашин брат. Хотелось плакать, и разговор почти не клеился, как вдруг Саша взял гитару и спел нам песню, только что сочиненную: "Когда я вернусь...", где последняя фраза была: "Но когда я вернусь?"...

Все были уверены — никогда.

Власть всеми способами избавлялась от тех, кто мог подать пример другим. Ссылка, изгнание из страны, тюрьма, принудительное помещение в психушку — все годилось, лишь бы заставить молчать. Когда эти люди оказались выдворены, исчезли из общественной жизни, страна погрязла в болоте посредственности, культура обеднела. Малые остатки индивидуальности, нравственности, интеллектуальности были уничтожены, распылены.

62

Оставался Сахаров. Он был полон решимости сопротивляться и продолжал действовать, как ни в чем не бывало, несмотря на то что за ним и его семьей следили круглые сутки, прослушивали телефоны и угрозы со стороны КГБ становились все серьезнее. Он как будто не ведал страха. Он боялся только одного: не суметь точно выразить то, что он хотел сказать. Его единственная забота была отстоять свои убеждения до конца. Как его только не старались скомпрометировать в общественном мнении, поднять на смех: и клевета, и всякие подлые выпады, касающиеся его семейной и личной жизни, и, само собой, шквал писем от рабочих, крестьян и академиков... Увы, нельзя не сказать, что научная среда в отношении к нему проявила низость. Никто не встал на защиту, никто публично не выступил против притеснений, которым он подвергался. Все-таки советскому государству удалось укротить умы. Двенадцать музыкантов заявили, что они "возмущены действиями Сахарова" — среди них Шостакович и Хачатурян, два всемирно прославленных композитора, то есть люди, казалось бы, ни от кого не зависимые...

Единодушие объяснялось уже не верой, как в сталинскую эпоху, а покорностью, и власть хорошо платила своим лакеям с помощью сложной системы привилегий. Я узнала это на собственном опыте во время одной поездки в Молдавию. Сима был председателем жюри кинофестиваля или какого-то конкурса, который проводился в Кишиневе. Тем самым он ненадолго превратился в "номенклатурщика", и нас поселили не в обычной городской гостинице, а в гостинице Центрального комитета партии. Это было роскошное здание с дорогими коврами на полах, почти пустое — настолько, что нас поразила тишина. Зато оказалось, тут очень много обслуживающего персонала. Очень предупредительного. Мы собрались пойти в ресторан и спросили у горничной — в черном платье с белым фартуком и кружевной наколкой, — где он находится. Она ответила извиняющимся тоном, что у них только столовая. Мы пошли. Но что же это была за столовая! Мы уже давным-давно не видали в советском ресторане таких прекрасных скатертей, отбеленных и накрахмаленных в лучших традициях дореволюционной России. Меню удивило нас не меньше: копченый лосось, икра любого сорта, отбивные и так далее. Но больше всего нас изумили цены: все стоило какие-то копейки. Правда, как во всех столовых, вино и водку не подавали. Единственным, кто имел право на бутылку водки, закамуфлированную белой салфеткой, был первый секретарь, сидевший на некотором возвышении слегка в стороне.

Существовала широкая сеть "закрытых" магазинов, где было все и по самой низкой цене. Отец нашего друга адвоката Бориса Золотухина — бывший глава госкомитета, это уровень министра, на пенсии — имел право получать ежемесячно талоны на сумму в сто рублей, чтобы там отовариваться. Он делил эти талоны между своей семьей и двумя сыновьями, и этого хватало, чтобы в доме всегда было хорошее мясо и рыба. Были такие же распределители одежды: жены и дочери руководящих лиц одевались на шестом этаже ГУМа. Во всех областях, городах и даже в селах, повсюду, где были местные комитеты партии, существовали "закрытые" буфеты и склады, где можно было приобрести импортную мебель — финскую, югославскую и даже турецкую.

Когда в центре Москвы, почти напротив французского посольства, построили гигантскую гостиницу ЦК, то одной подружке нашего Павлика — она была модельером — поручили разработать модели пижам и халатов специально для постояльцев этого отеля. Нужно было соблюсти обязательные требования: на пижамах для гостей, которых селили в люксах, — четыре кармана, а пижамы для остальных другого цвета и всего с одним карманом.

Чтобы удовлетворить потребности этой привилегированной прослойки в роскоши и комфорте, требовалась целая армия обслуживающего персонала. И все эти продавцы "закрытых" магазинов, горничные, официанты, повара, имея в своем распоряжении такие богатства, начали спекулировать. Они не только обогатились, но и заняли важное место в обществе. Надо еще не забыть магазины "Березка", где можно было покупать только на валюту или на чеки, сертификаты, если деньги заработаны за границей. Для простых людей эти магазины обладали невообразимой притягательностью, и скоро чеками тоже стали спекулировать.

Мясники государственных магазинов, директора продовольственных магазинов и "овощей-фруктов" быстро сообразили, что в их интересах иметь частную клиентуру, для которой приберегался лучший товар за плату непосредственно в карман. Аптеки торговали на черном рынке импортными лекарствами, не говоря уже о врачах и парикмахерах, которые, совершенно не боясь закона, обслуживали частных клиентов и зарабатывали большие деньги. Или о преподавателях, готовивших абитуриентов к поступлению в университет. Выдержать конкурс и в самом деле было нелегко. Всем было известно, что места стоят дорого: во-первых, некоторое количество мест зарезервировано для детей номенклатуры (это называлось "список ректора"), а что касается остальных, ими нередко торговали сами экзаменаторы. Почти все ученики выпускных классов школы, даже из семей рабочих, брали, чтобы поступить в институт, частные уроки — по пятнадцать — двадцать рублей. И команды преподавателей входили в сговор с экзаменаторами, которым они платили, чтобы быть уверенными в результатах, а сами получали от семей деньги за свои услуги.

Так организовалась параллельная экономика. Она развивалась очень быстро и распространилась на все сферы общества. Только представители интеллигенции — крупные ученые, писатели, кинематографисты — не нуждались в поисках дополнительных доходов, поскольку им хорошо платило государство — так сказать, покупало их. К зарплате добавлялись нередко зарубежные поездки (в качестве высшей награды), не говоря о домах отдыха, авиабилетах.

Таким образом незаметно сложилось странное общество потребления без потребительских товаров.

Вся страна, сверху донизу, без различия социальных категорий, пила. Пили везде — в учреждениях, в цехах, на лестнице, на улице, на вокзалах, в поездах, в любое время дня и ночи, до, после и во время работы. В цехах рабочие не могли включить станок, не хлебнув водки или самогона, потому что после вчерашней пьянки дрожали руки, и, чтобы унять дрожь, нужно было опохмелиться: “поправиться”. День начинался со сбора мелочи — чтобы “сбегать за горючим”. Водкой торговали с одиннадцати, можно себе представить, в котором часу приступали к работе. Партийные боссы снисходительно относились к пьяницам (при том, что, по статистике, опубликованной уже при Горбачеве, больше половины преступлений совершалось в состоянии опьянения), так как большей частью пили сами. Водка к тому же обладала меновой ценностью: всякая работа или услуга могла быть оплачена определенным количеством бутылок.

Водка стала религией. Не надеясь на перемены, люди в той или иной степени находили выход в стремлении устроить свою жизнь хотя бы чуть поудобнее, в развлечениях, в забытьи. Одни хотели накопить денег, получить привилегии. Другие — по возможности держаться подальше от официальной жизни. В какой-то момент мы перестали ходить на собрания писателей и кинематографистов, избегали бывать в Доме литераторов и Доме кино и даже не ужинали в тамошних ресторанах, где было засилье спекулянтов. Странная была атмосфера: какая-то смесь усталости, безразличия и цинизма, что-то вроде пира во время чумы. Полагали только, что этот пир будет длиться веками.

63

Все мои коллеги-переводчики ездили за границу, а меня не выпускали. Я подавала документы и получала отказ за отказом.

Не выпускали и Симу. Эльке однажды разрешили поехать в Чехословакию, а ему — нет. При том, что они были неразлучны. Как-то раз один человек, директор Дома кино, бывший до этого, вероятно, нашим шпионом — судя по тому, что его в свое время выдворили из Англии вместе с группой шпионов, — сказал Симе, к которому хорошо относился: а ты присмотрись к своему окружению, в этом все дело. Думаю, это была отговорка, потому что окружение у Эльки и у нас было одно и то же. В другой раз Сизов, большой киноначальник, пытался послать Симу за границу для работы над одним сценарием, но ему снова не дали паспорта. Сизов пытался уладить дело по своим каналам и в конце концов сказал Симе с раздражением: ну не хотят они тебя! Не хотят, чтобы ты ездил за границу! Так причина и осталась тайной. Я бы очень дорого дала, чтобы кто-нибудь посмотрел, что там такое в наших гэбэшных карточках. Мне рассказывал Леонид Ефимович Пинский, вернувшись из лагеря, что один из допросов, а его допрашивали очень долго и очень мучительно — у него ноги были как две колоды, потому что во время допроса всю ночь проводишь с опущенными ногами — стоишь или сидишь, а днем в камере тоже лечь нельзя, — так вот, он рассказывал, что один или два допроса были специально посвящены мне и был особый протокол. Но, естественно, он железно держался, он, конечно, не только обо мне, но ни о ком никогда ничего сказать не мог.

А потом вдруг Симу вызвал к себе секретарь Союза кинематографистов Караганов и сказал: давай подавай документы, сможешь поехать за границу, я, кажется, о тебе договорился. И Сима его тоже спросил: а вы знаете, что против меня, в чем дело? — Об этом мы не будем разговаривать, — ответил тот.

И Сима действительно поехал с группой кинематографистов за границу, в Италию. А я лежала на тахте, смотрела по карте, как он переезжает из города в город, и как бы сопутствовала ему.

Я четырежды получала отказ с одинаковой формулировкой: ваша поездка в настоящий момент считается нецелесообразной. Потом я писала на имя министра внутренних дел, поскольку ОВИР был в ведомстве Министерства внутренних дел, и получала стандартный, напечатанный типографским способом ответ, что нет оснований пересмотреть ранее принятое решение. И после четвертого отказа мне кто-то сказал: ты не туда пишешь, что ты пишешь министру внутренних дел? Ты Андропову напиши. И я написала Андропову, хотя люди, близкие друзья, меня осудили: как ты можешь к такому мерзавцу обращаться, с ним неприлично вступать в переписку. А я думаю: мне плевать, я хочу попасть в Париж. И я написала, что вот получила четыре отказа поехать к своим друзьям; люди моей категории, то есть члены секции переводчиков Союза писателей, все ездят, — если я не могу поехать, то просила бы объяснить причины, почему я составляю исключение. И была уверена, что получу такой же заранее напечатанный ответ, что нет оснований для пересмотра решения.

И была я в гостях у знаменитого ученого-филолога Комы Иванова, в Переделкине, с одной Лидиной коллегой, преподавательницей, и звонит мне Женя маленький, который нашел как-то этот телефон, и кричит: "Мама! мама! Пришла открытка, что ты должна заплатить двести рублей пошлины, — значит, ты едешь!" Так я узнала, что могу наконец поехать во Францию.

И я поехала.

Поехала поездом, хотя бы потому, что не могла себе представить, что через три часа окажусь там. Это было бы слишком сильное впечатление. Мне нужно было постепенно въезжать в Париж.

Я с каждым часом как бы проходила какие-то этапы. Вот Брест, вот мы перешли на другую колею — там, в Европе, более узкая колея, — вот мы перешли на другую сторону вокзала, и это была уже заграница, что для меня было как вдох, что-то в те годы таинственное и манящее. Я не могла отлипнуть от окна. Польша, унылая, серенькая, но я смотрела во все глаза. Потом Берлин. Восточный. Приходили эти ужасные, с собаками, страшные немецкие полицейские. Надо было выходить из купе. Они лазили под скамейки, они лазили наверх, они простукивали стены, как будто искали целую армию диссидентов, спрятанных между досками. Бельгия, Франция, и в три часа двадцать минут поезд останавливается на Гар дю Нор, на Северном вокзале в Париже.

64

Мы с Симой и Викой любили играть во всякие воображаемые ситуации. В последнее лето перед Викиным отъездом — когда еще и мысли не было о расставании — мы сняли дом в Саулкрасты под Ригой и прожили там все лето вчетвером: мы с Симой, наш маленький внук Саша и Вика. И вот мы играли: представь, что я (Лиля) получаю разрешение поехать в Париж, а ты (Вика) меня встречаешь на вокзале, у тебя маленький "пежо", и мы едем туда, едем сюда... В общем, разыгрывали воображаемую парижскую жизнь, которая, конечно, казалась совершенно невероятной.

Когда я сошла с поезда в Париже, то на перроне меня ждал Вика Некрасов.

А кроме него — Лида, Жипе и еще мои дорогие, очень близкие друзья, Дуся Каминская и Костя Симис. Расставаясь с которыми мы тоже были уверены, что навсегда.

Это на тему, которую я поставила вначале: никогда не надо думать, что какие-то утраты, если, конечно, это не смерть, — непременно катастрофа. Может оказаться наоборот. И плохое решение проблемы может обернуться хорошим. Короче говоря, когда я сошла на французскую землю, то на перроне стоял не только Вика Некрасов, но Дуся и Костя: наши общие друзья собрали им деньги и дали возможность приехать и встретить меня. Это было сказочно: видеть тех, с кем простился навеки.

И еще я почувствовала, что жизнь замкнулась. Что я отсюда не уезжала. Я чувствую Париж как свой город, родной город. Это мой город.

Когда мы пришли к Вике, то я увидела, что свою французскую комнату он почти в точности скопировал с киевской. Он любил то, к чему привык, и так было странно, когда я вошла... Он точно так же развесил свои любимые картинки, фотографии, расставил цветочки, — все повторяло его комнату в Киеве.

Так сбылась часть мечты — оказаться в Париже. А через три года нам разрешили выехать во Францию вместе с Симой, и сбылась вторая часть мечты — оказаться там вместе с Симой.

Потом мы бывали в Париже не раз. Изъездили всю Францию втроем с Викой. Купались в Средиземном море. Ездили в Швейцарию, были высоко в горах. Есть прекрасные снимки на фоне вечных снегов. Вика очень любил снимать. Он был замечательный фотограф. Когда-нибудь, я надеюсь, если не мне, то, может быть, моим детям удастся издать альбом “Париж Виктора Некрасова”. Это надо издать. Каждый раз, когда мы уезжали из Парижа, мы получали в подарок альбом. У нас их пять.

Вопреки московским слухам, Вика в эмиграции не был несчастлив. Он всегда мечтал путешествовать и наконец смог объехать почти весь свет. Университеты всего мира его приглашали, он продолжал писать, и из каждой нашей поездки мы привозили под полой его книги, которых в Москве ждали с нетерпением. Он не был богат, но у него и не было больших потребностей. Вика не любил машин, шикарных ресторанов, предпочитал маленькие парижские бистро, где по утрам выпивал свою чашечку кофе, читая газеты. Его расходы заключались в покупке книг и альбомов по искусству. В Париже, когда ужинал у знакомых, просил чая, бутербродов с колбасой и сыром и водки. И все же, конечно, он был там чужаком. Отрезанный от своего языка, от своей страны. Я помню, как он наклеивал в очередной альбом прекрасные черно-белые снимки Парижа и сказал нам: “Французом я не стал, но я парижанин”.

Однажды оказались в Тулоне. Тулон — военный порт Франции. Там с вокзала человека на каждом шагу всюду сопровождает надпись: “Кто не видел военных кораблей, тот не был в Тулоне”. Мы приехали под вечер, остановились в очень плохонькой гостиничке, потому что всегда считали копейки — денег-то у нас там не было. Наутро отправились смотреть военные корабли, и начался проливной дождь. Мы заскочили в первое попавшееся кофе и остались там на целый день, потому что на юге такая погода: чуть прояснится — и снова ливнем дождь. А вечером надо уезжать в Париж. И мы так и не смогли увидеть военные корабли.

И вот в день нашего отъезда из Франции Вика преподнес нам коробочку, обклеенную темно-красной бархатной бумагой. Сверху написано по-французски: “Кто не видел военных кораблей, тот не был в Тулоне”. Снимаешь крышку и видишь следующее: он купил три игрушечных крейсера, наклеил их на дно коробочки и написал “Помни Тулон”. Поступок совершенно в его духе. Какая-то суть некрасовская в этом подарке. Я храню его как один из самых дорогих и ценных — раньше для нас с Симой, а сейчас уже для меня одной — предметов.

65

К концу семидесятых жизнь стала другой. Даже облик Москвы изменился. Социальное неравенство вышло на улицу. Богатство перестали скрывать, оно стало демонстративным. Появились "мерседесы" с русскими номерами, девицы щеголяли в манто из чернобурки — то ли дочки номенклатурщиков, то ли валютные проститутки, "путаны", обслуживающие интуристов. У ресторанов толпилось все больше народа, иногда часами дожидаясь возможности войти, чтобы прокутить бешеные деньги. Но самые богатые в очереди не стояли: два-три червонца в карман вышибалы — и дверь открывалась.

С другой стороны, появилась новая категория населения: лимитчики. Лимита, как их старые москвичи называли. Это была молодежь, чаще всего из сельской местности, которую нанимали на самую тяжелую работу в тех отраслях промышленности, где не хватало рабочей силы. Каждый завод, каждое строительное предприятие получили разрешение привлекать в столицу лимитированное — отсюда и слово "лимитчик" — число колхозников или жителей маленьких городов. Сначала они размещались в общежитиях на окраинах, потом постепенно перебирались в центр. Их было легко узнать — и по грубости в очередях и в трамвае или автобусе, и по аляповатой одежде, по манерам завоевателей. В отличие от москвичей у них, очевидно, было достаточно напористости и терпения, чтобы добиваться прописки и отдельной комнаты, они готовы были заплатить за это годами ожидания.

Скажем, у нашей няни Моти была племянница Таня, она приехала в Москву в восемнадцать лет "по лимиту", поступив работать на ЗИЛ. Худенькая, хрупкая девочка, которая нигде, кроме своей деревни, никогда не бывала, но, разумеется, мечтала когда-нибудь стать жительницей столицы. По всему Советскому Союзу сотни тысяч девчонок повторяли, как чеховские три сестры: "В Москву, в Москву". И вот Таня осуществила свою мечту и оказалась в громадном цеху, где должна была управлять вагонеткой с расплавленным металлом, которая каталась по рельсу под потолком. Зарплата зависела от количества перевезенного металла, поэтому ни она, ни ее подружки по цеху никогда не соблюдали технику безопасности, и несчастные случаи были обычным делом.

Когда ее принимали на работу, то обещали прописку и комнату через три года. Потом три превратились в пять. В итоге получила она обещанное только через десять лет, и какой ценой! Мы с Симой пришли на новоселье в эту комнату, куда она въехала вместе с мужем, тоже лимитчиком, и маленьким ребенком. Это был огромный шестнадцатиэтажный дом с двадцатью подъездами, выходившими на пустырь, на каждой площадке по четыре трехкомнатных коммуналки. Две комнаты побольше занимали семьи с детьми, а иногда и с перебравшимися из деревни бабушками, а комнату поменьше — девять квадратных метров — мать-одиночка с ребенком. Во всех комнатах обстановка абсолютно одинаковая: диван-кровать, детская кроватка, гардероб с зеркалом, в центре стол с четырьмя стульями под пластиковым абажуром, холодильник, телевизор, а на стене обязательно ковер, символ достатка, и в крохотной четырехметровой кухне — три одинаковых стола, у каждой хозяйки свой. Ну, в тот день все три хозяйки, конечно, улыбались, но в воздухе уже попахивало электричеством. Не прошло и двух месяцев, как Таня и ее соседки между собой передрались.

А между тем эти жалкие комнаты, которые лимитчики получали от своих предприятий, строивших эти дома, составляли предмет жгучей зависти для коренных москвичей — многим из них приходилось ждать дольше, чем приезжим, и жить в еще худших условиях. Ненависть обывателей к этим чужакам можно сравнить только с ненавистью к евреям.

Не надо думать, что в брежневские годы антисемитизм исчез. Наоборот, он был живее, чем когда-либо, только принял другие формы. Он снова стал бытовым, неопасным — но вполне вдохновенным. Это особенно проявилось после победы Израиля в Шестидневной войне, которая наполнила гордостью советских евреев, даже полностью ассимилированных, но вызвала враждебность власти и значительной части населения. А когда позднее евреям предоставили возможность "покинуть страну", это чувство еще сильнее обострилось. Я сотни раз слышала рассуждения о том, что евреям теперь доверять нельзя, они только и мечтают эмигрировать, родина-то их не здесь, глупо позволять им получать образование, это пустая трата государственных денег, они не имеют морального права занимать какие-либо посты. И так рассуждали даже уважаемые люди. Эта точка зрения на всех уровнях подкреплялась завистью: "Почему они, а не мы? Опять для них привилегии!" Зависть была тем сильнее, что ее не решались сформулировать.

Вдобавок существовал, так сказать, "интеллектуальный" антисемитизм. Было такое правое крыло в диссидентском движении, активное тоже с конца шестидесятых. Оно объединяло таких разных людей, как математик Шафаревич, членкор Академии наук, Емельянов — своего рода идеолог, невежественный фанатик, его сочинения распространялись в "самиздате", или очень известные литературные критики, группировавшиеся вокруг журналов "Современник" и "Молодая гвардия": Кожинов, Палиевский, Михайлов. Олег Михайлов наиболее определенно сформулировал суть роковой роли евреев в истории России. Он, например, доказывал, что русские пристрастились к пьянству из-за евреев, что евреи совершили Октябрьскую революцию, что они в ответе за коллективизацию, что они работали в ГПУ... И все это с тайной целью навредить русскому народу. Что касается русской культуры двадцатого века, то, по его мнению, творчество Бабеля, Ильфа, Мандельштама, Пастернака ее исказило. Она потеряла свою самобытность, свой национальный характер. Потом, в восьмидесятые годы, ровно те же обвинения повторяла "Память", их же распространяли такие публицисты Бегун и Евсеев в брошюрах, издававшихся в основном в Белоруссии.

Короче говоря, желание эмигрировать становилось все сильнее среди ученых, врачей и даже музыкантов, среди всех, кто хотел иметь постоянную работу, а особенно среди молодых, у которых не было никаких перспектив. Наш младший сын Женя, который блестяще учился и стал театроведом, потратил год на поиски работы. Его встречали с распростертыми объятиями повсюду, куда он обращался, — в театре, на телевидении, в журналах — и уверяли, что только его и ждали. Но стоило заполнить анкету с "пятым пунктом", то есть указать национальность, —

и через три дня ему сообщали, что свободных мест нет. Там, где были знакомые, ему шептали на ухо: “Отдел кадров против”. После множества отказов он решил уехать из Советского Союза.

Еврею становилось все труднее получить высшее образование: некоторые факультеты — математический, особенно физический — превратились в неприступные крепости.

А если ты уже имел работу, то сохранить ее можно было, только оставаясь незаметным. Не высовываться. Хочешь работать — смирись с посредственностью. Еврея никогда бы не назначили на ответственную должность, будь он хоть гением. Если же он давно занимал какое-то место в научной иерархии, сменить его на другое было невозможно, так как ни один руководитель не хотел брать на себя риск, боялся скомпрометировать свой институт. Многие в научной среде подавали документы на эмиграцию. Но подать — не значило уехать. Нет, тебе отказывали. Через некоторое время разрешалось подать прошение снова. И снова отказывали. Ты становился “отказником”. Я лично не много их знала, но знала. Конечно, как все нормальные люди, я возмущалась участью, на которую их обрекают: годами насильно удерживают, увольняют с работы, обращаются как с врагами народа, их отъезд квалифицируют как измену. Они были выброшены из общества, жили, замкнувшись в своем кругу, общались только между собой. Чтоб не умереть с голоду, им удавалось устроиться разве что сторожами. Им уже было все равно, что происходит в СССР. Они психологически как бы уже уехали. А мы жили в совсем другой среде. Действительно, в театре, кино, издательствах, журналистике — в сфере свободных профессий — ситуация была другая: там, где не было постоянных должностей, не было и необходимости проходить через отдел кадров. В этих областях, где профессиональные качества играли если не главную, то важную роль, еще можно было работать, хотя это стало непросто. Руководство, например, главных издательств, не только "Детгиза", как я уже рассказывала, но и "Художественной литературы", получило указание, чтобы число переводчиков-евреев не превышало определенного процента.

Среди наших друзей почти никто уезжать не хотел, и мы сами никогда об этом не подумывали. Мы чувствовали себя глубоко укорененными в русской культуре, вся наша работа была связана с русским языком. Хотя эта земля нас отвергала, мы чувствовали ее своей. Именно здесь были могилы дорогих нам людей. Пейзажи средней России — эти леса смешанные, луга, речушки, над которыми возвышаются луковки белых церквей, — все это составляло *нашу* жизнь, со всем, что было в ней хорошего и худого, и у нас не было ни желания, ни смелости все начинать с нуля.

Шли годы, и ничего не менялось. Люди вроде нас все больше замыкались в личной жизни. Нас как будто не было, хотя мы физически присутствовали. Единственным прибежищем была профессиональная работа, которую мы старались делать как можно лучше, стремясь сохранить определенный интеллектуальный уровень и отвоевать максимум пространства у цензуры.

Все, что делали Сима и Элька, повторяю, вначале всегда запрещалось. Но ценой борьбы удавалось пробить и "Добро пожаловать", и пьесу "Гусиное перо", которую ставил замечательный Николай Акимов в Ленинграде. Даже фильм "Внимание, черепаха!" хотели запретить по идеологическим мотивам. На полном серьезе подозревали, что в образе черепахи, на которую надвигается танк, содержится намек на Пражскую весну, на Чехословакию: тоже маленькая, древняя и на букву "ч" начинается. Но все-таки фильм выпустили. А вот "Агония" легла на полку на долгие годы. Моя же переводческая работа, при всей ее скромности, помогала проделать отверстия в железном занавесе, отделявшем нас от остального мира. Ведь, прочитав Бориса Виана или Колетт, человек иначе смотрит на вещи.

По мере того как режим дряхлел, и Брежнев вместе с ним, содержание, смысл вещей все более терялись. Повторялись все те же пустые лозунги — как мантра, как заклинание. Нас как будто заколдовали. Сталин сковал нас страхом, а при Брежневе мы были парализованы маразмом. Постепенно он стал комическим персонажем. Говорили, что он уже не может сам ходить и что кто-то ему переставляет ноги, что он засыпает на переговорах. Над ним смеялись и интеллигенция и народ. Он то и дело награждал себя новыми орденами, вступил в Союз писателей как автор трех книг, которые на самом деле написали за него журналисты. Видя по телевизору, как он выступает — откашливается, бормочет текст речей, ничего в них, судя по всему, не понимая, — все начали ему подражать. Ни одна вечеринка не обходилась без того, чтобы кто-нибудь не сымпровизировал речь в манере дорогого Леонида Ильича. Он стал героем бесчисленных анекдотов. В дверь к Брежневу звонят; он подходит к двери, медленно достает очки, извлекает из кармана бумажку, разворачивает, откашливается и читает: кто там?

Мы не знали, кто на самом деле управляет страной, кто принимает решения. Чаще всего называли Суслова. Он был такой тайный советник, отвечавший за идеологию, служил еще при Сталине. Но уверенности не было ни в чем, все делалось втайне, анонимно. Единственное важное событие тех лет, которое нас потрясло, — война, развязанная в Афганистане. Дети гибли за неправое дело. Надо сказать, поначалу народ испытывал своеобразную гордость при мысли, что империя расширится и наша армия еще раз выполнит свой “интернациональный долг”. Поднялось лишь несколько голосов протеста — все тех же: Сахаров, Лариса Богораз, Сергей Ковалев... Но когда новобранцы стали гибнуть, а матери получать извещения и свинцовые гробы, многие осознали трагедию, и невозможно переоценить заслугу Горбачева, положившего ей конец.

Каждую неделю возникали слухи, что Брежнев умер. Говорили даже, что это уже свершившийся факт и его держат в рефрижераторе, чтобы страна не взволновалась. Эту новость принесла мне Мотя, ей рассказала одна женщина, служившая у Брежнева, с которой она встречалась по субботам в церкви на всенощной. И мы уже гадали, кто будет преемником. Впрочем, довольно равнодушно: мы были уверены, что в любом случае ничего не изменится. И вот однажды Брежнев действительно умер. Преемником его стал Андропов, но и он почти сразу умер. За ним последовал Черненко, проделав тот же путь. Народ прозвал дорогу от Колонного зала, где прощались с вождями, до Кремлевской стены, где их хоронили, “трупопроводом”.

Назначение Горбачева стало для нас полной неожиданностью. Но его приход к власти не оставил у меня никаких воспоминаний. Он был одним из них. Ничего мы не ждали и не питали никаких иллюзий. Если уж он так высоко вознесся, поднялся по всем ступеням иерархии, значит, проявил достаточный конформизм, готовность поступаться совестью — словом, ничем не отличается от других. Трудно представить, чтобы человек, преодолевший все препятствия на пути к посту генерального секретаря КПСС, мог сохранить желание что-либо изменить и необходимые для этого мужество и воображение. И тем не менее вскоре случилось нечто похожее на землетрясение...

Мы с Симой никогда даже в самых безумных мечтах не могли вообразить, что будем очевидцами такого зрелища. Мы такого не чаяли даже для наших детей. И вот при нашей жизни коммунистическая империя разваливается и народ на первых свободных выборах "прокатывает" номенклатурных кандидатов. Но мы не смели в это верить, у нас не было ощущения, что это победа и все позади.

Последние месяцы восемьдесят девятого года я провела в Париже. Я видела по телевизору толпы людей на улицах Варшавы, Будапешта, Софии, Восточного Берлина, и это меня взволновало до глубины души. Люди, которые обнимались у этой Стены, унесшей столько жизней, ставшей символом несвободы, — эту картину я никогда не забуду. И не забуду решимость, с которой массы людей требовали отмены режима и добились победы благодаря единству воли. И я думала: они освободились благодаря широкому народному движению. А мы, что мы сделали? Перестройку нам дали сверху, без борьбы. Вот большая разница между ними и нами. Это объясняет, почему народы Восточной Европы гораздо быстрее движутся к демократии. Конечно, они никогда не смогли бы начать движение к свободе, если бы не благословение Кремля, если бы не выбор, сделанный Горбачевым, это понятно. А потом я вернулась в Москву и смотрела по телевизору, как пала последняя крепость тоталитаризма в Восточной Европе. В Румынии пролилась кровь, много крови. Но такова была цена свободы. Люди вышли на улицу не для того, чтобы убивать друг друга, ими двигала не ненависть, а стремление уничтожить диктатуру. Тогда как в нашей стране в то время было чувство, что воздух пропитан ненавистью. Мы с Симой все последние годы то и дело вспоминали, увы, знаменитые слова Пушкина о русском бунте[1]. Нас преследовал призрак гражданской войны. Но, может быть, мы ошибались, может, нас вводил в заблуждение страх, который у нас в крови. Может быть, мы избежим новой трагедии.

1 “Не приведи Бог видеть русский бунт, бессмысленный и беспощадный!” — из повести (гл. 13) “Капитанская дочка” (1836). Та же мысль в “Пропущенной главе”, которая не вошла в окончательную редакцию “Капитанской дочки” и сохранилась только в черновой рукописи: “Не приведи Бог видеть русский бунт — бессмысленный и беспощадный. Те, которые замышляют у нас невозможные перевороты, или молоды и не знают нашего народа, или уж люди жестокосердные, коим чужая головушка полушка, да и своя шейка копейка”.

66

Мотя родилась в деревне Нижнее Мальцево. Возле города Сасово. Это самый центр России, бывшая Рязанская губерния. Были они, что называется, середняки: одна-единственная лошаденка — вот и все имущество. Но, конечно, во время коллективизации оказались кулаками, их раскулачили, выгнали из избы, отец чудом избежал расстрела — он как-то откупился, подарил цыплят, кого-то подпоил, — бежал в Москву, работал где-то истопником, и Мотя поехала в Москву за ним. Было ей двадцать девять лет. Крестьянам запрещалось свободно передвигаться по стране. Жить в Москве ни Мотя, ни ее отец не имели права. Поэтому они целыми днями сидели в темном подвале. Первые месяцы Мотя осмеливалась выходить только по ночам. А потом ей повезло, ее взяла в няни для своего ребенка жена ответственного работника горкома партии, и тот достал ей разрешение на жительство в Москве. Тогда многие бежавшие от раскулачивания деревенские девушки нанимались няньками. Замужем она никогда не была. Она рассказывала, что у нее был муж неделю, стал пить и носить все из дому и она от него сбежала. Правда это или нет — не знаю, но кажется мне, что вымысел. У меня впечатление, что она была типичная старая дева.

Мне рассказали о ней наши знакомые. Она служила в семьей австрийцев. Когда хозяина дома арестовали в начале войны как иностранца, а жену его с двумя детьми выслали из Москвы, Мотя повезла их к себе, в свою деревню, работала в колхозе на них, ходила на поле — восемь километров туда и восемь обратно — каждый день, чтобы заработать на хлеб и их прокормить. Там было два мальчика, которых она растила и обожала. К концу войны их отец вернулся, и они уехали в какой-то уральский город. Мотя пошла работать на завод, чтобы вечерами их обслуживать. Тем не менее однажды она услышала их разговор, что Мотю держать стало накладно, что надо бы от нее избавиться. Она села в поезд и приехала в Москву. Поступила на ткацкую фабрику и год все свободное от работы время пролежала, повернувшись лицом к стене. Так трагично и глубоко она пережила это предательство — что от нее захотели освободиться, когда она пять лет тяжелейшего труда им отдала и семья выжила только благодаря ей.

Нам с Симой рассказали о Моте, и мы поехали в общежитие ее уговаривать поселиться с нами. Меня поразил ее истощенный вид — одни кости, глубоко посаженные жесткие, строгие, страшные глаза, очень некрасивое лицо и такой какой-то глухой неприятный голос. Я содрогнулась и подумала — может, не надо такую няню? Но мне очень хотелось в то время начать работать, что-то делать, а ребеночка я боялась, не знала, как с ним надо обращаться, да и хозяйничать не умела — это потом как-то всему научилась. Мне, в общем, было страшновато оказаться одной. И я стала ее уговаривать и уговорила. И Мотя пришла жить к нам.

Когда она пришла к нам, был болен раком Симин отец. И она начала самоотверженно, с фанатизмом, как все, что она делала, за ним ухаживать. Вообще, она была фанатик. В те годы Мотя не ходила в церковь. Это потом, к концу жизни, она стала невероятно религиозной и ходила все время. В те годы ее фанатизм проявлялся в какой-то бесконечной преданности работе. Например, в нашу квартиру она не разрешала приглашать полотера. Она сама варила воск каким-то особым способом и сама натирала весь этот огромный паркет. Она не разрешала — потом я навела порядок, но в те годы она не разрешала — отдавать постельное белье в стирку. А здесь были замечательного качества, немыслимо огромные, тончайшие простыни от какого-то царского поставщика — никогда таких не видела. И вот Мотя где-то нашла медный бак — колоссальный, подумать страшно такое поднять — и в нем кипятила ночами это белье, а потом другими ночами его гладила. Крахмалила и гладила. И оно было как из самой лучшей прачечной дореволюционного времени. Вот такая появилась Мотя — деспотичная, очень строгая, с четким мнением по всякому поводу — и почувствовала себя здесь полной хозяйкой

Потом родился Павлик. Лев Осипович умер, когда Павлику было три месяца. К Павлику она относилась тоже с фанатической самоотверженностью, меня к нему не подпускала, я только могла его покормить грудью. Ни запеленать, ни на что я не имела права. И все бы это было бы ничего, если бы она не повела дикую войну с нашим образом жизни. С тем, что у нас народ, с тем, что мы всех кормим; как она говорила: не дом, а проходной двор поганый. Она по-крестьянски признавала только родственные связи. И в общем, очень нелюбезно встречала гостей, всячески показывая, что они не нужны и не к месту. Особенно Мотя невзлюбила Леонида Ефимовича. А он, когда вернулся из лагеря, иногда целыми неделями жил у нас, здесь работал, писал свою первую книжку. И она устраивала сцены в мое отсутствие: что вы здесь околачиваетесь, кому вы здесь нужны? Я была еще девчонкой, не знала, как с этим справиться, не понимала, как бороться.

Исключение Мотя делала только для Эльки, поскольку они с Симой вместе работали. Но тоже не могла удержаться, все время ворчала. Сима то лежал, растянувшись, на диване, то разыгрывал в лицах сцены, которые они сочиняли. Сцены часто были веселые, и они с Элькой покатывались со смеху. Мотя возмущалась: "Люди работают серьезно, а эти... Один вообще валяется, да знай себе оба хохочут, и это у них называется работой! Ну Илья еще ладно, тот хоть на машинке печатает, но наш-то, наш!.. Нет, Лилианна Зиновьевна, что вы там ни говорите, лодырь он, лодырь, да и все!"

Она не выносила, когда мы с Симой в ее присутствии говорили друг другу ласковые слова или как-нибудь выражали свою любовь. "Никак не повзрослеете, — говорила, — все целуетесь да милуетесь, взрослые люди так себя не ведут. Это жениху с невестой пристало шуры-муры разводить, а вы уж сколько лет женатые — стыдно! Глаза бы мои не глядели!"

Мотя никогда не ходила в школу, но благодаря своей настойчивой натуре самостоятельно научилась читать. Помню, с каким удовольствием она — по складам, шевеля губами, — читала "про любовь" в книжках с крупным шрифтом. Самым же любимым ее чтением была тоненькая брошюрка — пересказ для детей истории Козетты из "Отверженных" Виктора Гюго. Она без конца перечитывала ее и каждый раз обливалась слезами. Мотя и Козетта были неотделимы друг от друга. Правда, потом она отказалась от нечестивых книг и все свободное время читала Священное Писание.

У нее обо всем было свое суждение. Про коллективизацию говорила, что это когда самые ленивые и бестолковые сводят счеты с теми, кто вставал на заре и работал до ночи. "У нас в деревне самые захудалые господами заделались и стали командовать. Но не думайте, Лилианна Зиновьевна, это им даром не прошло. Все плохо кончили. Самый лютый, которого и прозвали-то "Окаянным", в болоте утонул. А остальных поубивали или пересажали". Сталина называла собакой, про Хрущева говорила — мужик мужиком, а про Брежнева — дурак, ничего не понимает, я бы и то лучше него справилась.

Или такую историю мне много раз рассказывала. Одна ее подруга еще в молодости ушла в монахини. Монастырь разрушили, но она дала обет жить так, как будто советской власти не существует. Когда объявили первые сталинские выборы, она пришла в смятение. Что делать? Страшно нарушить обет, а не пойти на выборы тоже страшно — донесут. В конце концов она не отступилась от своего слова, голосовать не стала, но сошла с ума и попала в психбольницу.

Потом выяснилось, что с Павликом лет с пяти-шести Мотя вела ужасные разговоры. Она говорила ему, что папа и мама тебя не любят, любят только своих друзей, они разорятся вконец, их посадят в долговую тюрьму и тогда мы с тобой пойдем просить милостыню и никто из друзей твоих родителей тебе ни корочки не подаст. Мне кажется, что этот двойной взгляд на мир — наш с Симой и Мотин — все-таки наложил какой-то отпечаток на мировоззрение... — не на мировоззрение, а на мировосприятие, на веру в мир и людей Пашки.

С годами Мотя забирала все большую власть. И в какой-то момент я подумала, что это невозможно дальше терпеть. И сказала: знаешь что, Мотя, я тебе нашла очень хорошее место у одного профессора, там ты можешь хозяйничать. Давай попробуем расстаться.

Она согласилась. Она пошла туда, прожила там две или три недели, но приходила к нам, и я видела, что она так несчастна, что ей так плохо... Что мир перевернулся, что она не может жить без Павлика, и вообще... И мы с Симой дрогнули, пожалели ее и сказали: ладно, давай, возвращайся.

Она периодически устраивала большие скандалы. На какую-нибудь тему. Всегда находила. Одна из излюбленных тем — вот, живу тридцать лет в Москве вашей поганой, а комнаты-то себе не заработала. Для всяких интеллигентов комната есть, а для рабочего человека комнаты нет.

А у Моти такая манерка была: она разговаривала, всегда провоцируя людей. Вот, например, говорит: “Ну, конечно, разве вы будете хлопотать для меня комнату, вам же это невыгодно, вам же лучше, чтоб я здесь жила”. Что было неверно — я мечтала, чтобы она ушла. А она: “Вам же удобно, чтобы прислуга всегда была под боком, вы и не подумаете себя побеспокоить”. Или потом у нее была навязчивая идея, чтобы ее похоронили в родной деревне. Она постоянно говорила о смерти и готовиться к ней начала загодя, как к празднику. Собрала наряд и все принадлежности для похорон: длинное белое в голубой цветочек платье из блестящего атласа, три белых кружевных косынки, крестик, дешевые колечки, плюшевые тапочки. Приготовила сорок черных косынок для женщин, которые будут сопровождать ее на кладбище, сорок черных повязок на левую руку для мужчин и сорок деревянных ложек на поминки. Но всегда говорила со мной на эту тему так: “Ну, конечно, Лилианна Зиновьевна, разве вы меня повезете к моим папе и маме? Да в жизни вы меня туда не повезете, это же все разговоры, я знаю, это вы меня обманываете, вы мне зубы заговариваете. Вы никогда этого не сделаете". Вот так она вообще разговаривала. Но при этом преданность ее детям, да не только детям, я думаю, и нам тоже... Меня она любила все же меньше всего, но и меня любила, потому что все конфликты с ней разрешала я.

И вот комната. То, что казалось мне безумно трудным, невыполнимым, оказалось легче легкого. Я пошла к нашей домоуправше и сказала — боясь, дрожа, мы же всего боимся, — что вот мне надо бы комнату для Моти. Мотя стареет, ей хочется жить отдельно. Что-то вяло и испуганно плела. Она говорит: комнату? Это проще простого. Вы готовы заплатить восемьдесят рублей? Я переспросила: "Восемьдесят?" Думала, показалось, — это же смехотворно маленькая сумма. Она говорит: я вас отведу в райисполком за восемьдесят рублей. Я обомлела. И странным образом все так и получилось. Очень легко. Правда, потом эту женщину, которой я дала восемьдесят рублей, арестовали. И я очень боялась, как бы меня не призвали к ответу. Но не призвали. Мотя в доме напротив получила комнату в трехкомнатной квартире и немножко успокоилась.

Но вот эта неистовость ее, которая потом обернулась религиозностью... Скажем, во время поста она не брала в руки ножа, которым мазали масло. Перед Пасхой, перед Рождеством пять суток не спала. Она драила дом, варила этот самый воск, натирала полы, гладила. За пять месяцев она привозила из деревни свиные ножки, которые были черного цвета, мочила их месяц на балконе, отмачивала, отскабливала. Когда я сейчас вижу в магазине эти беленькие ножки... И варила студень. Это была процедура, это был обряд. Вообще каждое дело превращалось в обряд. А после пяти суток бодрствования, падая, она шла на ночную службу в церковь. И вот этот дух неистовства жил в доме. Но вместе с тем... как бы это сказать? Все-таки, странным образом, эта натура, такая противоположная мне во всем, была очень близким человеком. И я ее ощущала как родного человека. И ребята — и Павлик и Женя — ее очень любили. И она стояла за нас горой. Когда Сима остался без работы, она отказалась брать с нас деньги. За маленького Павлика она готова была броситься в огонь. До самой смерти, до болезни — она умерла от рака — она, живя напротив, рано утром приходила к нам и вечером уходила к себе спать. Даже в воскресенье, хотя могла бы не приходить, обязательно приходила.

Она умерла десятого января. Был лютый мороз в тот год. И мы совершенно не знали, как выполнить данное ей обещание. Я же не могла оказаться тем, кем, она подозревала, я окажусь. Нужно было обязательно сдержать слово. Выяснилось, что нет такой службы — что нельзя нанять автобус или грузовик и поехать с ним в Сасово. В какой-то момент Павлик предложил положить гроб на багажник своей первой машинки "Жигули". Но мы решили, что это невозможно. Растерянность была полная. Наконец, где-то Павлик нашел грузовик, который согласился за большую сумму ехать, но гроб катался в кузове, и мы его прибили гвоздями ко дну. Ужасная процедура.

Мотины племянницы, которые приехали по этому поводу в Москву из деревни, дали нам список того, что обязательно должно быть на поминках, без чего деревня осудит и скажет, что хозяева Моти страшные скупердяи. Среди этих обязательных предметов странным образом оказались апельсины. А это была почему-то зима, когда нельзя было найти апельсинов. Помню, как все мы бегали по гастрономам — тогда давали специальные талоны по случаю свадьбы и похорон, позволяющие купить продукты, которые иначе нельзя было купить. Скажем, в гастрономе на Лубянке. Ну нет апельсинов. Нет в Москве апельсинов. Но потом каким-то способом, в каком-то закрытом распределителе, заплатив в два раза дороже, каким-то образом мы эти апельсины, слава богу, нашли и двинулись в Сасово.

Ехали целый день. Дорога скользкая, страшная. Приехали в Сасово часов в одиннадцать. Ночь. Глухо, темно. Из полусотни изб обитаемы только десятка полтора, остальные стоят брошенные, окна заколочены досками крест-накрест. Нам сказали, что ночью гроб должен обязательно стоять в церкви. Стали искать священника. Искали долго, мучительно, шли от избы к избе, обрастая толпой старух. Наконец одна старушка посмелее толкнулась к батюшке. Страшно нехотя он вышел, дал нам ключ от церкви, мы сами с большим трудом ее открыли, поставили гроб и поехали дальше в деревню Нижнее Мальцево, где жила Мотина двоюродная сестра и где должны были состояться похороны.

Поскольку священник один на большой округ и он не может все обряды исполнять во всех деревнях, из вдов образовались, сбились такие бригады для отпевания. Это был способ приработка. Четыре-пять человек, вдовы, одетые в черное. Им платили, и они всю ночь пели над... не над гробом, поскольку гроб с Мотей остался в церкви, но над стульями составленными, чтобы на них в дальнейшем стал гроб, пели псалмы. И кадили. А кадили из пустой банки из-под шпрот. Вот они кадили этой банкой шпрот и пели псалмы. До утра.

Утром снова поехали в Сасово, там отслужили панихиду. Надо копать могилу. Замерзшая земля — трудно копать могилу. Кладбище в трех километрах. Четыре-пять человек вызвались копать. И нам сказали: надо, чтобы была водка в большом количестве. Но им туда ее не давать, потому что сразу перепьются. Водку держать дома. Надо, чтобы они приходили каждый час или полтора, наливать им по стакану, не больше, а потом пусть возвращаются и будут копать дальше. И все так и было исполнено. И они, пока копали, эти три километра пробежали раз пять или шесть, выпивая по стакану водки. Когда после панихиды мы вернулись в Мальцево и пошли на кладбище — а на кладбище несут гроб на полотенцах, и все женщины надели приготовленные Мотей черные косынки, а мужики — повязки, — то мы увидели, что могила хоть и вырыта, но закрыта досками и лопатами. Ее надо было выкупать. Надо было дать еще водки. “Четверть” водки, три литра. Они ее тут же выпили и упали возле могилы. И уже другие люди помогали опускать гроб в могилу. А те как выпили водку, так и упали.

Опустили гроб, кое-как закопали. Пошли в избу, где были поминки. Поминки по строгому ритуалу — есть порядок блюд, очень строгий. Сначала кутья в блюдечках — рис с выложенным сверху крестиком из изюма, просяные блины, потом борщ с солониной, суп с лапшой, разные закуски и, наконец, гречневая каша и кисель. Поставили два стола параллельных, и на каждом стояла такая миска деревенская с апельсинами. То есть, значит, поминки были нужного уровня. Нас, приезжих и каких-то старых бабок, посадили за один стол, а те немногие мужики, которые были в деревне, сидели за другим столом. Причем хозяйка дома рассадила так, чтобы те нас не видели. Особенно им нельзя было видеть Павлика — она боялась, что начнутся какие-то ссоры, антисемитские разговоры. И что-то действительно возникало. И она повторяла фразу, которая тоже мне запомнилась на всю жизнь:

“Ты чего тут разглагольствуешь? Ты мне беседу не порть”. Эта процедура у нее называлась беседой. “Ты мне беседу испортишь — я тебя выставлю”.

И так, в общем, кое-как, без скандала удалось это закончить, и выяснилось, что из сидящих за столом мужиков — а их было человек, наверное, семь-восемь — ни один не миновал тюрьмы. Все они в тот или другой момент своей жизни за что-то сидели.

Так мы предали Мотю земле, выполнив, наперекор всем трудностям, ее пожелание.

67

Еще я хочу сказать, что я поняла, что жизнь — это утраты. Постепенно уходили люди, и все больше пустого пространства образовывалось вокруг нас.

Ушел Элька, так ужасно, неожиданно, потому что он и не болел до этого, это был совершенно страшный удар судьбы. Ушел Нёма Наумов, который был прелестным человеком исключительной доброты и у которого была еще такая особенность, что хотя мы дружили с ним все вместе, но еще Нёма дружил с каждым членом семьи по отдельности. У него были свои отношения с Симой, свои — со мной, нас объединяла работа, и если я чего-нибудь не знала, в чем-нибудь сомневалась, где-то колебалась, он был мой первый советчик. Нёма был замечательный, блестящий переводчик. У него много чудесных книг, переведенных с испанского, с итальянского. У него были свои отношения и с Павликом и с Женей. Он их удивительно любил и много тепла вносил в нашу жизнь. Без него жизнь каждого из нас стала холоднее.

Потом умер от рака Леонид Ефимович Пинский. Что тоже было страшной утратой для нас.

Потом умер Вика. Тоже от рака. Вот уже десять лет, как его нету. Мы даже не могли его похоронить.

Но все-таки пока мы были с Симой вдвоем, эта сильно опустевшая жизнь, этот мир... Это знаете какое чувство? Как будто черные дырки вокруг тебя образуются. Вот ничего нету. Места ушедших людей не заполняются. Они так и остаются пустотами, и очень странно и страшно жить с этими черными пустотами вокруг тебя. Но пока мы были вдвоем, мы все-таки весело жили. Мы сохраняли как-то тот ритм, ту тональность, тот звук нашей жизни, который начался с первого дня и который не менялся. Это был постоянный звук счастья совместного хождения по этой жизни.

Есть такая легенда, что старые возрожденческие мастера делали всегда две камеи. Что настоящие камеи, которые резались из самой дорогой, самой ценной слоновой кости, делались всегда парными. А потом пускались по свету, продавались в разные стороны. И если они встречались в одних руках, то это был залог счастья. Вот у нас с Симой было чувство, что мы — две камеи, пущенные по свету в разные стороны, и вот встретились. И это счастье — оно и есть наше счастье. Потому что любовь, счастливые браки... я их знаю не много, не будем преувеличивать. К сожалению, больше браков вокруг себя я вижу не скажу несчастных, но сложных, трудных. Но знаю и счастливые браки. В очень счастливом браке живут наши любимые друзья Золотухины. Дуся Каминская и Костя Симис — это счастливый брак, Боря Левинсон и Галя, — это счастливые все браки. Но как бы сказать? Это счастливые браки серьезные. А наш брак был счастливый и несерьезный, легкий, веселый, невесомый. Он был радостный в каждый данный момент. Совместная игра, какое-то ощущение праздника. Будней не было. При том, что были суровейшие будни, и не было ни гроша, и все прочее, будней все равно не было. Это Сима такой удивительный был человек. Очень талантливый и как драматург, и как режиссер, хотя в режиссуре ему не удалось, к сожалению, развернуться, — но я думаю, что наиболее талантлив он был в жизни. Он был жизненно талантлив, если можно так сказать. Он умел любить жизнь, превращать ее во что-то небывалое, она начинала, как ограненный бриллиант, сверкать всеми лучами. И мы прожили сорок девять лет такой жизни, причем с каждым годом чувство чуда, свалившегося на нас, не только не уменьшалось, а, наоборот, увеличивалось. И вот такого брака я не встречала ни у кого — чтобы он был не только глубокий и серьезный, но радостный и веселый в каждую данную минуту. И, скажем, в последнюю нашу поездку, когда я выходила за хлебом, Сима всегда увязывался за мной, я говорила: чего ты идешь, я через пятнадцать минут, через десять минут вернусь, я иду на угол купить батончик французский. А он отвечал: а кто знает, сколько нам еще ходить вместе? Ведь веселее пойти вместе. И действительно, веселее пойти вместе. Я говорю: ну хорошо, пошли вместе. Это слово "веселее" еще очень было живое в устах Вики Некрасова. Он когда хотел кого-то похвалить и выразить свою любовь, приязнь к кому-то, говорил: мне с ним весело, мне с ним легко и весело. Вот он тоже был из этой породы людей, которые любили веселье и легкость. И поэтому он был так невероятно привязан к Симе. Они совершенно удивительно как-то общались, валяли дурака, все время что-то разыгрывали, надували мышцы перед зеркалом, показывая, какие они атлеты, какие-то диалоги сочиняли... В общем, шла игра.

Вика очень артистичен, Сима очень артистичен, я совсем не артистична — но они вместе и сам Сима один меня тоже втягивали в эту игру. То мы были, там, не знаю, французские графы, то мы были итальянские безработные. Разыгрывали сценки другой жизни. И потом, когда бывали во Франции втроем с Викой, тоже играли. Шла игра. И вот игра, наложенная на жестокую, беспощадную нашу жизнь, создавала какое-то совершенно особое экзистенциальное — скажем ученое слово — ощущение исключительной заполненности. У меня ощущение от прожитой жизни, что там сантиметрика, миллиметрика пустого не было. Все было наполнено — чувствами, мыслями, делами какими-то. Содержанием каким-то. Хотя я знаю, очень часто люди думают, что жизнь во многом пуста.

Прежде всего меня восхищало Симино умение видеть все, что он видел. Любая вещь под его взглядом както оживала. Я никогда не забуду, как мы в первый раз приехали в Вильнюс. Там есть возле вокзала очень красивая красная кирпичная церковь. Готика. И Сима вдруг — он был человеком вдохновения, человеком устного слова, — вдруг загорелся этой церковью и так разобрал ее строение, так увлек меня ее божественным устремлением, так показал, что именно она ведет к богу и как она ведет к богу, — это была такая полуэстетическая-полутеологическая импровизация, что я была ошеломлена.

У Симы всегда было религиозное чувство. Он очень любил все виды храмов. Он, конечно, был экуменист по настрою и как-то меня приучил, и я тоже любила бывать с ним и сидеть... Мы всегда ходили во все церкви, Сима ставил свечи, а там, где нельзя было ставить свечи, просто сидели. Для меня это было местом медитации, что ли. Не религиозным. К сожалению, лишена я была этого религиозного чувства. Хотя прекрасно понимаю, что это большая поддержка в жизни.

Должна сказать, чтобы быть до конца искренней, что для меня эти вопросы встали только сейчас по-настоящему глубоко, после того как Сима ушел из жизни и я осталась одна. Вот теперь, временами, может быть, что-то мне открывается, но очень слабо, трудно. Я читаю книжки этого направления, но сказать, что я действительно пришла к религии, что я поверила в ту жизнь, я пока не могу. Я ищу туда входа, я блуждаю в потемках, меня к этому тянет, но до двери я не дошла. Вот так будет честно.

Мы уже жили вместе много лет, я прекрасно знала Симин дар войти в такое особое состояние... И все равно была ошеломлена. Мы пришли в гостиницу, я говорю: Сима, запиши. Запиши, это потрясающая будет статья. Он говорит: я не помню. Я ничего не помню, что я говорил. И это правда. То, что ему открывалось в такие минуты импровизации, он потом не помнил. Он говорил: это как Мандельштам писал, что стихи кто-то нашептывает, — вот и у меня такое же чувство, когда я вдруг какую-то вещь могу раскрыть. Это я как бы слышу голос.

Ничего не запоминалось, не записывалось. И конечно, я виновата. Хотя мы прожили замечательную, радостную, веселую жизнь, я страшно виновата перед Симой. Потому что не записывала за ним, не берегла даже те бумажки, которые он писал, — всегда на каких-то клочках, никогда ни записной книжки, ничего. Тысяча клочков бумаги, которые в основном все терялись. И вот сейчас ничего не могу найти. Потеряно множество замечательных кусков прозы. Мне надо было за ним записывать. То, что ему являлось в минуты импровизации, хорошо помнят его ученики. Они мне рассказывали о таких "минутах просветления", когда он внезапно начинал раскрывать перед ними существо какого-то явления или какой-нибудь картинки в альбоме. Пример есть в Симиной книге "Виденное наяву" — анализ Джоконды.

А вообще, кроме всего, кроме этого яркого таланта, этого умения оживить любой камень, Сима был исключительной деликатности человек. Действительно, я таких деликатных людей не встречала. Он больше всего старался никого не затруднить, никому не быть в тягость. И совершенно одинаково относился к самым высокостоящим людям и, не знаю, к Мотиной родне в деревне Лукьяново Сасовского округа. Отбирал просто темы попроще, а разговаривал с таким же уважением, так же щадя, обходя тяжелые, болезненные вопросы, с исключительной бережностью.

Это всегда меня удивляло, и я немножко этому научилась от него. Раньше во мне было гораздо больше высокомерия от рождения, я считала себя такой французской штучкой, умной девочкой, мне все говорили "умная, умная", я столько раз это слышала, что подумала — может быть, правда умная? А вот Сима мне дал урок, показал, что нельзя об этом думать, что это вообще тебя не касается, это других касается — умная ты или глупая. А каждый человек, любой, стоит внимательного отношения. Вот Сима склонялся к людям, как к цветкам склоняются те, кто любит цветы. Зная, что самый жалкий полевой цветочек имеет свою прелесть, свой аромат, свою какую-то архитектонику, — вот так Сима склонялся над людьми. И это меня и учило, и поражало, и пленяло каждый раз. В общем, он обладал теми качествами, которые мне больше всего нравятся: удивительной фантазией, возможностью увидеть все в преломленном сказочном свете и бережливым вниманием к ближнему. Ко всем.

Я видела, как хорошие люди в хороших семьях ругаются, кому пойти поставить чайник. У нас ругань шла только в обратном смысле — каждый хотел пойти поставить чайник. Каждый хотел взять на себя. Когда твой спутник хочет взять на себя больше, то тебе хочется взять еще больше. Здесь интересный механизм, я его проследила. Чем меньше хочет взять на себя твой спутник, тем меньше тебе хочется взять. И наоборот. Тут обратная связь. И мы рвали друг у друга из рук домашние дела, неприятные поручения, трудные задачи — все это каждый хотел сделать за другого. Сима, конечно, окружил меня таким облаком невероятной любви, изолировав тем самым от мира в его грубых проявлениях, и, конечно, теперь, когда облака не стало, мне очень трудно жить. Мне, прежде всего, скучно жить без него, но еще я столкнулась с миром, который и знала и не знала, не ощущала кожей, потому что между этим миром и мной было облако любви, оно все амортизировало, все обволакивало и, конечно, превратило мою жизнь в какую-то сказочную, нереальную жизнь. Я много работала, много занималась другими людьми. Люся Товалева и ее мальчик всегда были с нами, пока ей не дали комнату в Москве, а потом квартиру. И еще очень много таких людей, которым нужна была многолетняя помощь, которых мы любили, с которыми дружили и помогали идти по жизни. Но все-таки моя жизнь была сильно облегченной, так скажем, по сравнению со всеми людьми, которых я видела вокруг себя, потому что всегда Сима стоял между мною и всем, беря все тяжелое на себя.

Он был сильным человек в том смысле, что если да, так да, а если нет, то нет. Людей, которых он не принимал, ситуации, которые ему казались недостойными, он отметал с ходу. Помню, как Павлик наш, став студентом Высших сценарных курсов, после нескольких недель тусовки в этом кругу сказал: ты знаешь, папа, это просто удивительно, никто о вас с Нусиновым плохо не говорит, всех ругают, а о вас не слышал ни одного дурного слова. Он был сильно впечатлен. Я говорю: ну, может, им неловко при тебе?.. — Да нет... А ругали всех за все, лишь бы было к чему придраться. Я думаю, что Сима действительно через это трудное время прошел безупречно, без сучка без задоринки, через всю эту официальную жизнь — в той мере, в какой был вынужден с ней соприкасаться. Не идя ни на какие компромиссы. Даже — как бы это сказать? — не из нравственных соображений скорее, а из-за какой-то органики своего существа. Натура такая — вот так бы я выразила.

Трудно мне говорить о Симе. Все хотелось делить. Каждую строчку, которую я читала, если она мне нравилась, мне хотелось немедленно прочитать вслух, а если она меня возмущала, тоже прочитать вслух, чтобы разделить это возмущение. Одно было в нашей жизни неправильно. Кроме того, что я не записывала за ним и не относилась бережно к тому, что он говорил и писал. Неправильно, что мы слишком много были с людьми. Это отчасти по моей вине. У меня, к сожалению, очень общительный характер, и как-то я не умею отстраняться, отказывать. Мы всегда были в обществе, мы очень мало с Симой были вдвоем. И когда подрос Павлик, нас вечно сопровождали четверо его товарищей — куда бы мы ни поехали: летом — в горы, зимой — куда-то на лыжах. И на байдарках мы ходили каждый год. Всегда в сопровождении сонма ребят. Всегда вторая палатка — ребята. Как-то мало были вместе. То есть вместе все время, почти не расставаясь. Но мало наедине. Недостаточно.

Если подводить еще итоги моей жизни, то, конечно, главное в ней — это два сына. У нас с Симой два больших мальчика. Одному, Павлику Лунгину, уже 48 лет будет. И если раньше о Павлике говорили “это сын Семена Лунгина”, то теперь говорят... говорили о Симе, пока он был жив, “это отец Павлика Лунгина”. Он стал в одночасье, каким-то довольно странным и несколько чудесным образом, кинорежиссером, хотя до этого долго искал своего пути. Вообще у нас мальчики в семье поздние в том смысле, что поздно находят свой путь: они долго ищут и не могут определиться. Павлик учился на матлингвиста. Это были годы, когда стала модной совершенно идиотская профессия, которой на самом деле не существует. Лингвистика лингвистикой, математика математикой, а никакой матлингвистики нет. Ну вот, Павлик очень гордо кончил эту матлингвистику, потом поступил работать в Институт конкретной социологии. Был такой институт в Москве. Через полтора года его оттуда выгнали, потому что появился новый директор и сказал: “Я не люблю бородатых молодых людей, которые ходят по коридорам и иронично посматривают по сторонам. Сбрейте бороду”. На что Павлик ему ответил, не сходя с места: когда я могу подать заявление об уходе? И вот Павлик, уже с женой Таней и маленьким сыном Сашей, оказался без работы. Жили они у нас. А тогда еще свирепствовала “борьба с тунеядством”. И мы ужасно испугались. что его схватят, как Бродского, и куда-нибудь сошлют. Процесс Бродского получил большую огласку, но вообще такого типа процессов и выселения молодых людей на грани диссидентства — а Павлик, конечно, был на границе диссидентства — было немало.

Ища спасения, мы все подумали, что он может пойти на Высшие сценарные и режиссерские курсы, где Сима преподавал много лет. Павлик действительно туда поступил, стал писать сценарии. Сценарии довольно милые, но хороших фильмов не получалось. Это были совсем другие годы, чем те, когда его отец дебютировал. Режиссеры очень слабые, и вообще середина брежневского времени была средневековьем каким-то. Это были годы медленного, но непрестанного гниения, болото, где все колыхалось назад-вперед. Что-то немножко лучше, что-то немножко хуже. Общество загнивало. И мы все были глубоко убеждены — я уже говорила, — что так и умрем в болоте, что гнить нам до конца наших дней. И конечно, тогда хороший фильм был большой редкостью, для него настоящей базы не было.

Павлик очень хотел сам снимать свои картины. Ему не разрешали, потому что не было режиссерского образования. Перестройка все изменила. И во-первых, както расковала его изнутри. Он написал сценарий более смелый, чем писал до сих пор, то есть перестал быть сам себе цензором. Ведь мы все в какой-то степени на протяжении многих лет были собственными цензорами: каждый, кто писал и желал увидеть это на сцене или на экране, рассчитывал, до какой точки свободы можно дойти, где край возможного. А тут Павлик написал очень свободно, и так получилось, что иностранный продюсер, интересовавшийся авторским кино, предложил ему снимать самому. Павлик был счастлив и, к нашему с Симой великому испугу, кинулся в эту авантюру, притом честно признавшись продюсеру, что в жизни еще не снял ни одного метра. Он, уже сорокалетним человеком, сделал фильм “Такси-блюз”, который в Каннах получил премию за лучшую режиссуру, что было невероятным счастьем, и мы с Симой подымались по этой знаменитой каннской лестнице, устланной ковром, и радио орало на всех каннских перекрестках, что вот идут родители режиссера Павла Лунгина... Это все было совершенно необычайно трогательно, прекрасно и торжественно. Павлик идет по этому пути, и мы, конечно, им очень гордимся, считаем, что все это замечательно, что с ним случилось.

Между сыновьями одиннадцать лет разницы. Они и похожи и разные. Женя увлекался с детства театром, хотел быть актером, его собиралась снимать Инна Туманян в фильме "Мальчик и лось" по Симиному сценарию. Там герой Женькиного возраста, а у Женьки было очень милое фотогеничное лицо, и он мечтал, умирал, как хотел сниматься. Все думали, и сама Инна в первую очередь, что вопрос решен. Но худсовет, который утверждает актеров, сказал: просвечивает еврейство, не надо. И это стало для Жени сигналом, что он не сможет здесь быть актером. Поскольку это еврейство, вероятно, всегда будет просвечивать.

И Женя пошел в ГИТИС на театроведческий. Но рана осталась глубокая. Вообще у детей такие обиды западают глубже, чем у взрослых. Думаю, взрослый человек справился бы: ну, не взяли — потом возьмут, мало ли что. А для Жени это стало моментом отторжения. А потом, поняв невозможность устроиться на работу с "пятым пунктом", он решил во что бы то ни стало уехать. Принялся дружить со всякими иностранными девочками, выдумывал, что в них влюблен, — по-моему, исключительно чтобы жениться и уехать. И так и получилось. Он женился на итальянской девочке, уехал в Падую, но было ясно, что этот брак выдуманный, что ничего он не влюблен, а все себе напридумал. И действительно, на третью неделю они поссорились, разошлись. Он ушел из дому ночью и больше никогда к ней не приходил. Начались его годы странствий за границей. В конце концов он попал к моим друзьям Вернанам, они вызвали его к себе, и Женя с тех пор жил в Париже. Но он тоже заболел кино. Сделал фильм на франко-русские деньги — "Ангелы в раю". Пытается делать следующий, ему тридцать шесть лет, он еще ищет свой путь, и я уверена, что он рано или поздно его найдет.

Вот это, конечно, главный итог.

Есть еще у нас внуки. Есть большой, двадцатичетырехлетний, внук Саша, Пашкин сын, и есть двое внуков в Париже, потому что Женя женился на француженке. Мальчик, которому шесть с половиной лет и которого зовут Антуан, и девочка трех с половиной лет по имени Анна. И Женя очень тщательно следит, чтобы, не дай бог, ее не звали Ани, на французский лад. Нет, ее зовут Анна, у нее русское имя Анна. К сожалению, они по-русски не знают ни одного слова. Может быть, "здравствуй" и "спасибо". Они живут в Париже со своей мамой, и Женя с ними жил до той минуты, пока не свихнулся на кино и не стал совершенно одержимым идеей тоже снимать фильмы. Конечно, такие фильмы снимать можно только здесь, то есть здесь-то их снимать нельзя, потому что нет денег, но во Франции их тем более снимать невозможно. И вот Женя живет уже полтора года в Москве, со мной, в надежде, что все-таки что-нибудь получится.

С Антуаном мы разговариваем по телефону, и он меня спрашивает: ты мне объясни, пожалуйста, почему у всех папы работают в Париже, а мой папа работает в какой-то Москве? И мне трудно ему объяснить, почему это так. Я говорю: ну знаешь, так бывает во взрослой жизни, бывают всякие трудные ситуации. А он мне говорит: тогда я не хочу взрослеть.

Еще остаются ученики. И у Симы и у меня. У Симы — понятно: он лет двадцать вел сценарную мастерскую вдвоем с нашей близкой подругой Милой Голубкиной на Высших сценарных курсах. И эти ребята остались ему верны. Я убедилась в этом в ужасный момент жизни, когда Симы не стало. Я получала письма от людей, кончивших мастерскую много лет тому назад, и видела, до какой степени жив в них образ Симы, как жива память о нем. А значит, и он как-то жив. Сквозь них. Они рассказывали, что перед тем, как начать писать, всегда как бы спрашивают его совета, мысленно разговаривают с ним о замысле. Утешения не может быть, но какую-то радость это приносит.

Есть, странным образом, ученики и у меня. Потому что лет пятнадцать тому назад Павлик стал меня подначивать: мама, ты все переводишь вещи общедоступные, сделай книжку, которую нельзя переводить, и сумей ее напечатать. Поставив передо мной такую задачу, он мне и подсказал, что это должно быть. Есть такой французский писатель, давно умерший, Борис Виан. Он не мог быть напечатан не по политическим соображениям, а по художественным, из-за самого метода художественного изложения. И вот я решила действительно не отступить перед этой задачей и перевела его маленький роман “Пена дней”. А в этот момент меня попросили вести семинар для молодых переводчиков с французского — выпускников университета и иняза. Я позвала Нёмочку Наумова вести этот семинар вместе со мной, и мы вдвоем решили — что было совсем дерзко — раздать нашим ребятам для перевода по рассказу Виана.

Более трудного прозаика для перевода, по-моему, не существует — это как стихи переводить. Потому что Виан весь в игре слов, в ассоциациях, в идиомах, которым не найти эквивалента в русском языке, поскольку идиоматические выражения в каждом языке свои и вся игра строится на французской фразеологии. Значит, какая стоит в таких случаях задача? Если говорить вкратце, надо обязательно найти собственную, совсем другую идиому или игру слов, часто в десяти верстах от французской, но которая вызывает то же чувство, ту же ассоциацию. Это крайне трудная задача, это действительно как строчка стихотворения, образ стихотворения, ничуть не легче. Я очень долго переводила "Пену дней". Шесть с половиной листов, наверное, переводила почти два года по полстранички, по страничке в день, и то не каждый день.

В целом сборник Виана делался три года. Редактор, который его вел, очень симпатичный человек, мне все говорил: Лиля, только не спешите, пусть директор уйдет в отпуск, пусть этот заболеет, тот перейдет на другую работу... Потому что томик надо было продвигать по инстанциям, обходя возможные опасности. Виан в предисловии пишет, что на свете нет ничего, ради чего стоит жить, кроме красивых девочек и джазовой музыки. Ну можно ли такую книжку переводить и печатать в Советском Союзе? К сожалению, сам этот редактор до выхода сборника не дожил. А книга, как ни удивительно, была опубликована. Ну, имела успех — это не то слово: она как капля воды в сухой песок просочилась в одно мгновение.

Мы работали замечательно. У каждого рассказа был переводчик и два его оппонента. Но дело не только в переводе. Как, впрочем, и у Симы на занятиях. Мы вообще говорили о многом. Я считаю, что мы с Нёмой этих ребят в какой-то мере и воспитали немножко, и пустили их в жизнь с какими-то нашими идеями. Трое из них получились просто замечательными переводчиками, я думаю, лучшими из ныне существующих в этом поколении. Наташа Мавлевич, Ира Истратова, Нина Хотинская. Семинар не работает уже больше десяти лет, но наша дружба продолжается. И мне очень приятно, что теперь Наташа Мавлевич сама ведет такой семинар и как бы дальше передает эстафету. У нее занимаются десять человек, и они продолжают нами с Нёмой начатое дело.

Я хочу сказать, что жизнь, обещавшая быть такой трудной, оказалась полна свершений мечты. Самые разные наши мечты осуществились. В последний раз за границей мы объехали пол-Европы. Ездили по Италии замечательно. Были в Венеции. Были немножко в Испании, в Барселоне, видели Гауди, которого нас Вика научил любить. Он обожал Гауди, у него был альбом Гауди, когда еще ни у кого не было, и мы как-то привыкли к этим невероятно странным сооружениям, и было счастьем их увидеть воочию. Были в Амстердаме и в Брюгге. Слышали, как впервые исполнялась “Мистерия апостола Павла”, которую Сима написал с нашим другом, композитором Николаем Каретниковым.

Эти замечательные поездки прибавились к тем удивительным путешествиям, которые мы совершали, когда уезжать за границу было нельзя. Трижды ходили по перевалам Сванетии. Веснами с целой когортой Пашкиных друзей ходили на байдарках.

Последняя наша поездка за границу длилась одиннадцать месяцев. Мы приехали двадцатого декабря в Москву, у Симы случился третий инфаркт, и двадцать девятого января девяносто шестого года за полтора часа его не стало.

Оставшись без него, я живу совсем другой жизнью. Моя жизнь ничуть не похожа на ту, в которой мы жили вместе. В общем, думаю, я теперь знаю, что такое горе. Это отсутствие желаний. На самом деле, ничего не хочется. Почти ничего. Очень мало что. Но мне очень хочется, конечно, чтобы Женя нашел свой путь. Мне очень хочется, чтобы переиздали Симину книгу, которую я упомянула, — она вышла в самые первые дни перестройки и поэтому не получила должного отклика. Называется "Виденное наяву" и подводит итоги его размышлениям о своеобразии письма для кино и театра. И не только. Вот хочется мне, чтоб эта книжка была переиздана.

Мне хочется, чтобы обязательно издали одну книгу, которую я перевела еще десять лет назад. Она называется "История, конца которой нет" Михаэля Энде. Моя подруга, переводчица Александра Исаевна Исаева, к сожалению, в этом году умершая, тоже очень хотела это переводить, и мы с ней поделили работу пополам. Тем временем произошла перестройка, "Детгиз" практически перестал существовать, и книга лежала у них, потому что за нее нужно платить валюту иностранным издателям, у которых были права. А валюты не было.

Я решила, что напишу этому Михаэлю Энде, в которого я просто влюбилась за его взгляд на мир, за его понимание многогранности этого мира, за его исключительную доброту и немыслимую фантазию. Я решила, что если я напишу хорошее письмо, то, может быть, он разрешит нам издать книгу бесплатно. Знала я о нем только то, что он весьма таинственный писатель, что у него вилла под Римом, где он живет со своей женой, мало общается с миром и что у него есть такие теософские идеи, симпатии — это чувствуется и по концепции книги тоже. Адрес его, мне сказали, достать невозможно. Я написала в издательство. Мысль этого письма была следующая: Вы, который умеет так наклониться над всеми острыми вопросами, так к ним прислушаться… Нашим детям нужна духовная помощь не меньше, чем материальная. И Ваша книга, где так четко обозначены границы добра и зла, — она просто необходима для наших детей. Я Вас очень прошу, помогите нам ее издать, денег нет, никто не дает валюту, у нас с валютой очень плохо, — но пусть это будет ваша гуманитарная помощь.

Каково же было мое разочарование, когда я ответа не получила. Я написала второе письмо… Дорогой Михаэль, разрешите мне Вас так называть — “дорогой” — это не фраза, не формула вежливости, Вы мне действительно стали дороги, я Вас умоляю, ответьте мне... Он не ответил. Но ответило издательство. Выяснилось, что у него никаких прав нет на эту книгу, он все передал штутгартскому издательству. Они ведут все финансовые переговоры. Я написала им третье письмо — и они назначили цену за авторские права в пять тысяч немецких марок. Это немного, но и этого не было. Ничего не получалось. И вдруг я получаю письмо от издательства, где написано, что Михаэль Энде предложил Вашу кандидатуру на стипендию в Мюнхене; мы полагаем, раз Энде предложил, Вы, наверное, ее получите. Я думаю — значит, читал мои письма, значит, я их, может быть, не зря писала? И действительно, через две недели получаю подтверждение, что мне дается двухмесячная стипендия с возможностью поехать в Мюнхен и там работать. Три человека могут приехать на эту стипендию, там такой замок —вилла Берте называется, в ней дают квартиру. И мы с Симой поехали. Кругом божественный парк, озеро... Но у меня была, естественно, одна забота — как бы мне с Энде встретиться? Я всех спрашиваю —

да, он живет в Мюнхене, но строго запрещено давать его телефон, адрес, — он недосягаем.

Звоню своей редакторше, говорю: послушайте, мне нужно как-то увидеть Энде. Ну, это же дико — мы живем в одном городе. “Я ему передам”, даже — “мы”, “мы ему передадим, но, думаем, из этого ничего не получится”. Я была вполне разочарована. И вот через два или три дня меня зовут к телефону, и какой-то незнакомый голос говорит: “Их Михаэль Энде”...

Я обомлела. Он говорит: “А знаете, мне дали вот ваш телефон, я очень хочу вас видеть!” Я говорю: “Я тоже хочу вас видеть!”

Было страшно, я боялась. Причем он пригласил очень странно — встретиться на Ратушной площади. В три часа в воскресенье. Я думаю, что ж, поведет, небось, нас в кафе на пятнадцать минут угостить чашечкой кофе и ничего вообще не получится. В сомнениях и мучениях, мы отправились туда, и выяснилось, что сегодня масленица. Что вообще встретить кого-либо и узнать там невозможно. На этой площади играют пять оркестров, полно костюмированных людей, все танцуют, ну как нам встретиться? Мы стали под условленными часами. Я думаю — все, ничего у нас не получится, он просто нас не найдет. И смотрю — на некотором отдалении стоит человек. Он необычайно мне понравился внешне. Немного похож на Вику Некрасова, тот же тип внешности: проваленные щеки, высокий, худощавый. Очень привлекательного, в общем, вида. Я говорю: “Сим, хорошо бы это был он!” А я сказала, во что буду одета (черная курточка и прочее). Человек смотрит — и идет прямо к нам. Это, конечно, оказался он. Я думаю, что же дальше будет? Он повел нас к себе домой. Его любимая жена, с которой он жил под Римом, умерла, и он женился на японке, но не на молодой хорошенькой японочке, а на старой переводчице. Это было так странно — эта пожилая японка, рядом с ней он выглядел еще очень молодо и прекрасно. И вот что он сделал: у него огромная гостиная, и из этой гостиной он выделил японский уголок. Чтобы ей не было скучно, как он нам объяснил. Там поднят пол, циновки, какие-то украшения, в общем, внутри гостиной — японский уголок. А на стенах висят замечательные картины. Я вспомнила, что его отец был авангардистский художник, которого преследовали (нацисты, как и Советская власть, не любили авангардизма), но после разгрома гитлеризма получил признание.

Мы стали разговаривать, и, знаете, бывает так — в первые секунды возникло ощущение, что мы всю жизнь знакомы, что мы всегда были вместе, что мы понимаем друг друга с полуслова. Сима участвовал в беседе, я переводила, и удивительное обнаружилось совпадение вкусов, интересов, в общем, абсолютно, казалось — сидит родной человек. “Слушайте, ну как же могло быть? Как могло случиться, что Вы мне не ответили?” Он говорит: “Разве не ответил? — Смеется.— А мне казалось, что я ответил”.

Потом нас позвали пить чай, в пять часов, в этой же комнате стоял столик, это было невероятное чаепитие, с японскими церемониями, немыслимый чай, сладости, которые она приготовила, — жила в этом доме и какая-то японская традиция. Очень все это нам было интересно. Ну, выпили чай, я встаю, думаю, настало время прощаться... Он говорит: “Что вы, я заказал в ресторане столик, мы пойдем вечером ужинать”. И вот так мы провели весь этот день вместе. До часу ночи. Было ощущение, что наговориться не можем. Я говорю: “Что же дальше будет? Я хочу вас видеть”. Он говорит: “Я тоже хочу. Я вам позвоню. Если вам что-то срочно надо, то надо мне так звонить: позвоните, положите трубку, и второй раз тут же наберите. Тогда я возьму трубку. А вообще я вам сам позвоню".

Проходит день, другой, пять, шесть дней – никакого звонка. Я опять в недоумении – ну это же не понарошку, мы действительно замечательно разговаривали. Наконец он звонит: "Я вам звоню из больницы, но мне сейчас немного лучше, вы можете прийти". Мы пришли к нему в больницу и ушли, когда нас выгнала медсестра. Опять такой взахлеб разговор. Он говорит: "Я послезавтра как будто выписываюсь, как только выйду, обязательно позвоню, и вы придете ко мне". Тут еще произошло такое... как немцы говорят — *komischer Zufall*, странное совпадение. Там же, на вилле Берте, жила очень симпатичная женщина, фотограф когда-то знаменитый. Когда она услышала, что я иду к Энде, она сказала, что у нее есть уникальная фотография отца Энде, которого она снимала, когда еще девочкой начинала свою карьеру. Я ему в больнице рассказала, он безумно загорелся: "У меня этих фотографий нет, а я слышал, что они существует. Я очень хочу их получить".

Она мне отпечатала большой снимок, я жду звонка... Но он больше не позвонил. В канун отъезда мы с Симой все-таки поехали к нему, но зайти не посмели, а бросили в ящик очередное письмо и эту фотографию в большом конверте. Я оставила парижские свои телефоны, и мы уехали в Париж. И там через три недели я получила письмо от моей редакторши, с которой мы тоже стали приятельницами: "Должна Вам сообщить трагическую новость, что Энде умер в больнице". Очевидно, его не выписали.

Когда мы с ним разговаривали, я сказала ему, что мы обязательно все-таки сумеем издать эту книгу. Ему очень хотелось, чтобы в России его прочли. И у меня к желанию, чтобы прочитали наши дети, добавилось данное ему слово, поэтому мне очень важно, чтобы книжка наконец вышла. Это не роскошь. Это хлеб насущный для нас был бы.

В этой книге есть такой мотив: главное — очень хотеть чего-то, по-настоящему хотеть. А дальше – делай что хочешь. Это давнишняя формула, она есть и у Рабле — *fais ce que voudras* — “делай что хочешь”. Человечество давно задумалось над тем, что это значит. Нужна ли эта абсолютная свобода и как ее понимать. И все, даже Рабле, который тяготел к чрезвычайности и к безмерности во всем, он тоже пришел выводу, что важно — ЧТО ты хочешь. Может быть, Энде здесь цитирует Рабле в этой формуле. Я не могу сказать, что это детская книга. Она универсальная. К концу книги, когда ставится великий вопрос — остаться в мире Фантазии или вернуться в наш реальный мир, с его добром и злом, его жестокостью, несправедливостью, абсолютно очевидно, что выберет этот мальчик, Бастиан, ее главный герой, — он органично выбирает жизнь. В этой книге есть очень большой оптимизм. Жизнеутверждение — утверждение живого и живое — это добро, вот так, примерно, получается, если свести к простым словам.

Вот, я хочу, чтобы эта книга вышла,

А в общем, горе — это отсутствие желаний. Мне не хочется ехать во Францию. Я разговариваю по телефону с внуком и спрашиваю: Антуан, ты меня помнишь? Потому что мы уехали двадцатого декабря прошлого года, он уже год меня не видел, для пятилетнего мальчика это очень много. Я спрашиваю: ты меня помнишь? Он говорит: ну как ты можешь меня об этом спрашивать? Конечно я тебя помню. И Симу помню, я часто гляжу на его фотографии, и вас обоих мне очень не хватает, но тебя я увижу, а его не увижу. То есть, значит, он понимает. Меня потрясла эта фраза. А маленькую Анну я спросила: ты меня помнишь? Она говорит: нет, я тебя совсем не помню, я тебя совсем забыла, но я все равно тебя люблю и посылаю тебе поцелуи. Наверное, мне надо поехать к ней.

Нет желаний. Это тоже как черная дыра. Но хочется вспоминать прошлое. И именно в том смысле, в каком эта наша с Симой жизнь была не только нашей, но вобрала жизнь поколения, явилась какой-то маленькой частью в странной мозаике тех, кто уходит к концу двадцатого века. Вот мы из тех. И, перебирая какие-то эпизоды, то одни, то другие, я, наверное, рассказала все очень коряво, несистемно, это и вообще, наверное, трудно рассказать иначе, а мне-то тем более трудно, я не отличаюсь особой логикой мысли. Но мне хотелось, чтобы эти осколочки нашей жизни помогли, может быть, слушателям понять, как жили не только мы — у нас особый случай, мы счастливый вытянули билет радостной жизни на страшном, мрачном фоне, — а вообще чем и как жили, на что откликались, на что реагировали наши сверстники.

Жизнь безумна, но все-таки прекрасна. Она безумна, страшна, ужасна, но вместе с тем прекрасна, и я все-таки думаю, что хорошее в ней преобладает над плохим. Над страшным. Я в этом даже уверена. Во всяком случае, мой опыт этому учит. Потому что главное в этой жизни — люди, и людей замечательных гораздо больше, чем предполагаешь. Значит, все-таки хорошее побеждает плохое. Посмотрите, сколько замечательных людей попалось на нашем пути. Надо внимательнее присматриваться к людям вокруг. Может быть, не сразу увидишь, что они замечательные, — надо дать себе труд разглядеть то, что несет в себе человек. И может быть, это есть тоже маленькая тропинка, ведущая к какой-то радости.

Вот, пожалуй, и все.

Источники иллюстраций

Архив семьи Лунгиных:
1.01, 1.02, 1.03, 1.04, 1.05, 1.06, 1.07, 1.08, 1.09, 1.10, 1.11, 1.12, 1.13, 1.14, 1.15, 1.16, 1.17, 1.18, 1.19, 1.20, 1.22, 1.23, 1.24, 1.25, 1.26, 1.27, 1.28, 1.29, 1.31, 1.35, 1.36, 1.37, 1.38, 1.39, 1.40, 1.41, 2.06, 2.09, 2.10, 2.12, 2.17, 2.18, 2.20, 2.25, 2.40, 2.41, 2.48, 2.50, 3.01, 3.02, 3.03, 3.05, 3.06, 3.07, 3.08, 3.09 (рисунок Виктора Некрасова), 3.10 (рисунок Виктора Некрасова), 3.11, 3.12, 3.14, 3.15, 3.16 (рисунок Виктора Некрасова), 3.17, 3.19, 3.28, 3.32, 3.33, 3.39, 3.40, 3.42, 3.43, 3.44, 3.45, 3.46, 3.47, 3.48, 3.49, 3.50, 3.51, 3.52, 3.53, 3.54

Архив О.В. Дормана: 1.30, 1.33, 1.34, 2.01, 2.07, 2.15, 3.04

Архив семьи Минор (Париж): 1.21, 1.32

Архив семьи Вернан (Париж): 3.41

Архив Н.С. Мусиенко: 2.02, 2.03, 2.04, 2.05

Архив Т.Г. и М.В. Королевых: 2.34 и 2.35 (шаржи Эдуарда Антоновича Подаревского), 2.36 (шарж Геннадия Арсеньевича Соловьева), 2.19

Архив А.Д. Давыдова: 2.28, 2.29

Архив Н.А. Ильзен: 2.13, 2.14

Архив И.А. Барсовой: 2.16

Архив Г.С. Кнабе: 2.30, 2.31

Архив Т.А. Трояновской: 2.32, 2.33

Архив Р.А. Безыменской: 2.08, 2.49

Архив Н.А. Громовой: 2.47

Архив Н.М. Гребневой: 3.18

Архив Л.Д. Мазур: 2.26, 2.27, 3.20, 3.27

Архив К.А. Арбузова: 2.38

Архив И.К. Кузнецова: 2.39

Архив Н.Г. Асмоловой: 3.30

Архив И.П. Сиротинской: 3.29

Архив Т.В. Гавриковой-Маршанкиной: 3.38

Архив А.М. Пичикян: 3.26

Архив семьи Гольдиных: 2.46

Из фондов ГУК «Музей истории города Набережные Челны»: 2.42, 2.43, 2.44, 2.45.

CORPUS 015

ПОДСТРОЧНИК

Жизнь Лилианны Лунгиной, рассказанная ею в фильме Олега Дормана

Главный редактор Варвара Горностаева
Художник Андрей Бондаренко
Ведущий редактор Ирина Кузнецова
Ответственный за выпуск Ксения Чуб
Технический редактор Татьяна Тимошина
Корректор Наталия Усольцева
Верстка Ника Пуненкова

ООО "Издательство Астрель",
обладатель товарного знака "Издательство Corpus"
129085, г. Москва, пр-д Ольминского, 3а

Подписано в печать 04.02.10. Формат 60х90 1/16
Бумага офсетная. Гарнитура "OriginalGaramondC"
Печать офсетная. Усл. печ. л. 24,0
Доп. тираж 10 000 экз. Заказ № 0711.

Общероссийский классификатор продукции
ОК-005-93, том 2; 953000 – книги, брошюры
Санитарно-эпидемиологическое заключение
№ 77.99.60.953.Д.012280.10.09 от 20.10.2009

Отпечатано с готовых файлов заказчика
в ЗАО "ИПК Парето-Принт",
г. Тверь, www.pareto-print.ru

По вопросам оптовой покупки книг
Издательской группы "АСТ" обращаться по адресу:
г. Москва, Звездный бульвар, 21, 7-й этаж
Тел.: (495) 615-01-01, 232-17-16